講座 現代の教育経営 1

現代教育改革と教育経営

日本教育経営学会〈編〉

The Japanese Association for
the Study of Educational Administration

学文社

刊行にあたって

　日本教育経営学会創立 60 周年を記念して「講座 現代の教育経営」(全 5 巻) を，ここに上梓する。戦後教育改革で刷新された公教育の理念や制度がさまざまな点で重要な転機にあった 1958 (昭和 33) 年に，本学会は設立された。以後，国内外の政治・経済状況の大きな変動を幾度も経験し，日本の教育はいままさに重大な岐路に立っている。そのような時期に学会として全 5 巻の講座を上梓できることを素直に喜びたい。もちろん，読者の方々からどのような評価を受けるのか，少なからぬ不安もある。しかし，これからの教育経営学ひいては教育学の発展のため，忌憚のないご意見をいただきたい。

　これまで，本学会は学術書籍を学会名で 2 度刊行してきた。1986 ～ 87 (昭和 61 ～ 62) 年の「講座 日本の教育経営」(創立 25 周年，全 10 巻) と 2000 (平成 12) 年の「シリーズ 教育の経営」(創立 40 周年，全 6 巻) である。創立 40 周年の時期からの約 20 年間は，戦後教育システムの重大な転換期であり，その政策形成や実践過程に寄与した会員も少なくない。その間，学会として学術的議論の成果を刊行しようという提案は幾度かあったが，実現できなかった。創立 60 周年を機に実現した本講座の刊行は，約 20 年の間に教育経営学がどのような学術的発展をなしえたのか，さらに教育経営実践にいかなる貢献をなしえたのかを振り返り，今後の道筋を考えるうえで重要な意義をもつだろう。

　2018 年 4 月 1 日現在，本学会の会員数は 620 余名に至っている。大学等に勤務する研究者だけでなく，学校や教育委員会等で教育や教育行政などにたずさわる者，さらに現職教員の大学院生も増加傾向にある。教育実践から乖離した研究をよしとしていたかつての雰囲気とは対照的に，研究者が自ら実践に関与する機運も高まっている。そう考えると，学会の未来は明るいと映るかもしれない。しかし，その背景に大学改革と教師教育改革をはじめとするドラスティックな教育政策の展開があると考えると，事態はちがって見える。60 年前の激動期，異なる領域の教育研究者が「教育経営」という冠のもとに集まっ

たことに込められた思いは何だったのだろうか。本講座の編集過程で，その問いが幾度も脳裏をよぎった。学術団体である学会に所属する一員として，「外」から打ち寄せる波に呑み込まれるのではなく，常にそれらを相対化する姿勢を保ちつつ研究と実践に取り組みたいと自戒する。

編集にあたり，次のメンバーで編集委員会を組織した（〇印は各巻代表）。

第1巻　〇浜田博文・勝野正章・山下晃一
第2巻　〇天笠　茂・玉井康之・南部初世
第3巻　〇林　　孝・水本徳明・貞広斎子
第4巻　〇牛渡　淳・佐古秀一・曽余田浩史
第5巻　〇北神正行・元兼正浩・本図愛実

講座の全体構成は5名の代表編集委員で協議し，各巻の具体的な編集は各3名の委員を中心に進めた。執筆依頼や原稿整理などは，幹事である照屋翔大会員と朝倉雅史会員が的確かつ円滑に進めてくれた。両会員の献身的な仕事ぶりに感謝する。

本講座の刊行がこれからの教育経営の研究と実践の発展に貢献できることを願っている。

最後に，出版情勢の厳しいなかで刊行を引き受けてくださった学文社の田中千津子社長と，編集・校正等の作業を迅速に進めてくださった二村和樹氏にはこの場を借りて心から感謝する。

2018年4月

日本教育経営学会会長
創立60周年記念出版編集委員長
浜　田　博　文

第 1 巻緒言

　現代における教育経営のあり様を捉えようとするとき，その前提条件として，政治・経済の動向や国際的な情勢など，現代社会を成り立たせているさまざまな状況を十分にふまえる必要がある。本講座が主に対象とする過去約20年間という時期は，戦後右肩上がりの発展を描きつづけてきた日本社会のあらゆる領域が重大な転換を必要とし，教育のあり方も大きな変化を迫られた。したがって，第1巻は『現代教育改革と教育経営』と題して，現代日本の教育政策の展開と教育制度の変容を，さまざまな社会背景と関係づけながら捉え直して論じることをめざした。あわせて，グローバル化が進行するなかで日本の教育経営と密接な関係をもつと考えられる8カ国を取り上げて，各々の国で同時期に展開された教育改革と教育経営の最新動向を検討することにした。

　第1巻は次にあげる3つの部から構成される。
　　第1部　現代教育改革の背景と特徴
　　第2部　教育制度改革の具体的展開
　　第3部　諸外国における教育改革と教育経営の動向

　第1部では，対象時期に日本社会がおかれた状況と教育経営を方向づけたガバナンス改革の様相を把握したうえで，教育政策形成・決定過程の構造変容，教育行政の地方分権・規制改革の展開経緯と課題，教育財政とくに「三位一体改革」の動向と教育経営への影響，およびグローバリゼーションに対応して推進された学力向上政策という各テーマに分けて章を構成した。

　第2部では，第1部で論じられた社会構造と政策の変容と，それらを背景に実施された教育制度改革について検討した。具体的には，2014年の地方教育行政の組織及び運営に関する法律（地教行法）改正に焦点づけた教育委員会制度改革，個別学校の内外での「学校の自律性」に連関する諸制度，学校運営協議会制度に焦点づけた学校・家庭・地域の関係構造とそれに関する研究状況，学校の「多様化」と「段階間の接続」および「義務教育」のくくりに着目した

学校制度改革の様相，18歳人口の急減と経済停滞などを背景とした高等教育制度改革，「実践的指導力」と教員養成の「高度化」を指向する教員養成・採用・研修の一体的改革，そして生涯学習振興政策にかかわる諸制度改革という各テーマが論じられた。

　第3部は，日本で上記のような教育改革が推進された時期に，諸外国において展開された教育改革の特徴について，教育経営という視点から検討した。本学会の会員が研究対象とする国はおのずと限定されており，学術的視点をもって現代的動向を考察しようとすると，取り上げうる国も限られてしまう。ここでは，アメリカ，イギリス，ドイツ，フランス，中国，ロシア連邦，ニュージーランド，オーストラリアの8カ国を取り上げて，それぞれの国の教育改革と教育経営にかかわる最新動向の特徴に焦点づけて検討を行った。

　以上，合計20章を，それぞれのテーマについて研究実績をもつ会員が分担して執筆にあたった。3名の編集委員で各自の提出原稿を読み込み，講座の趣旨や巻としての統一性などを考慮して可能なかぎり内容修正と調整を図りながら編集にあたった。それでも，考察が不十分なところがあると思われるが，年1回の大会や学会誌での議論では交わすことのできない多彩な議論を収めることができたのではないかと考える。本書が今後の教育経営の政策・実践の向上と研究の進展の契機となるよう願っている。

2018年4月

編集委員　浜　田　博　文
　　　　　勝　野　正　章
　　　　　山　下　晃　一

目　次

「講座　現代の教育経営」刊行にあたって　　i
第1巻『現代教育改革と教育経営』緒言　　iii

第1部　現代教育改革の背景と特徴　　1
第 1 章　社会変化のなかの教育経営　　2
第 2 章　教育政策の構造転換　　14
第 3 章　教育行政における地方分権・規制改革の展開と課題　　24
第 4 章　現代の教育財政改革　　37
第 5 章　グローバル化のなかの学力向上政策　　48

第2部　教育制度改革の具体的展開　　61
第 6 章　教育委員会制度の改革　　62
第 7 章　学校の自律性確立を標榜する制度改革　　73
第 8 章　学校・家庭・地域の関係構造改革　　85
第 9 章　学校制度に関する諸改革　　98
第10章　高等教育に関する制度改革　　109
第11章　教員の免許・養成・研修制度改革の進展　　121
第12章　生涯学習振興政策の展開　　134

第3部　諸外国における教育改革と教育経営の動向　　147
第13章　州知事主導による教育改革―アメリカ―　　148
第14章　学校主導による教育改革と教育経営―イギリス―　　160
第15章　集権化と学校の自律性による教育改革と教育経営―ドイツ―　　172
第16章　目標・成果管理による教育改革と教育経営―フランス―　　184
第17章　教育格差の解消をめざす教育改革と教育経営―中国―　　196
第18章　政治経済体制の転換に伴う教育改革と教育経営―ロシア連邦―　　208
第19章　NPMを基軸とした教育改革と教育経営―ニュージーランド―　　219
第20章　公平と卓越を理念とする教育改革と教育経営―オーストラリア―　　230

索　引　　241

第1部
現代教育改革の背景と特徴

第1章　　　社会変化のなかの教育経営

1．押し寄せる社会変化の波

　21世紀に入って20年が経とうとしている。高度経済成長を謳歌した前世紀後半，アニメや小説では「輝かしい未来」が描かれていたはずなのに，現実は深い霧のなかで不安と向き合っているかのようである。

　2000年刊行の日本教育経営学会編『公教育の変容と教育経営システムの再構築』（シリーズ教育の経営1）の第1章で，堀内は20世紀の100年を，「近代国家－国民国家の枠組み」を強固にしていくプロセスだったと振り返った[1]。臨時教育審議会（1984～1987年）による議論以降，「国際化」「情報化」の急激な進行で経済や人の動きが「国民社会の枠組み」を超えて流動化したことを受けて，国民国家が自身のあり方を相対化して環境や人権などという普遍的な価値の共有へと公教育のあり方を変えることが必要になったと，彼は論じた。そこでのキーワードは「成熟社会」だった。「社会や個々人のレベルにおける自生的変革をいかに助長するか」を念頭におきながら「社会運営システムの見直し」を進めることは「成熟社会を生み出す助走段階」として不可避であり，その「生みの苦しみ」こそが教育を含めた社会制度改革だと指摘された。だからその拠り所になる「住民や父母の意思や意欲」と「国民個々の自律化」の実現が必要だと堀内は強調した。

　今や，「国際化」は「グローバル化」に取って代わられ，「情報化」は高度のICT（情報通信技術）化へ突き進んだ。一方，まったく想定外の事件・事故がそれらを凌駕するインパクトをもった。2001年の9・11同時多発テロ事件以降の人種・民族・宗教間の対立や紛争の激化は，「国民国家」を軸とした「国際関係」の枠組みの限界を露呈した。さらに，2011年の東日本大震災と原発事故は，自然環境への畏怖の念を世界じゅうに喚起させ，科学技術への妄信に基づく国策の危うさを実感させた。こうして確かに，「国民国家」の枠組みの相対化は進行した。しかし，人類にとっての普遍的な価値を自律的に共有しうる「成熟社会」実現への道は，「助走段階」すらいまだ混迷のなかにある[2]。

　他方で，新たな社会的課題は容赦なく立ち現れている。少子高齢化，人口減少，経済格差の拡大，子どもの貧困，ワークライフバランス，男女共同参画，

高齢者雇用，持続可能な発展，地方創生，地域共生など，グローバル社会において，それらは地球上のさまざまな地域の社会動向とマクロ，ミクロにつながっており，教育経営の在り方にも重要なインパクトを及ぼすものである。

2017年に告示された新学習指導要領をはじめ，ここ数年の間に中央教育審議会（以下，中教審）が提起した「学び続ける教員像」「チームとしての学校」「地域学校協働活動」などは，上述のさまざまな社会変化の下で公教育のあり方を検討するうえで重要である。しかし，小学校外国語の教科化，「主体的・対話的で深い学び」，教員の勤務時間管理，子どもの貧困連鎖への対応など，教育現場が対峙すべき課題は多岐にわたる。多くの難所を乗り越えつつ前進しながら，はたしてこの針路の先に光明は開けてくるのかと，途方に暮れたくなる向きも少なくないだろう。

教育現場に容赦なく押し寄せる変化を受け止めるうえで最もむずかしいのは，従来は自明とされていた前提が相対化され，正誤や適否の判断が容易でないことであろう。高度で重要な判断が求められる局面で，その当事者自身が知識基盤や専門性に不安をかかえつつ対処しなければならないことが増えている。しかし，それを支える社会的装置が追いついていない現実がある。前述のような社会変化のもとで，「国民国家」の主導ではなく，教育現場に近いところにいる多種多様な立場の人々の参画によって公教育を統治するシステムの構築は現代教育経営の喫緊の課題である。

2000年の『生涯学習社会における教育経営』（シリーズ教育の経営4）では，岡東が次のような「地域教育経営」論を展開していた。「地域教育経営」とは「一定地域のなかで人々の教育・学習に関係する者が，教育の実態を直視し，教育観や理念の共通理解を深めながら，地域の教育目標や課題を設定し，その達成に向かって教育領域や機能の分担を図り，教育資源を最大に活用し，相互に連携することによって，総体として人々の教育・学習を促進する営み」[3]である。管見の限り，これは「地域教育経営」を明確に定義づけた稀有の例だが，経営「主体」が明示されていない。それは，「経営現象の発現する局面」と教育組織体の多様性などを考慮したものであり，「教育委員会は，地域教育経営

の有力なメンバーであるが，必ずしも経営主体ではない。これは，行政と経営との相違による。両者は共通した面を多分にもつが，行政が法制度に基づく一定の公権力作用としての計画・統制過程であるのに対して，経営は組織体の自主的・自律的な計画・統制過程であるといった基本的な性格の違いによる[4]」という。主体を明示しないことによって教育・学習の当事者の主体性と自発性の重要性を示していたのである。

「ガバナンス」という言葉こそ使用していないが，岡東の所論は「ガバメント」による管理に従属しない，学習者と教育実践者を含めた多様な教育の当事者による「ガバナンス」の構築という教育経営のあり方をさし示していたのではないだろうか。

2. 教育ガバナンス改革のなかの教育経営

(1) 教育ガバナンス改革の進展

臨教審は戦後教育の重要な画期をかたちづくった。だが今日の教育経営の実践と研究に決定的なインパクトを及ぼしたのは，1990年代後半以降の諸改革だった。2000年代に入って以降，それは教育ガバナンス改革という言葉で論じられてきた[5]。「ガバナンス」概念は多義性をもち，教育経営学関連領域での議論も多様である。教育行政にかかわっては，教育委員会制度の存廃を含めた地方教育行政システムの改変論議が「ガバナンス」概念をもって関心を集め[6]，いじめ・自殺をめぐる責任問題の論議などが絡み合った末に2015年4月施行の地方教育行政の組織及び運営に関する法律（以下，地教行法）改正となった。それらは，一般行政と教育行政，および自治体における首長部局と教育委員会との関係を問い直すとともに，公教育の民主性や教育行政の専門性と責任のあり方をめぐる住民，NPO，市民団体，マスコミなどの多様な関係当事者（stakeholder）と行政機関の相互関係をも関心の対象とする。また，学校経営に関する議論では保護者・地域住民による経営参加[7]，とりわけ2004年に法制化された学校運営協議会に高い関心が向けられてきた[8]。

限られた紙幅のなかで議論を分散させないために，ここでは学校経営に焦点

づけて考えてみよう。政治学者の中邨は，ガバナンス改革について「透明性（Transparency）」「説明責任（Accountability）」「参加（Participation）」「公平性（Equity）」の4要件を満足させる制度構築が必要だと述べている。[9]「学校経営参加」と「学校評価」を基軸にした2000年以降の教育ガバナンス改革に，これらの要素は通底している。

(2) 学校経営参加の制度化と展開

　教育経営研究にとって「学校経営参加」は古典的課題であり，学校の意思決定に対する保護者・地域住民の参加は1990年代までに規範論として蓄積されていたが，制度化は滞っていた。それだけに学校評議員制（2000年）は画期的だったが，より大きなインパクトをもったのは教育改革国民会議での議論から提起された学校運営協議会／コミュニティ・スクール（2004年～）の法制化・拡充施策だった。[10]「コミュニティ・スクール」の発案・制度化過程は単純には総括できないが，[11]学校評議員制よりもさらに踏み込んだ経営参加制度であることはまちがいない。2017年4月現在，その数は3600校（367市区町村および11道県教育委員会が設置）に達しており，2017年施行の地教行法改正（第47条の6）で所管学校に学校運営協議会を設置することが教育委員会の努力義務になったことをふまえると，今後も増大が見込まれる。

　半面，「経営参加」の性質は後退した。今次地教行法改正は，学校運営への必要な支援に関する協議を行う役割を学校運営協議会に付加し，委員の任命に校長の意見具申を可能とし，教職員の任用に関する意見は教育委員会規則での歯止めを可能にした。こうした修正のもとでコミュニティ・スクールの設置は努力義務化されたのである。そして，2015年12月の中教審答申「新しい時代の教育や地方創生の実現に向けた学校と地域の連携・協働の在り方と今後の推進方策について」は，コミュティ・スクールと学校支援地域本部，放課後子供教室などの学校と地域に関係する施策や事業の総合化を進めるため，「地域学校協働活動」としての学校と地域の連携・協働というコンセプトを提言した。

　学校運営協議会が進むべき方向性について，「学校支援」という段階から学校と保護者・地域住民が対等の関係で意見交換し合意形成していく「参加・共

同決定型コミュニティ・スクール」に進む必要があるという議論もある[12]。学校における意思決定参加という視点からみれば，会議体としての学校運営協議会の権限や独立性に注目するのは当然であろう[13]。しかし，「ガバナンスは，ガバニング（governing，統治という行為），すなわち統治を行う過程，あるいは統治に関わる過程，そのプロセスにおけるさまざまな様態」をさす概念である[14]。だとすると，「学校」という教育機関／教育実践現場のガバナンスは，会議体の制度的権限や会議場面だけではなく，多種多様な立場で子どもの教育に関係をもつ人々の連携・協働の活動全体を視野に収めて捉える必要がある。

(3) 学校評価の制度化と展開

2007年の学校教育法と同施行規則改正で，「自己評価の実施及びその結果の公表の義務，学校関係者評価の実施及びその結果の公表の努力義務，評価結果の設置者への報告の義務」が学校に課され，学校評価は正式に法制化された。文部科学省調査によれば，努力義務の「学校関係者評価」は2014年度間に96％の公立学校で実施されている（国公私立合計で85.7％）。「学校運営の組織的・継続的改善」に「効果があった」と回答した学校は国公私立あわせて，自己評価で94.4％，学校関係者評価で91.6％である[15]。学校関係者評価委員が評価にあたって行った事項では，「管理職との対話」(88.8％)，「学校行事の参観」(85.9％)，「授業参観」(79.3％)の3つが大きな割合を占める。それに次ぐ「保護者に対するアンケート結果の分析」(56.9％)，「児童生徒に対するアンケート結果の分析」(44.2％)，「管理職以外の教職員との対話」(42.1％)の実施率は高くはないが，20年前には「経営参加」制度すらなかったことをふまえると，教職員以外の者が学校評価に参加する仕組みの浸透は大きな変化だといえよう。

文科省の『学校評価ガイドライン［平成22年改訂］』は学校評価の目的として，①学校運営の組織的・継続的な改善，②保護者・地域住民等への説明責任とその理解と協力，③設置者による学校への支援や条件整備等の充実を明記した。しかし，③はともかく，①と②が常に一体的・連続的に成り立つ保障はない。管理職層が「説明責任」を保護者・地域住民からの理解と協力につなげるよう努めたとしても，透明性確保や情報公開（たとえばアンケート結果の広報誌

掲載など）が直ちに保護者・地域住民との信頼関係を形成して学校運営の改善を導くわけではない。

　地域住民・保護者の関与による学校評価は，学校をとりまく多様なアクターどうしの相互作用から成るべき教育ガバナンスの重要な要素である。だが，学校が「説明」を求められる情報は，行政機関や医療機関，企業などと比べて曖昧で多義的である。言葉や数値を書面で提示するだけでなく，教師が教育実践に取り組み改善に努める過程，すなわち「その学校の教育の事実」自体をオープンにすることに関心を注ぐ必要がある。教職員どうし，ならびに学校と地域の多様なアクターとの間に生じる教育実践を主題とした多方向コミュニケーションを①の目的にかなう方向でガバナンスすることが必要である。

3．教育ガバナンス改革における「教職の専門性」

　以上のことから，教育ガバナンス改革におけるガバニング・プロセスは，教育実践を中心に据えた関係当事者どうしの相互影響過程と捉えるべきである。教育実践を基軸とするガバナンスにとって，「教育についての専門性」は重要な鍵を握る。だが，教育ガバナンス改革は，教育行政および学校経営の「脱教職化」[16]という指向を内包する。ガバナンスの関与主体[17]の多様化によって主体どうしの布置関係に変化が加わるとき，教職は微妙な位置に立たされる。たとえば，学校の責任体制と校長のリーダーシップの確立を強調する改革の下で「民間人」の校長登用が制度化された。地方教育行政の独自性と学校経営の自律性を求める議論は，民間企業の組織マネジメントの発想と手法を教育委員会や学校に導入するよう促し，そのための研修が各地で導入された。職員会議を「校長の補助機関」として教員の意思決定参加に歯止めをかける一方で，非教職の住民・保護者を構成員とする学校運営協議会が法制化された。こうした趨勢には「学校教育の中核は教職の専門性を基盤とする」という前提が希薄化している。現代の教育ガバナンス改革では，これまで教育経営の理論と実践が暗黙裏に依拠してきた「教職の専門性」を再定位することが必要なのではないだろうか。[18]

　「専門職」の必要条件として，①高度で体系的な専門知識・技能の必要性，

②職務の自律性，③職業規範や倫理観の高さをあげることができよう[19]。教職を「専門職化（professionalization）」すべきという議論が日本で活発化した1960年代後半以降，多くの所論は現状を「準専門職」と位置づけた[20]。

　教職の職務遂行に不可欠な知識・技能の体系は不明瞭である。量的な安定供給を維持するには，免許状取得ルートの開放性が不可欠で，代替不可能性を低くしておく必要がある。教員は被雇用職業で，公立学校の場合は公務員でもあるため，職務上の自律性は常に制限される。職業規範や倫理観の高さは他職より優位にみえるが，戦前の聖職者像を引き継ぐ精神主義的・道徳主義的な行動規範による呪縛を払拭できなければ，それは他律性に包摂されてしまう。つまるところ，先の三要件に照らして考えると，「教職は専門職として完璧ではない」という答えにたどり着いてしまう。

　もとより，1990年代以降，専門職の職務原理は「科学的技術の合理的適用」ではなく「行為の中の省察」を軸として把握され[21]，専門知識・技能に対する解釈は変化した。それは，学校組織論のベースが技術合理性から非合理性へとシフトした経緯と符合する[22]。ただし，被雇用職業，精神主義的・道徳主義的な規範・倫理観などに転換があったわけではない。2000年代以降のアカウンタビリティ政策の下で，学校・教職はより可視的な成果の追求へ方向づけられ，教職の専門性に基づく自律的判断は抑圧される傾向にある。既述のように非教職のステークホルダーを学校経営の正当アクターに位置づけるガバナンス改革は，学校組織における教職の位置を相対的に劣位化しているとさえいえよう[23]。

　ところで，従来「専門職」のモデルとされていた医師の自律性にも1970年代以降変化が生じた[24]。保健医療領域では，「対クライアント，対コメディカル，対専門職，対社会政策といった関係構造」において，医師を頂点とする「専門職支配（Professional Dominance）」が確立されていた[25]。ところが，医療・医学の高度化・専門分化に伴い医療は「診療所中心，医師中心」から「『組織＝病院』中心」へ転換され，患者の権利概念の制度化と「消費者志向」的意識の高揚，コメディカルの量的拡大と「チーム医療」の要請などにより，「『専門職によるコントロール』から『専門職へのコントロール』への相対的移行」が生じ

[26)]た。専門職としての医師の「相対化」である。進藤によれば,「近年における医療の変容を規定してきた三つの基本的要素—医療における人権・市場－競争原理，国家介入—は,『専門職支配』＝『自律性』という構造が，特定の時代と社会における特定の政治的・社会－経済的布置関係において成立しえたものであり,『専門職』の職務遂行に必然的に要請される普遍性を持つものではないことを明らかにした」[27]。専門職としての医師の自律性は，じつは「医業独占」と医業への非専門職や国家の干渉からの自律の制度化という「他律性」に大きく依存していた。とすれば，専門職としての自律性を確立するための鍵は,「それが提供する質と倫理性を，専門職自らが『自己規制』によって担保する」[28]ことにあると考えるべきであろう。

4．教育経営と教育経営学の現代的課題

　以上のような教育ガバナンス改革の時代に，教育経営と教育経営学が自覚的に取り組むべき課題とは何であろうか。下記の3点をあげて本章を閉じたい。
　第一は，教育と学習の当事者に近い視座から，学校および地域における教育ガバナンスのあり方を捉え直し，当事者相互の関係を再構築することである。学校であれば，教育実践は教師・児童生徒関係，あるいは学級（教室）において展開される。それらを基点として学年・教科，あるいは学校レベルでの経営を捉える必要がある。同時に，学校と保護者・地域住民との関係，および地域における多様な当事者間の関係もそこに連関させる必要がある。このように，授業や学級経営，生徒指導の質保証など，あるべき教育実践を問うことを出発点として，児童生徒－学級（教室）－学校－地域社会－地方自治体の連関を視野に収めながら関係当事者の布置関係を捉え，ガバニング・プロセスを創りだしていく営為が教育経営の実践的課題だといえよう。
　第二は，教育ガバナンスにおける多様な当事者の関係のなかに「教職の専門性」を定位し，その質保証のための社会的装置を再構築することである。これまで,「教職の専門性」の正当性は公教育の仕組みと理論の自明の前提であった。ところが，それが相対化・劣位化され,「教職の専門性」の「正統性」保

証の社会的装置を含めた教育経営の再構築が必要になっている。[29]そこには，教育実践が依拠すべき知識基盤とそれらを教師が習得する仕組みを誰が統制すべきか，という難題が横たわる。近年の教職に関する政策動向をふまえると，それは教育経営とその研究者の自律性確保にかかわる重大な課題である。[30]

前節で検討した「医師の専門性」は医学の学問的知識を唯一の根拠とし，それは国家的制度になっている。[31]これに対して，「教職の専門性」は教育学（近接領域を含めて）の学問的知識だけでは規定できない。教員が教育実践のなかで用いる知識・技術には，実践者間で生成・伝承されてきた経験知が多く含まれているにちがいない。教育という営為の複雑性をふまえると，「教職の専門性」が依拠すべき知識基盤は多様な学問および教育実践から生み出された知識や思考様式などの混成によると考えるべきである。よって「教職の専門性」の正統化装置のあり方は，この点を十分にふまえた検討が必要である。

第三は，以上の課題を十分にふまえて，教育経営における研究と実践の関係を再構築することである。現代社会には，「科学者にも答えが出せない不確実な問題」が数多く，それらをめぐっては，専門家と市民と行政という枠を越えた「公共空間」での問題解決が必要である。[32]教育経営のあり方や「教職の専門性」に関しても，専門家の知識を社会公共の問題の解決へ結びつけるための「社会的合意」形成をめざした，専門家，市民，行政による合意形成のガバナンスが問われる。ただし，「教職の専門性」が学問的知識と実践者の経験知の混成だとすれば，「専門家」は「専門家としての研究者」と「専門家としての実践者」の二者と捉え，それに「市民」「行政」を加えた四者関係を想定する必要がある。

その際，「知識をもつもの」と「もたざるもの」の間の権力構造や，研究者（学会）が有する「ジャーナル共同体」の閉鎖性・排他性と公共性がもつべき公開性の矛盾に留意しなければならない。[33]とくに教職の場合，「専門家」内の「研究者」と「実践者」の関係に潜む知識の階層性を解きほぐす手立てが必要である。

かつて曽余田は，[34]知識創造モデルを参照して研究者の「暗黙知−形式知」と実践者の「暗黙知−形式知」が相互交流する関係図式への転換を描いた。[35]それ

を参照して筆者は,「研究コミュニティ(学会・研究会等)」と「教育実践現場(学校)」と「教員養成現場(大学)」の間で相互に「暗黙知-形式知」を交流する図式を提示した[36]。教職を「専門職」だと考えるなら,教師の専門職団体が「暗黙知」を「形式知」に変換して自らの「専門性」の内容を明示し自己規制する仕組みを構築すべきだと筆者は考える。だが,1980年代に名越が,「専門職団体は,本来,成員の相互信頼性や団結性などの基本的要件を満たしたうえで,専門的知識・技術や倫理の厳しい自主規制を行っていかなければならない社会的責任をもっている。それゆえに,包括的な自治組織の結成が期待されている。そのような視点からみた場合,わが国の教師集団は,明らかに不十分な現状にある」[37]と論じたことが,現在でもあてはまる。容易ではないことだが,「教職の専門性」を正統化するための新たなガバナンス装置は不可欠である。研究者,実践者,市民,行政という多様な主体が参加して,どの主体も「支配者」「被支配者」にならない「社会的合理性」を担保しうる公共空間を構想する必要がある。教育経営における研究と実践はそうした問題意識を大切にしながら展開される必要がある。

(浜田博文)

注
1) 堀内孜「国民社会の構造変化と公教育の変革課題」日本教育経営学会編『公教育の変容と教育経営システムの再構築』(シリーズ教育の経営1)玉川大学出版部,2000年,14-26頁。
2) 市川昭午は2002年において,「国民国家が崩壊すれば国民教育も存立不可能となる。未だそこまで至っていないものの,国民国家が弱体化する中で国民教育の存立理由が揺らぎ,機能不全に陥りつつある」と述べている(「90年代―教育システムの構造変動」『教育社会学研究』第70集,7頁)。
3) 岡東壽隆「青少年の問題行動と地域教育経営―地域社会と青少年」日本教育経営学会編『生涯学習社会における教育経営』(シリーズ教育の経営4)玉川大学出版部,2000年,257頁。
4) 岡東壽隆『地域における生涯学習の支援システム―地域教育経営の理論と実践』東洋館出版,1997年,27-28頁。
5) 日本教育学会が2003年から「課題研究」のテーマとして「学校のガバナンスとマネジメントに関する総合的研究」を取り上げている(『教育学研究』第72巻第1号,2005年,74-85頁参照)。また日本教育行政学会も2004~2007年に「教育のガバナンス改革」を

テーマとして課題研究に取り組んだ（日本教育行政学会研究推進委員会編『学校と大学のガバナンス改革』教育開発研究所，2009年）。
6) たとえば，小松茂久「『教育ガバナンス』と地方教育行政システムの再編」『教育行財政研究』第31号，関西教育行政学会，2004年，63-66頁；宮腰英一「教育委員会制度の変革としてのガバナンス構築」日本教育行政学会研究推進委員会編『学校と大学のガバナンス改革』教育開発研究所，2009年，40-53頁など。
7) たとえば，柳澤良明「学校経営における参加とガバナンス」（小島弘道編著『時代の転換と学校経営改革』学文社，2007年，199-208頁）など。
8) たとえば，佐藤博志「コミュニティ・スクールの現在と未来」（『学校経営研究』第35巻，大塚学校経営研究会，2010年，1-9頁）など。
9) 中邨章「行政，行政学と『ガバナンス』の三形態」日本行政学会編『〔年報行政研究39〕ガバナンス論と行政学』ぎょうせい，2004年，6頁。
10) 教育改革国民会議「教育改革国民会議報告―教育を変える17の提案」2000年12月22日。
11) 黒崎勲『新しいタイプの公立学校』同時代社，2004年。筆者はかつて，地域教育経営の観点から「コミュニティ・スクール」構想のかかえる矛盾などを検討した（浜田博文「地域教育経営論の再構成」『学校経営研究』第26巻，大塚学校経営研究会，2001年，1-15頁）。
12) 岩永定「分権改革下におけるコミュニティ・スクールの特徴の変容」『日本教育行政学会年報』第37号，2011年，教育開発研究所，38-54頁。
13) 仲田はある小学校における学校運営協議会の詳細な事例分析を通じて，保護者委員の消極性と，対学校・地域住民における保護者の劣位性を明らかにしている（仲田康一「学校運営協議会における『無言委員』の所在」『日本教育経営学会紀要』第52号，第一法規，2010年，96-110頁）。
14) 山本啓「ローカル・ガバメントと公民パートナーシップ」山本啓編『ローカル・ガバメントとローカル・ガバナンス』法政大学出版局，2008年，3頁。詳細は，浜田博文「『学校ガバナンス』改革の現状と課題―教師の専門性をどう位置づけるべきか？」（『日本教育経営学会紀要』第54号，第一法規，2012年，23-34頁）を参照。
15) http://www.mext.go.jp/a_menu/shotou/gakko-hyoka/__icsFiles/afieldfile/2016/03/31/1369130_01_1.pdf（2017年12月17日最終確認）
16) 浜田博文「公教育の変貌に応えうる学校組織論の再構成へ―「教職の専門性」の揺らぎに着目して」『日本教育経営学会紀要』第58号，第一法規，2016年，36-47頁。
17) これは，かつて佐古が「学校の『一般組織化』」と批判的に論じたことに通底する（佐古秀一「学校の組織とマネジメント改革の動向と課題」『日本教育行政学会年報』第31号，教育開発研究所，2005年，51-67頁）。
18) 浜田博文他「新たな学校ガバナンスにおける『教育の専門性』の再定位―武雄市『官民一体型学校』とB市『コミュニティ・スクール』の事例分析」『筑波大学教育学系論集』第42巻第2号，2018年3月，45-70頁。

19）西脇暢子「組織研究の視座からのプロフェッショナル研究レビュー」組織学会編『組織論レビューⅠ―組織とスタッフのダイナミズム』白桃書房，2013 年，101 頁。
20）たとえば，竹内洋「準・専門職業としての教師」（『ソシオロジ』第 17 巻第 3 号，社会学研究会，1972 年，72-102 頁）など。
21）佐藤学『専門家として教師を育てる』岩波書店，2015 年，70 頁。
22）浜田博文「組織構造論」大塚学校経営研究会編『現代学校経営論』2000 年，11-18 頁。
23）浜田博文「ガバナンス改革における教職の位置と『教員育成指標』をめぐる問題」『日本教師教育学会年報』第 26 号，学事出版，2017 年，46-55 頁。
24）進藤雄三「医療専門職とコントロール―『自律性』の社会的基底の考察に向けて」宝月誠・進藤雄三編著『社会的コントロールの現在―新たな社会的世界の構築をめざして』世界思想社，2005 年，23-41 頁。
25）進藤，前掲，28-31 頁。
26）同上，30-36 頁。
27）同上，38 頁。
28）同上。
29）「正統性（legitimacy）」は，「統治の作用や機構が人々に『正しいもの』として受容されている状態」（記述的側面）と「（しばしば強制を伴う）統治が人々に対して服従を規範的に要求しうるに足りる性質を備えていること」（規範的側面）を併せもつ（傍点は藤谷）。対して「正当性」は具体的な内容の正しさを問うものである（藤谷武史「ガバナンス（論）における正統性問題」東京大学社会科学研究所・大沢真理・佐藤岩生編『ガバナンスを問い直すⅠ：越境する理論のゆくえ』東京大学出版会，2016 年，217-245 頁）。
30）浜田博文「教員養成改革と教育学研究者養成」日本教師教育学会編『どうなる日本の教員養成』学文社，2017 年，70-92 頁。
31）佐藤純一「非正統的医療と代替医療」中川輝彦・黒田浩一郎編『〔新版〕現代医療の社会学―日本の現状と課題』世界思想社，2015 年，185 頁。
32）詳しくは，藤垣裕子『専門知と公共性―科学技術社会論の構築へ向けて』（東京大学出版会，2003 年）を参照。
33）藤垣，同上，85-92 頁。
34）野中郁次郎『知識創造の経営』日本経済新聞社，1990 年。
35）曽余田浩史「臨床的アプローチの枠組み」小野由美子・淵上克義・浜田博文・曽余田浩史編著『学校経営研究における臨床的アプローチの構築―研究‐実践の新たな関係性を求めて』北大路書房，39-47 頁。
36）浜田「教員養成改革と教育学研究者養成」前掲，89 頁。
37）名越清家「専門職論の成立と展開」市川昭午編『教師＝専門職論の再検討』教育開発研究所，1986 年，76 頁。

第2章　教育政策の構造転換

　長い間，海外から変化が乏しく「現状維持」指向が強いとみられてきた日本の教育政策が（ショッパ／小川，1991，訳書2005），1980年代の「助走」期を経て，1990年代以降—とくに今世紀に入り構造改革と称される改革の渦中にある。従来の日本の教育政策は，戦後改革で創設され，1950年代に「再編」された集権・分立的（一般行財政制度からの「特例的」仕組みを有した統制的）な教育行財政制度を基盤にしたシステムを前提に，教育課程の改訂や制度の部分的手直しなどの漸進的な見直しを積み上げてきた。それに対して，構造改革と称される今次の教育改革は，学力観の転換を伴う教育課程の大改訂とともに教育活動とその成果を誰がどのように適切に管理していくのかという教育の統治（ガバナンス）のあり方を見直すために，教育システムや教育行政手法なども同時に大きく改革するという特徴をもっている。

　本章では，最初に，今次の教育の構造改革の背景ともいえる1990年代を転換点とした勤労者の生活保障システムの変容を概観しながら近年の教育政策上の特徴と課題を考え，第二に，そうした教育政策体系の転換に伴う政府内の教育政策形成・決定過程の変容に係る研究上の論議を整理しておきたい。

1．教育政策体系の構造的変化

(1) 旧来のシステム—学校・企業・家庭の三位一体での生活保障

　日本の学校教育の役割（機能）や特徴は，日本の社会・経済が時々の世界史上にどう位置づけられたかによって規定される面がある。ロナルド・ドーアの『学歴社会　新しい文明病』は，「後発効果」という概念を使い，日本を含め世界史上において遅れて近代化を開始した国々では，学校の選別機能が強化されるとともに，「追いつき型」近代化の国家目標の下に人材を効率的に動員する教育制度が国主導で急速に整備されることを分析した。「後発効果」の概念は，「追いつき型」近代化の達成という国家目標の下に，国主導による人材選抜・育成と社会的統合の機能を強く有した戦前日本の教育制度を説明するうえで説得力があるが，戦後改革から1970年代までの教育制度の展開を説明するうえでも同様に有効である。戦後日本の再建戦略においても，政府は日本経済の重

化学工業化による欧米先進国へのキャッチアップという選択をとり，それと連動した教育政策は，高校・大学進学率を短期間に急上昇させ，学校教育の社会的な選抜と統合の機能を強めていくことになった。

　また，日本の学校が社会的な選抜・統合の機能を強めるように作用した別の要因として，戦後の高度経済成長下で定着したとされる日本の経営・雇用制度の特質も指摘されてきた。長期雇用，年功制（賃金・人事），企業別労働組合で総括される日本型経営・雇用の特徴は，職場における職務の集団的遂行と新規学卒者の定期的な一括大量採用という形態をとる。新規採用の人材は，1つの組織に長期勤務することを奨励されるが，それは採用された人材が同じ組織内でさまざまな仕事・部署を経験し必要な教育訓練を経てその組織が必要とする専門的知識・技能，資質・能力を身につけていくため，彼らの早期退職・転職は経済的な損失と考えられた。人材の長期勤務を奨励・定着させるために，組織内の福利厚生を充実し長期に勤続すればするほど給与・処遇で有利になるように工夫された（勤続給，年功賃金，退職金制度など）。こうしたシステムの下では，新規学卒者に求められる能力は「一般的能力（訓練可能性）」といわれる。すなわち，仕事に必要とされる具体的で専門的な職務遂行能力は，入職後に実際の仕事や企業内教育訓練で身につけていくことが期待されるため，集団的な職務遂行になじみ必要に応じて求められる技能・知識を効率的に習得していくことのできる一般的能力＝「訓練可能性」が重視される。こうした能力を正確に測り選別するノウハウを採用側が独自にもっているわけでもないため，社会的に1つの制度として定着している学校の選抜＝入試による学歴が利用されることになる（岩田，1981）。

　以上みてきたような，学校から企業・職業への「間断のない移行」（中村，2014）と労働市場の内部化（労働力移動が企業内にとどまる傾向）が，安定した雇用を基盤に，男性稼ぎ主の給与に妻子の扶養コストを含めた家族賃金（生活給）と，子どもの成長に伴う年功賃金や扶養控除など子育て・教育費の負担を一部軽減する工夫などと結びつくことで，家族主義の規範を強化しその下に保育・福祉とともに教育を担う日本型の生活保障のシステムをつくり出した（宮本，

2009)。

(2) 1990年代以降の教育の構造改革—背景と課題

1980年代に経常収支の黒字を増大しつづけた日本経済は，その後，1992年のバブル崩壊で長い低迷の時期に入る。日本の経済・社会が「順風満帆」であったかにみえた1980年代は，世界的には新興国の工業化が急速に進み世界の製造業競争力地図を大きく変え，また，新たな成長産業として金融，情報などの高度知識サービス産業分野を拡大するなど産業・就業構造の大規模な再編成が進んだ時代でもあった（野口，2014）。バブル崩壊以降の日本は，そうした新たな世界的な産業・就業構造の再編とグローバリゼーションを背景に，経済・社会や教育などの各分野で本格的な構造改革を迫られることになる。

① 労働力需要変化と非定型型労働の需要拡大—新学力の社会経済的背景

教育の構造改革を象徴する1つが，PISA型学力に象徴される新学力＝21世紀型学力への転換であるが，背景には，経済・産業の構造変化とそれに伴う労働力需要の変化がある。1990年代以降，人工知能などの生産技術の飛躍的発展により，産業・就業構造と勤労者の業務形態が大きく変化してきているが，今後，人工知能などのさらなる飛躍的発展により第4次産業革命といわれるような高度知識情報社会の到来が想定されている（表2.1）。

1980年代までの日本社会は，耐久消費財の大量生産に象徴されるように，標準化，規格化された労働作業の効率化を通して経済の成長・発展を図る社会であった。そうした近代社会の主流の仕事形態は定型手仕事や定型認識作業であり，求められる能力は標準化された知識・技能であった。それに対して，1990年代に突入したポスト近代社会は，経済の情報化，サービス化といわれ人々

表2.1　世界的な経済システムと産業の変遷

工　業（製造業中心）		⇒　サービス産業・情報産業（高度知識情報社会）	
1760年	1870年	1995年	2030年
第一次産業革命 （蒸気機関）	第二次産業革命 （内燃機関・電気モーター）	第三次産業革命 （パソコン・インターネット・特化型ＡＩ）	第四次産業革命 （汎用ＡＩ）

出所：井上，2016，153頁

表 2.2　仕事（業務）分類の 5 類型

カテゴリー	仕事（業務）の例
定型手仕事（単純手作業）	製造業
非定型手仕事（非単純手作業）	サービス，美容，輸送機械の運転，修理・修復
定型認識（単純知的作業）	一般事務，会計事務，検査，監視
非定型分析（非単純分析的作業）	研究，調査，設計
非定型相互（非単純相互作用的作業）	法務，経営・管理，コンサルティング，教育，アート，営業

出所：池永，2009「労働市場の二極化」（『日本労働研究雑誌』584 号）

の多様で個別的なニーズに応える高付加価値をもった商品や情報，サービスを提供する高度知識情報社会である。その主流の仕事形態は非定型分析作業や非定型相互作業となり，人々の多様で個別的なニーズに応える付加価値を生み出す能力が求められることになる（表2.2；池永，2009，79頁）。すなわち，旧来の産業・生産において主流であった機械的・定型的（マニュアル化された）仕事は人工知能などで担われるようになり，勤労者には人工知能などではできない非定型的（マニュアル化されない）で付加価値を生み出す創造的労働と社会変化に対応する汎用型能力が求められるようになる。井上（2016）は，コンピューター，汎用型人工知能に代替できない人間に求められる能力として，創造性（クリエイティビティ），経営・管理（マネージメント），もてなし（ホスピタリティ）をあげている。実際，日本では，1980年代以降，就業人口でも国内総生産でも広い意味でのサービス産業の構成比が80％弱となっており，その質とレベルが異なることがあっても，どのようなサービス分野の職業においても，対人関係能力や社会的知といえる社会関係力が求められ，そのスキルと人的資本の質を高め生産性を向上することが課題であると指摘されてきている（森川，2016）。

② 産業・就業構造の変化と「間断のない移行」の揺らぎを背景とした教育格差

1990年代以降の産業・就業構造の大きな変化が，新学力の育成を課題としてきたが，同時期に，日本社会にもたらしたもう1つの問題が教育格差，子どもの貧困の顕在化であった。戦後の日本では，長い間，教育格差問題はほとんど真正面から取り上げられることはなかった。逆に，1960年代以降，高度経

済成長を背景にした教育制度の整備拡充が，高校，大学への進学率を上昇させ，社会的格差をなくして教育の機会均等の保障を実現したと肯定的に評価されてきた。その背景には，前述のように，経済成長を背景に学校・企業・家庭の三位一体による生活保障のシステムが1980年代まで機能してきたという理由がある。

　しかし，1990年代以降の経済のグローバル化とそれに伴う国内外の産業構造の再配置や就業構造の変化は，それまで続いていた学校から職業へのスムーズな移行を大きく揺るがし労働市場の流動化と外部化を進めていった。従来，新規学卒者を内部で育成しキャリアアップを図ってきた企業がその余裕を失い，その時々に必要な人材を臨機応変に外部の自由な労働市場に求めるようになった。生産技術の飛躍的発展と経済のグローバル化を伴う産業・就業構造の変化は，国内の堅実な中間階層の雇用先であった製造業や単純手作業・知的作業の仕事を人工知能などに代替させたり国外に移転させ，国内の失業や非正規雇用労働者の比率を高めていくことになった。また，労働市場の流動化と外部化に伴い日本型経営・雇用の見直しも進行している。そうしたなかで，若年労働者の失業率や非正規雇用の比率の高さは非常に深刻な事態となっている。その結果，高校や大学を卒業しても就職できない状況や不安定雇用が広がり，従来からあった学校から職業へのスムーズな移行＝「間断のない移行」がむずかしくなってきている（中村，2014）。学校・企業・家庭の三位一体型の日本型「成功モデル」が崩壊しつつあり，新たな制度の構築が求められているというのが今日の事態であるといえる。

　第一に，雇用の不安定化―とくに，若年層の非正規雇用や失業が増加，常態化し，従来，社会保障の対象とはされていなかった若年層の職業訓練や教育が新たな社会保障と教育の課題として浮上してきている点である。広井のいう「人生前半の社会保障」と「後期子ども期」の課題であり，30歳前後の「時期に対する社会的な対応は，狭義の教育だけで完結するものではなく，雇用や社会保障等と一体的に考えていく必要」（広井，2006，91頁）が新たに生じている。第二は，雇用されている者においても，給与の削減や日本型人事・給与の見直

しが進行するなかで，家庭が子育て・福祉，教育などの経費を賄えなくなっている点である。従来，それら経費は年功的給与体系に伴う生活給で一部補われてきたが，給与抑制と生活給の縮減・廃止などでそうした生活保障機能が大きく後退してきている事態に対し，それらコストを新たに社会が負担していくシステムを考えていくことが避けられなくなっている（濱口，2009，149頁）。かつては，与野党で鋭く対立していた教育格差や子どもの貧困への対応，そして，幼児教育や高等教育の教育費負担をめぐっても，近年では，その制度改革プランには対立をはらんでいるとはいえ，教育格差の是正や子どもの貧困対策，幼児教育や高校，高等教育の負担軽減・無償化や社会（職業）人が必要に応じて学び直しのできる教育制度の構築の必要性は，与野党を超えて広く共有されてきている。その背景には，旧来の生活保障システムの崩壊に直面して，それらコストを社会がどう新たに負担していくかという課題意識の共有化が進んでいることがある。それは，前述の旧「日本型『成功モデル』」の崩壊に対して，すでに崩れつつあった会社や家族に社会保障や教育の負担を負わせ政府の責任・負担を軽くしようと試みた1980年代の「日本型福祉社会論」の失敗を経て（飯尾，2013，228-229頁），ようやく，そうしたコストを社会＝政府の責任・負担で担っていく必要性が広く認識されてきたことでもあった。

2．教育政策形成・決定過程の構造変化

　第1節でみてきたような教育政策体系の変容は，教育政策の形成・決定過程の変更を伴うものであった。1990年以降—とくに，2001年中央省庁再編を経た中央政府内の教育政策形成・決定過程の変化に関しては，すでに，多くの研究があり筆者もいくつかその分析を試みてきたので（小川，2010など），ここではその変更そのものを検討することではなく，その変更に係る近年の研究上の論議を整理しておきたい。

　曽我は，1980年代まで政治と行政の影響力関係をめぐるテーマは，官僚と政党のどちらが優位かという論議であったが，1990年代以降は，政治を構成する諸要素を分解しつつ制度間関係を明らかにしていくことに重点がおかれる

ようになったと指摘し，首相，内閣を構成する大臣，与党議員，官僚制といったプレイヤーの関係に関するいくつかのテーマが議論されてきたと整理している（曽我，2016，153頁）。そうしたテーマの1つとして，教育政策分野でも，1990年代以降―とくに，2001年中央省庁再編や政権交代などが，上記のプレイヤーの影響力関係と中央政府の教育政策形成・決定過程をどう変化させてきたのかが検討されてきた。ここでは，1990年代以降―とくに，2001年中央省庁再編を経て強まる政治主導が旧来の教育政策形成・決定過程をどう変化させたのかを民主党政権時代の試みと自民党政権のそれを比較することで整理しておきたい。

① 民主党政権による"政治主導"確立の試み―旧システム廃止の試みと失敗

2009年9月に誕生した民主党政権は，政治主導の確立の試みを後述する自民党政権のそれとは異なるかたちで推し進めようとした。民主党政権が始動した当初は，旧システムの特徴ともいえた，①政府・与党の二元的システムとそれを担保する与党の事前審査システム，②与党の事前審査システムで機能する各行政分野ごとにおける族議員と官僚の一体的政策形成，③分野ごとの縦割り行政に起因する首相―内閣の指導力の脆弱化（小川，2010，21-50頁）を見直すために次のような制度改革を試みた。

第一に，政府・与党の一元化のために，自民党政権時代に存在した与党の政務調査会のような組織を廃止し，政務三役が中心となって法案や予算などを調整し決定することとし与党族議員の関与をなくする仕組みの構築を図った。第二に，中央省庁官僚との関係見直しでは，官僚が政策決定に直接かかわらないように，事務次官会議の廃止，政務三役主導の省庁運営と政策決定（政務三役会議からの官僚の排除など）を図った。そして，第三に，首相－内閣の指導力と機能強化のため省庁横断的な政策調整や政府の大きな政策構想を審議する国家戦略室の新設や首相補佐官の増員などが図られた（山口，2012など）。

そうした一連の制度改革の下，文部科学省においても，これまでの省内の運営や政策決定の手続きなどで見直しが図られた。省内の重要な政策決定と判断は文部科学政務三役が担うこととされ，政務三役会議には事務次官などを出席

させなかった。また，政務三役の政策決定と判断に資する機関として，中央教育審議会（以下，中教審）ではなく有識者との政策懇談会などを重視し多用することになった。自民党政権時代には，教育業界を基盤にした調整と合意重視の積み上げ型政策決定が行われ，その要の1つに文部科学省の中教審が位置づけられていたが，民主党政権では，その中教審の位置づけを大きく見直すこととされた。中教審は文部官僚の主導で行われ利益団体である教育業界の意向反映の場であると見なされ，中教審は教育課程などのような教育専門的事項を審議する場として限定的に活用することがうたわれた。

　民主党政権は，当初，（教育）政策決定の旧システムを廃止したうえに新たな政治主導の政策決定システムを構築しようと試みたといえる。しかし，その目論見は失敗に帰することになった。山口（2012）は，その失敗の理由について，政務三役の指導体制の拙速さ，内閣主導の失敗，政府与党の一元化の失敗などを指摘し，それらの失敗の背景には，政治主導の意味の読みちがいがあったこと―すなわち，政治主導の障害は官僚の抵抗ではなく，官僚組織が所管しているさまざまな団体の抵抗，そうした団体に依拠した与党議員の抵抗を乗り越えるため，与党が結束して行動できるかどうか，党を統合できるかどうかの成否にかかっていたが，その党の統合をはかるよりも党内の利害調整に消耗したことに失敗の主要因があったと指摘している。

② **自民党政権の政治主導の特徴―旧システムの補完によるアジェンダパワーの掌握**

　政治主導の強化を求める改革は，2009年の民主党政権誕生に先行する自民党政権時代でも取り組まれた。政治主導を指向する取り組みは，国会制度改革（党首討論の開始，政府委員制度の廃止など），内閣制度改革（副大臣，大臣政務官制度の創設など），そして，2001年中央省庁再編（内閣法改正，内閣府の創設など）らとして実現されていった。なかでも大きな影響を及ぼしたのが，2001年中央省庁再編による内閣機能の強化であった。具体的には，内閣総理大臣の権限・責任をより明確にしたうえで，内閣総理大臣とそれを支える内閣官房の機能を拡充した。とくに，内閣府を創設して特命担当大臣をおき企画・調整権限

を付与するとともに，内閣総理大臣または内閣官房長官を議長とする重要政策に関する企画・調整のための合議制機関を設置して重要政策を内閣総理大臣主導で機動的に策定し実施していく体制を整えた。しかし，自民党政権下では，首相－内閣の機能強化による政治主導は，民主党政権の当初に試みられたような政策形成・決定に係る旧システムの廃止と結びつけられて行われたものではなかった。そのため，政治主導を企図した首相－内閣の機能強化の仕組みの運用とその実効性は，時々の首相－内閣（とくに，首相の政治指向）が旧システムとどういうスタンスで向き合うかによって異なった。ただ，自民党政権における首相－内閣の機能強化による政治主導が旧システムの上にもう一層を重ねるかたちで構築されたものであっても（曽我，2016，163頁），首相－内閣（とくに，首相）がアジェンダパワー（課題設定を決定できる権限）を掌握したことの意味はきわめて大きかったといえる。そして，首相－内閣（とくに，首相の政治指向）が検討する政治課題が，旧システムとの鋭い対立をはらむものであった場合には，両者の関係はポジティブサムではなくゼロサムゲームの様相を呈する状況になった（山口，2012）。首相－内閣によるアジェンダパワーの掌握とそれを梃子に提示された政治課題が旧システムと鋭い対立をはらんだ事例として，旧システム下では想定できなかった義務教育費国庫負担制度や教育委員会制度の廃止などが政府の政治課題として検討の俎上に載せられたことなどを指摘できる。なお，筆者を含めた2000年以降の教育政策形成・決定過程における政治主導の強まりを指摘する研究に対して，政治主導を過度に強調することで官僚主導を軽視し従来型の官僚主導の政策形成が依然として可能であることを認識できていないとする批判がある（池田，2016，10頁など）。しかし，小川（2010）の指摘は，首相－内閣（とくに，首相の政治指向）のアジェンダパワーの掌握という点で政治主導の意味を明らかにしたものであり，旧システム（教育下位政府とその頂点に君臨する文部官僚主導の政策形成づくり）がまったく廃止＝機能停止させられたことを意味することではなかった。自民党政権の政治主導は，既述したように，民主党政権当初のように旧システムの廃止のうえに構築されようとしたものではなく，旧システムに一層を重なるかたちで首相－内閣のアジェン

ダパワーを導入したという特徴をもつものであることから，個別の政策，政治課題ごとに，首相－内閣と旧システムの影響力関係を詳細に検証していくことが重要になると考える。[1]

（小川正人）

注
1) 自民党政権の政治主導は，旧システムに首相－内閣のアジェンダパワーを一層重ねた構造であったといっても，旧システムは旧来のままであることを意味しない。首相－内閣のアジェンダパワーの強化に伴って旧システムがどう変容しているのかも重要な研究課題の1つである（小川，2010）。

文献・参考資料
飯尾潤『現代日本の政策体系』筑摩書房，2013年
池永肇恵「労働市場の二極化―ITの導入と業務内容の変化について」『日本労働研究雑誌』584号，2009年，73-90頁
池田峻「中央政府の教育政策形成における二重性の検討」東京大学大学院教育学研究科『教育行政学論叢』36号，2016年，1-12頁
井上智洋『人工知能と経済の未来―2030年雇用大崩壊』文藝春秋，2016年
岩田龍子『学歴主義の発展構造』日本評論社，1981年
小川正人『教育改革のゆくえ―国から地方へ』筑摩書房，2010年
レオナード・ショッパ／小川正人監訳『日本の教育政策過程―1970～80年代教育改革の政治システム』三省堂，2005年 (Leonard J. Schoppa, *Education Reform in Japan*, Routledge, 1991)
曽我謙悟『現代日本の官僚制』東京大学出版会，2016年
ロナルド・ドーア／松居弘道訳『学歴社会　新しい文明病』岩波書店，1978年
中村高康「日本社会における『間断のない移行』の特質と現状」溝上慎一・松下佳代編『高校・大学から仕事へのトランジション』ナカニシヤ出版，2014年
野口悠紀雄『変わった世界　変わらない日本』講談社，2014年
濱口桂一郎『新しい労働社会―雇用システムの再構築』岩波書店，2009年
広井良典『持続可能な福祉社会―「もうひとつの日本」の構想』筑摩書房，2006年
宮本太郎『生活保障―排除しない社会へ』岩波書店，2009年
森川正之『サービス立国論』日本経済新聞出版社，2016年
山口二郎「政権交代と政官関係の変容／連続」日本行政学会編『政権交代と官僚制』年報行政研究47号，2012年

第3章　教育行政における地方分権・規制改革の展開と課題

1. 2000年代の教育行政における分権改革の概要

　前回の本学会40周年記念出版事業（2000年）以来，わが国の教育行政のあり方は著しく変動してきた。

　1990年代以降，2020年代も近い今日に至るまで，それ以前の時期に比して，わが国の教育行政がいかなる特色を有したか，または変化を経験したかと問うとき，2つの潮流を指摘することが多い。それが「地方分権」と「規制緩和」である。本学会においても，学校経営のおかれた条件を大きく転換させるものとして注目され続けてきた（河野，2017，218-224頁；浜田，2012，23-25頁）。本章も，上記の2つの潮流を手がかりとして改革動向を素描していく。

　教育経営と教育行政の関係については，その解明・確定自体が1つの理論的検討課題となるが，本章ではひとまず教育経営の前提的環境として教育行政を捉え，その2000年代以降の展開状況を概説するとともに，教育経営・教育経営学においていかなる理論的・実践的含意をもちうるのか検討を試みる。

(1) 2000年代以降の地方分権改革

　まず地方分権をめぐる政策動向の概要を確認しておく。周知のように1990年代以降，教育行政のみならず行政全般で地方分権の推進が重要課題とされた。大まかな時期区分としては，1995（平成7）年の「地方分権推進法」の成立から，2000（平成12）年の「地方分権一括法」の施行までを第1次地方分権改革（1995～2000年；以下，1次改革）と呼ぶことが多い（市川，2012，224頁）。

　ついで，少し年数をおいて第2次地方分権改革（2007年～；以下，2次改革）として，「地方分権改革推進法」施行と地方分権改革推進委員会設置（2007年）から，「地方創生」開始の2014（平成26）年まで，あるいはそれ以降，現在までが1つのまとまりとされている（地方分権改革有識者会議，2014）。

　以上のように，①1次改革期（1995～2000年），②1次改革と2次改革の改革間期（2001～2006年），③2次改革期（2007年～現在，ないし2007～2014年）の3つに時期区分できる。各期における教育行政上の変化を記すと以下のとおりである。

　①1次改革時には，前回出版事業での記述と重なるが，教育行政分野にお

いても教育長の任命承認制度の廃止などが実現した（小川，2000）。だが，同制度廃止に象徴的な意味はあったとしても現実には分権効果は乏しく，そのうえ，1次改革の最大の成果とされる機関委任事務制度の廃止については，そもそも教育行政における活用度が低かった制度であることから，今次の改革が教育行政に与えた影響は小さいともいわれる（金井，2012，143頁）。

② 1次改革と2次改革の改革間期（2001～2006年）には「三位一体改革（国庫支出金縮減，地方への財源移譲，地方交付税交付金削減）」と「市町村合併」が進んだ。前者では，次章に詳述されるとおり義務教育費国庫負担金が改革対象として浮上した（前川，2006）。後者では，当時3000ほど存在した基礎自治体が1700ほどにまで削減され，教育行政においても教育委員会の広域化や学校統廃合への影響・関係性などが論じられている[1]。

③ 2次改革期には政権交代・再交代を伴ったため，事態は与党の想定どおりには推移しなかった。さらに教育行政の領域では地方分権というより，むしろ集権化が進んだとの評価もある。たとえば2006（平成18）年の教育基本法改正や，いわゆる教育三法の改正で文部科学大臣による地方教育委員会に対する指示・是正要求が可能になったこと，教員免許更新制が導入されたことなどが，その証左とされている（金井，2012，145頁）。

このことからすれば，教育行政の領域では単純に地方分権が進められたとはいえない。この点については最後にあらためてふれる。

(2) ナショナル・ミニマムとローカル・オプティマムへ

上記の過程で特筆すべきは，教育行政における従前の中央−地方関係を大幅に再編し，今日にまで至る枠組みをつくり上げたことであった。それが中央教育審議会（以下，中教審）答申「新しい時代の義務教育を創造する」（2005年）によって展開された「義務教育の構造改革」である。

これは，直接には義務教育費国庫負担金の廃止もしくは削減問題に端を発しながらも，その攻防のなかで国と地方の役割を再定義したものである。後章でも財政論の詳細は記されるであろうが，教育論としての展開を確認しておくと，

義務教育段階における「確かな学力」の保障，教員への信頼の確保，地方・学校の主体性と創意工夫の発揮，確固たる教育条件の整備をめざすことが掲げられている。それらを実現すべく，中央と地方の教育行政の役割と協力関係を以下の3点において再検討・改革するとしたのであった。

第一に，教育行政における国の役割が再確認・再設定されている。すなわち国に対して，義務教育に関する目標設定や基盤整備という「インプット」を固有の責任としたうえで，学習指導要領の設定，教員養成の改善・充実，財源保障をその役割として求めた（小川，2010など）。

第二に，義務教育における教職員人事や学級編制など，いわば「プロセス」については市町村や学校が責任を負うものとされた。後述のように，この点は教育行政における地方の自律性をめぐる重要論点の1つとなる。

第三に，学力など義務教育が生む「アウトカム」については，国の責任で検証することが明示された。これに従って全国的な学力調査や学校評価制度の整備が進められ，積極的に実施されるようになっている。

以上の動向は，これまでの「事前規制」型から，新たな時代にふさわしいとされる「事後チェック」型への変容を象徴する出来事でもあった。また，均質で高水準の教育を全国で保障してきたとされる集権的な教育行政のシステムから，国が最小限の学力や条件整備などの「ナショナル・ミニマム」を提示・保障し，各地域が自らの特性を活かして多様な教育を展開する「ローカル・オプティマム」を実現するという，分権型教育行政システムへの本格的移行を求めた動向でもある。こうしてわが国では，さまざまな議論を呼びつつ，次第に「評価国家の時代」へ移行してきたということができる（勝野，2007）。

2. 教育行政における「地方の主体性」の発現と課題

(1) 市町村から発信する教育改革

つぎに，地方分権の潮流において特筆すべき動向・論点を取り上げて検討しておく。2000年代を概観したとき興味深いのは，基礎自治体（市町村）から積極的に教育改革の試みが発信されたことである。従来，画一的・集権的と批判

されてきた教育行政において，地方が自律性・創造性を発揮しうることを示す挑戦的な事例として，学界やマスメディアでも広く耳目を集めてきた。

その先駆地の1つに，愛知県犬山市があげられる[2]。同市は2000（平成12）年度から市教委主導で「学びの学校づくり」を掲げ，さまざまな改革に着手した。たとえば同年度には市独自予算で28名の非常勤講師を採用し，少人数授業の実施やティームティーチングを充実させている。これは次年度から文部科学省が実施予定の「きめ細かな指導のための教職員配置」を先取りするかたちで行われ，同市の積極性を示すものとして注目された（犬山市教育委員会，2003）。

犬山市はさらに，少人数授業の実施から少人数学級の実現へと施策を展開し，校務主任や専科教員を担任に配置することを通じて30人以下の少人数学級を実現するという，当時としては独自性の高い計画を立てている。その一方，愛知県に対して，少人数学級の実現や教員人事に関する市町村教委の内申権の実質化などを要望しており，県と同市の摩擦が報じられもした。加えて教育内容・方法の領域でも独自の試みとして，学習指導要領改訂に対応した市独自の教材（小学校の算数・理科・国語の副読本）作成に着手したのである。

同市が一躍脚光を浴びたのは，2007（平成19）年の第1回全国学力・学習状況調査への不参加を表明したときであった。2年連続で不参加のあと，教育委員の交代などの混乱を経て参加に至るが，学力調査への当時世論の消極的評価も相まって，その動向が注視されることになる（犬山市教育委員会，2007）。

こうして犬山市では，これまでも市が有してきた権限を最大限に活用することによって，国や県との摩擦・対立を伴いながらも，各学校での指導・学習に深く作用する改革を打ち出した。これらの特色から，教育の地方分権に示唆的な事例として学術的評価も試みられている（苅谷ら，2011）。

(2) 教職員人事に関する地方裁量拡大の実情

教育行政における一連の地方分権の展開では，前節でふれた義務教育の「プロセス」の中核ともいうべき教職員人事をめぐる権限を，都道府県・市町村に移譲することが重要な焦点の1つとなってきた[3]。上記犬山市の事例にも現れていたように，人事権移譲は地方独自の少人数学級編制を可能にする条件として

おおいに話題を呼び，実際にその方向で議論も施策も進展していった。

　この動向は，教育行政における地方分権の進展の証左ないし象徴と目されてきたともいえる[4]。直接の契機となった政策変化としては，第 7 次教職員定数改善計画 (2001～2005 年) や「公立義務教育諸学校の学級編制及び教職員定数の標準に関する法律」の改正による「総額裁量制」導入 (2004 年) などをあげることができる。かつては「定数崩し」と呼ばれ忌避されたような，常勤教職員 1 名分の給与を複数の非常勤教職員に流用することも含め，人員の採用・配置・給与などをめぐる地方の自律性が高まったのである。

　しかしながら，その評価については論争的にならざるをえない。

　すでに問題指摘されるように，量的変化 1 つをみても 2001 (平成 13) 年度から 2012 (平成 24) 年度の約 10 年間で，公立義務教育諸学校教職員の定数上の減少人数は 4800 人であるにもかかわらず，実際の正規教員減少は 1 万 7935 人と，実減少のほうが超過している。他方，臨時的任用教員は，文部科学省による人数把握が始まった 2002 年度から，2012 年度までに 2 万 1280 人増加した。以上のことから，正規教員の減少分の財源が臨時的任用教員や非常勤講師の増加に充当されたと推量される (磯田，2014，149-153 頁)。

(3) 地方による"主体的"な教育条件の切り下げ

　また，義務教育費国庫負担制度の"抜け穴"を使って，地方が"教育条件の意図的切り下げを主体的に行う"ような事例も報告されている。

　総額裁量制を活用すれば，上記非正規問題は生じるものの，教員数自体は標準定数以上に増やせる。そうした府県も現れた一方，別の道府県では，公務員給与削減に伴い教員給与も引き下げた結果，安くあがってしまい，標準給与で算定された義務教育費国庫負担金を使い切れず，国に一部返納したという。

　周知のように同負担金は教員給与の 3 分の 1 しか満たさず，残余分 3 分の 2 は地方が負担する。ゆえに満額使用して教員を増やすと，その給与の分だけ地方負担も増えるため，それを避けて返納したとも思える。

　だが，それだけではない。その残余分は純粋な地方負担でなく，地方交付税で一般財源として国から措置されている。しかも一般財源ゆえ，補助金と異な

り，目的外使用でも返還義務はない。上記道府県はこれを利用する。すなわち同負担金を意図的に満額使用せず（＝教員を最大限まで雇用せず）残金を返納し，返納分に対応する3分の2の一般財源（本来は同負担金と併せて教員給与に充てるべき）を内部に留保して，教育外の目的に使用した懸念がある[5]。財政難など考慮すべき事情はあれども，あえて述べれば，返納不要な一般財源分を教育以外（少なくとも教員人件費以外）の使途に確保すべく，地方が意図的かつ自律的に教育条件を不十分なまま留め置いたといえる（図3.1参照）。

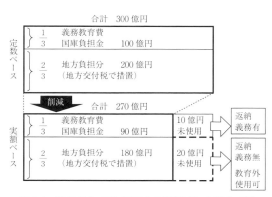

図3.1　教員給与300億円を1割削減した場合（例）
出所：注5）の文献を参考に筆者作成

(4) 教育行政の分権化をめぐる研究課題

たしかに，行政的分権の観点からタテ系列の行政機構間の権限変容を観察すれば，人事裁量拡大は分権進展の証左との評価も可能ではある。前記切り下げの懸念も杞憂かもしれない。各都道府県の雇用する教職員数は，少なくとも単純集計では標準定数を下らず，むしろ上回るからである（山崎，2010など）。現在では，上記負担金を使い切らない都道府県の数も減少していると聞く。

とはいえ既述のように，その背景には非正規雇用による臨時的教職員の増加がある。また，総額裁量制で給与・諸手当決定の余地は広がったが，財政難の下では削減方向でのみ機能することを余儀なくされたようにみえる。権限拡大が，むしろ窮屈な義務的規制と化す（「減らせるのになぜ減らさない」）典型ともいえる。こうした矛盾が，仮に一時期とはいえ生じたものと考えられる。

かかる状況下で，はたしていかなる教職員が学校に参入し，教育の質をどう規定しているのか。もとより本章は，前記採用経緯で教職員の質が一概に問題になるとは考えない。若い世代を中心に新たな力が学校へ集まることも期待で

きる。さりとて，教員数が揃えばよいというわけではない。たとえば，典型的な「やりがい搾取」に陥ってはいないか（本田，2008）。このような雇用体制という「教育管理＝経営過程」は「教授＝学習過程」と相互にいかなる影響を及ぼしあうのか（持田，1962）。不安定な就労構造の温存という社会的制度的基盤のうえで，児童生徒にどのような教育を行いうるのか。この状態の継続は将来の学校に何をもたらし，教育への人々の意識をどう変えていくのか。

教育経営学では，まさにそうした問いに応えるような動向評価が必要である。単なる行政的分権の観点にとどまるわけにはいかない。教育の質への規定力という観点からの評価が不可欠となる。地方裁量拡大が短期的にはいかに教育活動を変えたか。長期的には児童生徒・教職員をはじめ，学校内外の人々の意識や言動，広くいえば学校文化や地域の教育文化にどう影響するのか。これらを検出・観察しうる概念装置の創案とそれを用いた分析作業が急務となる。

3. 2000年代以降の教育行政における規制緩和政策

(1) 中央政府による公立学校選択制度の主唱

地方分権と同様，もう1つの潮流である規制緩和もまた，教育に影響を及ぼしてきた。たとえば社会教育分野では，公民館や図書館・博物館などへの指定管理者制度の導入が賛否を呼んだ（小林，2006など）。

ここでの規制緩和は，各主体の自由な活動に対する法的制約の除去だけを意味するのではない。国や自治体が担ってきた公的責務を，場合によってはその原資たる公費も含めて民間に委ね，私企業の活性化・産業発展などを生むという民間開放の修辞も伴う。やや極端な想定例を示せば，公立義務教育諸学校の教員を公務員ではなく民間就業者へ置き換えていくことによって，彼らの給与を支えてきた前述の義務教育費国庫負担金についても，その巨額の資源を民業の育成・飛躍（新規雇用創出を含む）に有効活用すべく，教育バウチャー制度などを経由して「官から民へ」移転することを求められうる。

学校教育分野での規制緩和としては，公立小・中学校における選択制度導入が重要な争点となった。とくに官邸を中心とする中央政府が盛んに唱えてきた

ものである。首相直属の私的諮問機関による教育改革提言，たとえば森内閣での教育改革国民会議最終報告（2000年）や第1次安倍内閣での教育再生会議第三次報告（2007年）では，ほぼ例外なく言及されてきた。

(2) 公立小・中学校選択制度の興廃

　上記の中央政府の積極性も背景として，2000年代には公立小・中学校の選択制度を導入する自治体が現れはじめた。いうまでもなくこの制度は，従来，通学区域が定められてきたことに対して，保護者が児童生徒の就学校を一定範囲の複数校から選べるようにするというものである。

　こうした状況は，まさに学校経営の前提的環境を大きく揺るがすものとして本学会でも物議を醸してきた。とりわけ学校の自律性向上の文脈において，各校が無条件に独立するのではなく，保護者や社会全体の要望・ニーズに応ずることを求め，それを確保するための制度として受けとめられている。選択制度によって，公立小・中学校がその児童生徒数や活気に変容を生じ，以前とは異なる「競争的環境」下での自主的・自律的運営，いわゆる「切磋琢磨」を余儀なくされ，「地域や学校の実態に即した特色ある学校づくりや改善」が必要になるという認識枠組が形成されたのである（河野，2004，403-404頁）。

　実際，同制度を導入した自治体の教育長は，選択の実現自体が重要ではなく，教員の意識改革，つまり信頼される学校づくりに向けて「そうせざるを得ない状況に追い込むこと」が目的だと表明していた（若月，2004，127-128頁）。

　ただ，同制度への期待はこれにとどまらない。学校教育に潜在しつづけてきた，教える側から学ぶ側に対する官僚制的な，あるいは抑圧的な権力関係・力学関係の転換・変容をも期待されるものであったと思われる（黒崎，2000）。

　学校選択制度には期待のみならず反対意見も多く寄せられながらも，首都圏を中心に導入されていった。だが，現在のところ当初の想定ほどは普及してはいない。むしろ2010（平成22）年前後から群馬県前橋市，長崎県長崎市，東京都江東区や杉並区など廃止・見直しに踏み切る自治体も報じられている[6]。

(3)「構造改革特区」制度の展開と停滞

　もう1つ，教育に関係する規制緩和の施策例としてあげられるのが，構造改

革特別区域（構造改革特区）である。

　これは，2002（平成14）年に経済財政諮問会議で提案され，同年12月制定の構造改革特別区域法によって実施された。「実情に合わなくなった国の規制が，民間企業の経済活動や地方公共団体の事業を妨げている」場合，経済的・社会的発展のため，地域を限定して特定分野の規制緩和を試みるものである。

　同制度では各地が自ら特色や強みの活用を図ることから，地方分権の意味もある。この点で，同じく特区と称する国家戦略特別区域制度（国家戦略特区；2013年～）が中央政府主導で進むのとは異なる。ただし構造改革特区も，その目的は経済活性化へ一元化されており，国の統制下にあるとも評せる。

　構造改革特区の導入当初，教育分野では小学校での英語教育，ITなどを利用した不登校児童生徒への学習支援などが話題となった。このうち小中一貫教育特区などは「規制の特例措置が全国展開された事例」とされている。

　現在，構造改革特区全体約400件のうち約30件が教育関連である。主な事業としては，市町村教育委員会による特別免許状授与事業，地方公共団体の長による学校等施設の管理および整備に関する事務の実施などがあげられる。[7]

(4) 教育の供給主体の多元化をめぐる動向

　構造改革特区でとりわけ注目されたのは，教育供給主体の「多元化」である（荒井，2008）。株式会社や非営利団体（NPO）による学校設置が認められ，たとえば不登校や特別なニーズをもつ児童生徒への支援の充実など，既存の教育の限界や問題を超える，新たなタイプの学校の誕生が期待された。

　ただ，その設置状況をみると（2017年6月現在），NPO立は未設置であり，株式会社立は大学4校，高等学校18校，小学校2校にとどまる。設置校数はさほど伸びていないといえる。また，このような学校設置の規制緩和に対しては課題指摘も多い。株式会社立学校の場合，初等中等教育では広域通信制の高等学校が多数を占めること，そのなかで学習の形骸化や就学支援金詐欺容疑が報じられたこと，経営悪化などの理由で株式会社立から学校法人立に転換する例が多いこと（高校7校，中学1校）などがあげられる（江川，2016，94-97頁）。参入意志をもつ企業・団体の存否や性質を含め，民間活力導入と教育を受ける

権利の保障との関係，教員の身分・処遇のゆくえなど，教育経営学の見地から検証すべき問いは多く残されている（大野ら，2011）。

　学校教育をめぐる規制緩和は目下，前節の地方分権ほどは進展したとはいえない。しかし教育は「岩盤規制」の典型ともいわれ，絶えず規制改革の対象とされてきた[8]。わが国でも，分野を問わず自由競争などを自明視・要請する風潮が次第に広がりつつある。今後も動向に注視が必要となる。

4．今後の地方分権・規制改革の課題

　最後に，理論的・実践的課題として2点あげておく。

　第一に，上記動向からは，教育では集権－分権や「官から民へ」など一元的評価軸による状況整理・把握が非常に困難な様子が浮かぶ。

　分権や規制緩和が正当化されたのは，過度の画一性＝個性抑圧など教育自体のもつ権力性（という理解容易な構図）が批判対象となったがゆえである。だがそれらは，地方独自または民間ならではの教育活性化への期待も高めた反面，教員処遇の不安定化をはじめ，教育領域自体の軽視という別の権力の抑圧を生んだ。これが質的低下や困難につながれば，教育の存在意義が予言自己成就的に減ずるという悪循環も想定される。当初のナショナル・ミニマム保障の枠組みは機能不全ともいえる。従来の条件整備を過分として見直すにせよ，全国的または法的な制度上の保護がなければ容易に際限なき削減対象となる，教育領域の特性が如実に現れた時代でもあった。

　他方，分権・規制緩和自体が中央統制的に促進されるという基本矛盾もさることながら，行政権限上は分権化される一方で，前述の教育基本法や教育三法，さらには近年の沖縄県八重山地区での教科書採択問題など，国家レベルでの統合的・集権的な力に容易に巻き込まれる。教育は政治と無縁でなく，思想・イデオロギー対立構造下では対政治脆弱性をもつことも明白である。

　行政権限や官民業務の観点のみならず，教育をめぐる権力の多元的分布・相関として状況の構造的整理・把握を図り，あらためて「国家」の位置の再評価（山下，2016）や，発動条件の精査を伴う「集権化」の再定位が必要ではないか。

これらの論題にどう応ずるかという課題があげられる。

　第二に，教育の分権化・規制緩和のいわゆる「受け皿」となる主体のあり方について究明することがあげられる。

　分権・規制緩和の具体策が進み，教育をめぐる価値意識，いわば教育文化が，たとえば自己責任論・自由競争論を容易に受容するような長期的変化を遂げている可能性もある。こうした社会関係，すなわち教育や教育経営の前提的環境・社会的土台の変更のうえで，それらをどう反映し，いかなる力学を受け，どういった教育実践が展開されるのか。分権・規制緩和がどのような質と量で可能か，担い手側に注目した検証も有効となる。

　ここでは，とりわけ学校という社会制度の潜在力への期待もみられる点が注目に値する。市町村合併によって事務処理能力向上が達成され得た反面，一定範囲の公共的利害関心を考える人々の組織が統合され，減少したことも意味する。学校も統廃合で同型の問題に直面するものの，基礎自治体よりは多数の圏域をつくることもあり，地域の公共的発展（地域創生・地域主権）の制度的駆動因として期待されるのである。上述の権力問題も含んで，また教育供給主体の多元化も視野に入れたとき，いかなる条件下でどのような帰結を迎えるのか，吟味していくことが重要な課題となるであろう。　　　　　　　　（山下晃一）

注
1) 本学会も課題研究などを通じて積極的に論じてきた。近年の例では2013〜15年度の課題研究「人口減少社会における持続可能な学校経営システムの開発」がある。
2) ほかにも埼玉県志木市が有名である。教職員人事の工夫，研究者関与の積極性など共通点の反面，就学保障や通学区域弾力化，教育委員会制度の改廃などをめぐる発想や立場の相違もみられる（渡部・金山・小川，2006）。
3) 本学会や隣接領域においても探究成果が著されてきた。当時の状況分析として，青木（2013），初期段階の分析として堀内（2004）をあげることができる。
4) 本学会『紀要』にも市町村を焦点とした論考がある（福島，2007；阿内，2010など）。
5) 第171回衆議院文部科学委員会・会議録，2009年4月8日。小川（2010，115-122頁）でも言及されている。財政誘因問題でもあるが（妹尾，2010），さらには教育分野軽視の問題として，実態分析・規範定立両面でその影響の教育学的考察が必要である。
6) 文部科学省（2012）。「もがく公立小中」朝日新聞社『AERA』2014年11月17日号，18

頁．
7）http://www.kantei.go.jp/jp/singi/tiiki/kouzou2/nintei_ichiran/02kouzou-42katsuyoukeikaku.pdf（第42回認定申請まで；最終閲覧日2017年6月30日）
8）国家戦略特区では，設置主体の多元化ではないが，従来は私立学校のみにみられた公設民営方式の公立学校への適用を認めた．愛知県立高等学校（専攻科・2017年開校）と大阪市立中高一貫校（併設型・2019年開校予定）の2例がある．

文献・参考資料

阿内春生「県費負担教職員制度下における市町村費負担教職員制度の前史的事例に関する検討」『日本教育経営学会紀要』第52号，第一法規，2010年，50-64頁
青木栄一『地方分権と教育行政―少人数学級編制の政策過程』勁草書房，2013年
荒井英治郎「中央政府における教育政策決定構造の変容―『教育の供給主体の多元化』をめぐる政策過程に着目して」日本教育学会『教育学研究』第75巻第1号，2008年，34-45頁
磯田文雄『教育行政―分かち合う共同体をめざして』ミネルヴァ書房，2014年
市川喜崇『日本の中央―地方関係』法律文化社，2012年
犬山市教育委員会編『犬山発21世紀日本の教育改革』黎明書房，2003年
──編『全国学力テスト，参加しません．』明石書店，2007年
江川裕幸「構造改革特区における株式会社・NPO法人による学校設置事業に関する経緯と現状」『Research Bureau 論究』第13号，衆議院調査局，2016年，84-103頁
大野裕己・末松裕基・山下晃一「学校設置・管理運営への教育関連企業の参入意識に関する調査研究」『教育実践学論集（兵庫教育大学大学院連合学校教育学研究科）』第12号，2011年，43-54頁
小川正人「教育行政における地方分権の推進と教育委員会制度」日本教育経営学会編『公教育の変容と教育経営システムの再構築』（シリーズ教育の経営1）玉川大学出版部，2000年，107-119頁
──『教育改革のゆくえ』（ちくま新書），筑摩書房，2010年
勝野正章「新教育基本法制と教育経営―『評価国家』における成果経営のポリティクス」『日本教育経営学会紀要』第49号，第一法規，2007年，2-12頁
金井利之「教育行政への『改革』のインパクト」日本教育行政学会研究推進委員会編『地方政治と教育行財政改革』福村出版，2012年，142-161頁
苅谷剛彦・堀健志・内田良編著『教育改革の社会学―犬山市の挑戦を検証する』岩波書店，2011年
黒崎勲『教育の政治経済学』東京都立大学出版会，2000年
河野和清編著「わが国自律的学校経営の現状と課題」『地方分権下における自律的学校経営の構築に関する総合的研究』多賀出版，2004年，389-415頁
──編著『現代教育の制度と行政〔改訂版〕』福村出版，2017年
小林真理編著『指定管理者制度』時事通信出版局，2006年

妹尾渉「全国の『教員評価』実施動向から」苅谷剛彦・金子真理子編著『教員評価の社会学』岩波書店，2010 年，11-20 頁

地方分権改革有識者会議『個性を活かし自立した地方をつくる―地方分権改革の総括と展望』内閣府，2014 年

浜田博文編著『学校を変える新しい力』小学館，2012 年

福島正行「市町村における少人数学級編制導入に伴う小学校の指導改善とその規定要因」『日本教育経営学会紀要』第 49 号，第一法規，2007 年，83-98 頁

堀内孜編著『学級編制と地方分権・学校の自律性』多賀出版，2004 年

本田由紀『軋む社会―教育・仕事・若者の現在』双風舎，2008 年

前川喜平「義務教育費削減は国を過つ大悪政である」『現代』1 月号，講談社，2006 年，270-276 頁

持田栄一「教授＝学習過程と教育管理＝経営過程―教育のしごとの組織論としての学校づくり論の課題」『現代教育科学』1 月号，明治図書，1962 年，30-38 頁

文部科学省『小・中学校における学校選択制等の実施状況について』2012 年

山崎洋介「少人数学級制の財源問題を考える―義務教育費国庫負担制度における総額裁量制の運用実態」『季刊教育法』第 166 号，エイデル研究所，2010 年，10-25 頁

山下晃一「教育と国家：統治構造の変容と教育行政学研究の課題―教育行政学の観点から」『日本教育行政学会年報』第 42 号，教育開発研究所，2016 年，184-188 頁

若月秀夫「品川区での教育改革課題をもとに（第 43 回大会シンポジウム・地方分権と教育経営）」『日本教育経営学会紀要』第 46 号，第一法規，2004 年，126-128 頁

渡部昭男・金山康博・小川正人編，志木教育政策研究会著『市民と創る教育改革―検証：志木市の教育政策』日本標準，2006 年

第4章　　　　　現代の教育財政改革

1．義務教育費国庫負担制度

(1) 三位一体の改革

　本章で取り上げるのは教育財政に関連した1990年代後半以降の改革動向である。ごく単純化していえば，戦後改革後，高度経済成長期を経て確立した日本の教育行財政制度の基本構造が大胆に見直されようとし，部分的にはそれが実現していった時期として記憶されていくのではないかと考える。

　もとより，日本の行財政システムのなかで教育財政は本来自律的なサブシステムを形成しているとまではいえず，通常，行財政システムや政治システム内の変化に反応していかざるをえない。その点ではこれまでの，たとえば1980年代半ば教育行財政改革と変わるところはないが，1990年代後半以降は，行財政システムや政治システムの改革が実現していく環境条件が揃っていた。すなわち地方分権改革の進展と，政治主導の政策形成である（小川・勝野，2016，41頁）。とりわけ三位一体の改革に象徴される小泉政権期は従来の行政改革手法とは大きく異なっていたが，後述するように結果的には抜本的な改革とならなかったことには，教育政策コミュニティの強固な粘着力がうかがえる。

　また，1990年代後半以降はアカウンタビリティなる概念が日本においては説明責任として理解されるようになった時期でもあり（山本，2013），政治的な改革課題はマネジメント的な発想で実現されようとしていた。この点は教育経営学研究にも影響を与えたであろう。たとえば，三位一体改革が進行している最中ではあったが，義務教育費国庫負担制度の見直しを含む教育財政改革の議論から得られる示唆として学校の自律性を確立するための財政的条件を検討しその具体化を図っていくことの必要性と，地方政府によって提供されるサービスの質，行財政運営の手法が見直されることの必然性などが『日本教育経営学会紀要』（以下，『紀要』）で指摘されている（竺沙，2004）。本章はその後の状況をふまえつつ，三位一体改革のうちの国庫補助負担金の改革（具体的には義務教育費国庫負担）および地方交付税の改革における教育分野への影響，そして教育財政のポリシーからマネジメントへ，という3つの視点から現代の教育財政改革の特質を述べていきたい。

(2) 義務教育費国庫負担金

三位一体改革は国庫補助負担金の削減，地方交付税の改革，国税から地方税への税源移譲を一体的に実現しようとしたものであった。1990年代終わりの分権改革の史的展開における三位一体改革の位置づけかたに関して，地方分権推進法に象徴される第1次の分権改革との連続性をみるのか異質なものと受け止めるのか議論のあるところではあるが，いずれにしても分権改革に触発されたものであることはまちがいない（森田，2003）。それゆえ地方分権（財政における分権）と財政再建という性質の異なる2つの目的を内包しており，関係者・団体の利害が錯綜してしまい，結果的には構造改革といえるほどの改革には至らなかったというのが一般的な評価である（佐藤，2007；木寺，2012）。

表4.1に義務教育費国庫負担金の見直しに関連する事項を三位一体改革期を中心に示す。さまざまなアイデアが地方分権改革推進会議（表中③）や経済財政諮問会議（②④⑥⑧⑮⑯⑲）で提起され，それを受けて財務省，総務省，文部科学省など補助金を所管する各省庁や関係団体がそれぞれの既得権維持を図りながら具体的な見直し案を逐次提示していき（㉓㉖），地方団体から国庫補助負担金の削減案などを出させつつも（⑳㉑），最後には政治的に決着させる（㉗）という構図となったことは周知のとおりである。

ところで，表中①は三位一体改革直前に，地方分権の趣旨に即して実施された制度改正で，これにより児童生徒の実態を考慮して都道府県教育委員会がとくに必要があると認める場合には国の標準を下回る学級編制基準を定めることができるようになり，さらには教職員の定数を換算して再任用短時間勤務職員と非常勤講師を任用できるようになっていた。その後も国庫負担金制度の微修正が行われていった。表中⑫では共済費長期給付などが一般財源化されたし，⑰では児童手当と退職手当の経費負担を義務教育費国庫負担金の対象から外す法律改正が，⑱ではいわゆる総額裁量制導入のための政令改正が行われている。

しかし，これらはいずれも国庫負担金制度の関連制度の見直しであったり，対象経費の限定であったり，政令の改正によるものであったりと，義務教育費国庫負担金制度の根幹的な部分は維持されていた。結果的には国の負担割合が

表 4.1　三位一体改革関連事項

年月日	事　項
① 2001/3/30	公立義務教育諸学校の学級編制及び教職員定数の標準に関する法律等の一部を改正する法律可決
2001/4/26	第 1 次小泉内閣発足（文部科学大臣：遠山敦子）
② 2001/6/26	経済財政諮問会議「今後の経済財政運営及び経済社会の構造改革に関する基本方針」（骨太の方針）を閣議決定
③ 2001/7/3	地方分権改革推進会議設置（設置期限は 2004/7/2 まで）
④ 2002/5/21	経済財政諮問会議（2002 年第 13 回）で片山総務大臣が『地方財政の構造改革と税源移譲について（試案）』（片山プラン）提出
⑤ 2002/6/17	地方分権改革推進会議『事務・事業の在り方に関する中間報告』
⑥ 2002/6/25	経済財政諮問会議「経済財政運営と構造改革に関する基本方針 2002」閣議決定
⑦ 2002/6/25	地方分権改革推進会議へ、国と地方の関係について総理大臣指示。
⑧ 2002/8/30	経済財政諮問会議（2002 年第 25 回）＝文部科学省の国庫負担制度見直し案
⑨ 2002/9/12	地方分権改革推進会議小委員会（文部科学省ヒアリング）
2002/9/30	第 1 次小泉第 1 次改造内閣発足（文部科学大臣：遠山敦子）
⑩ 2002/10/30	地方分権改革推進会議『事務・事業の在り方に関する意見』
⑪ 2002/12/18	『義務教育費国庫負担金の取り扱いについての総務・財務・文部科学 3 大臣合意』
⑫ 2003/3/28	義務教育費国庫負担法及び公立養護学校整備特別措置法の一部を改正する法律案可決
⑬ 2003/5/7	地方分権改革推進会議『「事務・事業の在り方に関する意見」のフォローアップ』
⑭ 2003/6/6	地方分権改革推進会議『三位一体の改革についての意見』
⑮ 2003/6/27	経済財政諮問会議「経済財政運営と構造改革に関する基本方針 2003」閣議決定
2003/9/22	第 1 次小泉第 2 次改造内閣発足（文部科学大臣：河村建夫）
2003/11/19	第 2 次小泉内閣発足（文部科学大臣：河村建夫）
⑯ 2004/1/19	経済財政諮問会議「構造改革と経済財政の中期展望－2003 年度改定」閣議決定
⑰ 2004/3/31	義務教育費国庫負担法及び公立養護学校整備特別措置法の一部を改正する法律可決
⑱ 2004/4/1	義務教育費国庫負担法第二条ただし書の規定に基づき教職員の給与及び報酬等に要する経費の国庫負担額の最高限度を定める政令の全部改正
⑲ 2004/6/4	経済財政諮問会議「経済財政運営と構造改革に関する基本方針 2004」
⑳ 2004/8/18-19	全国知事会議「国庫補助負担金等に関する改革案」の審議
2004/8/19	地方六団体会長会議で「改革案」の最終合意
㉑ 2004/8/24	地方六団体「国庫補助負担金等に関する改革案」を経済財政諮問会議に提出
2004/9/27	第 2 次小泉改造内閣発足（文部科学大臣：中山成彬）
㉒ 2004/11/26	政府・与党（合意）「三位一体の改革について」
㉓ 2005/2/15	中央教育審議会に義務教育特別部会を設置。
㉔ 2005/3/31	国の補助金等の整理及び合理化等に伴う義務教育費国庫負担法等の一部を改正する法律案可決
㉕ 2005/6/21	経済財政諮問会議「経済財政運営と構造改革に関する基本方針 2005」閣議決定
2005/9/21	第 3 次小泉内閣発足（文部科学大臣：中山成彬）
㉖ 2005/10/26	中央教育審議会『新しい時代の義務教育を創造する』答申
2005/10/31	第 3 次小泉改造内閣発足（文部科学大臣：小坂憲次）
㉗ 2005/11/30	政府・与党（合意）「三位一体の改革について」
㉘ 2006/3/29	国の補助金等の整理及び合理化等に伴う義務教育費国庫負担法等の一部を改正する等の法律案可決
㉙ 2006/5/26	簡素で効率的な政府を実現するための行政改革の推進に関する法律可決
㉚ 2006/7/7	経済財政諮問会議「経済財政運営と構造改革に関する基本方針 2006」閣議決定
2006/9/26	小泉内閣総辞職

出所：筆者作成

2分の1から3分の1へと変更され（表中㉘），同時に公立養護学校教育費国庫負担金と統合されたが，交付金化や全額一般財源化には至らなかったという意味で，前述のとおり構造的な改革とはなっていない。とはいえ，義務教育費国庫負担金が分権改革の視点からみても国の財政健全化の論理からみてもその改革のターゲットとされるだけの十分な理由があることを明らかにした出来事であったことはまちがいない。

(3) ポスト三位一体の改革

「骨太の方針2006」（表中㉚）では三位一体の改革という文言が消え，その後の行政改革のイシューは公務員の総人件費改革や地方行革などにシフトしていった。三位一体改革が教育財政に与えた影響は種々指摘されており，地方分権の趣旨にかなうことは認めつつも，地方にとっては一般財源で賄う部分が増えたことに伴う公教育費確保の困難性や自治体間格差が問題視されることが多い。たとえば，都道府県ごとの国庫負担金の算定総額（最高限度額）は，教職員の職種や経験年数ごとに省令が定めた月額から所定の方法で算定される基礎給料月額を用いて計算されるが，実際の給料額の決定は都道府県の自由であり，給与引き下げなどにより実支出額が算定総額に達しない例が三位一体改革後から増加したことが指摘されている（小川，2010，103-125頁）。国が国庫負担金として支出するのはこの算定総額か実支出額のいずれか低いほうの額の3分の1であり，総額裁量制になっているとはいえ教員の給与以外には支出できないため会計年度終了後の精算過程で実支出額が算定総額を下回った都道府県は差額を国に返納することになる。残る3分の2の額は地方交付税交付金を含めた一般財源から都道府県が負担しなければならないから，敢えて国庫負担金を返納しても財政負担を避ける選択をしたともいえるし，裏からいえば，本来義務教育学校教職員給与費として支出されるはずの財源がほかの用途に回されたという論理も成り立ちうる。もっとも，広く教育目的であれば地方の裁量で教員給与以外に使用できるような改革が実現していれば自治体のインセンティブも変わってくるだろうから，むしろ国庫負担金制度改革の不徹底の影響というべきなのかもしれない。

また，従来国の補助金であった準要保護児童生徒の就学援助費の一般財源化（表中㉔）に関しては，就学援助認定に用いる所得基準額の引き上げや援助費支給額の引き下げなどをする市町村が現れたことで自治体間の格差が生じていることが指摘されている（同上，126-136頁）。こうした，福祉あるいは所得再分配的政策を地方自治体に任せることで福祉ニーズの正確な把握やその結果としての効率的財政運営を期待できる反面，上記指摘にもみられるいわゆる底辺をめざす競争（Race to the Bottom）も起こりうる（Schram & Beer, 1998）。

　本章の問題関心からいえば，「骨太の方針2006」の直前に成立した行政改革推進法（表中㉙）が注目される。同法第56条第3項は「学校教育の水準の維持向上のための義務教育諸学校の教育職員の人材確保に関する特別措置法の廃止を含めた見直しその他公立学校の教職員の給与の在り方に関する検討を行い，平成十八年度中に結論を得て，平成二十年四月を目途に必要な措置を講ずるものとする」と規定しており，公立の義務教育諸学校等の教育職員の給与などに関する特別措置法による教職調整額の見直しが示唆されていた。だが，2007年3月の中央教育審議会答申「今後の教員給与の在り方について」でも具体的な進展はなく，その後の「学校の組織運営の在り方を踏まえた教職調整額の見直し等に関する検討会議」による審議を経て，「教職調整額制度については，今後の学校の在り方などの検討を踏まえ，時間外勤務手当とすることも含め，その見直し方策について今後さらに検討していく」（同検討会議「審議のまとめ」2008年9月）と書かれたまま，抜本的な見直しはなされていない。

　また，2009年には同年夏の総選挙の結果，鳩山内閣が成立したことで政権交代が起きている。2012年冬まで続いたこの民主党政権下では，事業仕分け，政策コンテストのほか，「コンクリートから人へ」の理念を掲げた予算配分の見直しなどが行われたが，予算編成過程にかかわる改革が中心であって，教育財政制度そのものの変更といえるのは高等学校の授業料実質無償化くらいであった[1]。これは公立高校の授業料不徴収と私立高校の就学支援金という2つの仕組みで構成されていたものが再度の政権交代を経て，根拠法が改正され就学支援金に統一されるとともに，所得制限が設けられるようになった。2014年度か

第4章　現代の教育財政改革　41

ら実施されている[2]。

　一方，三位一体改革後に始まる第2次地方分権改革は，民主党政権下でも引き続き進められた。現在まで7次にわたる地方分権一括法が成立しているなかで，第4次一括法（平成26年法律第51号）の意義が注目される[3]。すなわちこの第4次一括法により県費負担教職員給与負担事務が政令指定都市に移譲されるよう市町村立学校職員給与負担法が改正され2017年度から施行されている。かねてから議論されてきた課題ではあったが，公立小・中学校の設置者管理主義が人件費の負担を含めて完結する自治体がようやく現れたことになる[4]。

2．地方交付税の改革

(1) 包括算定経費

　三位一体の改革は，所期の目的をほとんど達成できてはいない。しかし，地方交付税制度の改革でいえば，交付税額削減以外にみるべき改編がまったくなかったわけではない。たとえば，かねてから地方交付税の算定が複雑で，さらに各種の補正も行われるなどわかりにくいとの指摘がなされていたこともあり，人口と面積のみに応じて配分する新型交付税（地方交付税法等の一部を改正する法律（平成19年法律第24号）による）が2007年度から導入されている。公立学校の運営に要する基本的経費の大部分は従来どおり経費の種類ごとに設定された測定単位（教職員数，児童生徒数，学級数，学校数など）で算定する経費（個別算定経費）のままであるが，それ以外のものの測定単位は人口および面積とする包括算定経費への簡素化が行われた。この包括算定経費への変更は，国の基準づけがないまたは弱い行政分野などが主な対象とされ，結果的に従来の投資的経費が中心となっており，当初は基準財政需要額総額（公債費を除く）の10％程度として導入され，現在でもその比率はさほど変わっていない（平成28年度普通交付税の算定結果から計算すると11.3％となる）。学校教育関係経費ではたとえば，2006年度までは小学校費・中学校費の算定は，経常経費と投資的経費の2つで構成され，投資的経費も小・中学校校舎などの改修等事業費は生徒数を測定単位として算定されていたが，現在この投資的経費部分は包括算定

経費のうちの人口を測定単位とする建設事業費の区分のなかに移されており，基準財政需要額の算定における投資的経費と経常経費の区分はなくなっている。

(2) トップランナー方式

　基準財政需要額を算定するための単位費用にも新たな考え方が取り入れられている。経済財政諮問会議が「骨太方針2015」（2015年6月30日閣議決定）の「歳出改革等の考え方・アプローチ」として示したトップランナー方式であり，公共サービスの無駄をなくし質を改善していくためのインセンティブ改革の1つと位置づけられている。すなわち，自治体間での行政コスト比較を通じて行政効率を見える化し，自治体の行財政改革を促すとともに，たとえば歳出効率化に向けた取り組みで他団体のモデルとなるようなものにより先進的な自治体が達成した経費水準の内容を，地方交付税の単位費用の積算に反映していくものである。具体的には総務省が毎年実施している地方行政サービス改革の取組状況等に関する調査のなかで捕捉されている地方自治体の業務のうち，地方交付税の算定対象となっている業務のなかから，民間委託や指定管理者などの合理化を進めた自治体の経費水準を参考にして，基準財政需要額の単位費用にそれを反映させるものが選定され，2016年度には16業務，2017年度にはさらに2業務が追加された。2016年度の16業務のうち6業務（学校用務員事務，学校給食調理，学校給食運搬，体育館管理，プール管理および競技場管理）が教育費であり，2017年度に追加された青少年教育施設管理と公立大学運営も教育費である。そして，学校用務員事務業務と学校給食業務には民間委託方式が，体育館・プール・競技場・青少年教育施設の管理には指定管理者制度などが，公立大学法人運営には地方独立行政法人化による効率化が想定されている。したがって，トップランナー方式が採用された業務の経費区分は，従来のような公務員が業務を行うことを前提とした給与費の区分ではなく，委託費として積算されることになる。もっとも経費区分の見直しだけではそれぞれの業務を積算内容に含む単位費用額には影響しないが，同時に民間委託による経費節減分が反映して経費水準の見直しもされると単位費用の減額につながる要因となる。たとえば小・中学校の学校用務員事務に係る経費は学校数を測定単位とする「学校

経費」の単位費用の算定基礎になっているが，トップランナー方式を導入したことで2016年度は2015年度と比べて一校当たり15万6000円減となっている。もっとも，トップランナー方式の導入以外でも単位費用自体の見直しがなされているから，「学校経費」全体では一校当たり35万6000円減であった。

3. 教育財政のポリシーからマネジメントへ

(1) 行政事業レビュー

　本章の冒頭でも述べた行政組織へのアカウンタビリティの要請により，2000年代以降の政府のさまざまな施策には，いわゆるニュー・パブリック・マネジメントの要素が散見されるようになった。その傾向は民主党政権期も変わらなかった。政権交代直後の閣議決定「予算編成の在り方の改革について」(2009年10月23日)では納税者の視点に立った予算編成を行い，予算の効率性を高めていくための方策として，事業仕分けの実施や各府省に予算執行監視チームを設置することなどが決められた。前者はその後各府省が自ら事業の内容や効果を点検する「行政事業レビュー(国丸ごと仕分け)」として2011, 12年度の2回，5000以上の事業を対象として実施された。この行政事業レビューの実務を担った「予算監視・効率化チーム」は，民主党が政権を離れたあと「行政事業レビュー推進チーム」へと変わり，レビューシートの様式も改められたが，行政事業レビュー自体は事業の改善を主たる目的として現在も存続している。文部科学省でも一連の自己評価・外部有識者による評価結果や翌々年度の概算要求への反映状況などが公表されている。教育政策の成果を測るのに妥当な指標となっているかどうかを含めて，教育アカウンタビリティ確保のあり方を再検討してよい段階にきているように思われる。

(2) 学校運営のコスト

　このような中央政府での効率性重視の行政改革，コストの明確化や透明化の要請は総務省の「地方公共団体における行政改革の推進のための新たな指針」(2005年3月29日)や「地方公共団体における行政改革の更なる推進のための指針」(2006年8月31日)を通じて地方自治体にも浸透している。たとえば住

民らに対し，財政状況が総合的に把握できるような情報を可能なかぎりわかりやすい方法で提供するものとして自治体財政のバランスシートや行政コスト計算書なども含め，積極的な公表を行うことが自主性・自立性の高い財政運営確保のための施策と認識されるようになってきた（小林，2013）。加えて公共施設などの老朽化対策に取り組む必要から，総務省はこのバランスシート作成時に蓄積される公有財産の諸データを用いた「公共施設等総合管理計画」の策定や公共施設マネジメントの推進を地方自治体に要請している[5]。

　ところでこの公共施設等総合管理計画を策定する過程で，公共施設白書（名称はさまざまである）などを作成・公表する自治体が増えつつある。公共施設の更新や統廃合などを検討する前提として，個別施設の資産としての状況，利用実態または運営コストなどの情報を広く住民に提供するものとなっている。市町村にとっての公立学校は総延床面積換算で非常に大きな割合を占める公共施設である。しかし，学校教育では教職員給与費がそのコストの大半を占め，また義務教育費国庫負担制度と県費負担教職員の制度により国と都道府県がこれを支出してきたことから，市町村住民に学校教育の運営コストを明示するようなインセンティブはこれまでほとんどなかった。

　小・中学校教育のコストを透明化することの意義は，県費負担教職員給与費負担事務が移譲された政令指定都市にとってはとりわけ大きいといわざるをえない。学校数と学級数で教職員の配置を計画していく事務と人件費管理という財政政策とが直接的にリンクする環境が整ったのであり，さらにこの給与負担事務移譲に伴って税源が移譲されたことから，納税者たる住民にとって受益と負担の関係が明確になっていく。

　現在，都道府県，政令指定都市ではすべて公共施設等総合管理計画を策定しており，また，2012～2016年度末までの時点で公共施設白書を1回以上作成しウェブサイトで公開した指定都市は14市ある[6]。ただしコスト情報の提供の仕方はさまざまで，各学校別の児童生徒一人当たりコストを出している例は6市であり，それ以外は市全体でのコストになっているか（5市），学校教育のコストは出していない（3市）。各学校別のコストを出しているなかでも，県費負

担教職員の人件費分を市の支出とみなして小・中学校のコストに算入している例は相模原市，新潟市，静岡市，岡山市の 4 市である[7]。さらに，学校施設の減価償却費も含めたコスト情報は静岡市と相模原市に限られる。

　現在のところ，コストの算出に際して教職員人件費は非常勤職員らの賃金を含めた平均給与額を用いた員数ベースで計算しているなど，厳密な意味での学校ごとのコストというわけではない。しかし，こうしたコスト情報は言葉の本来の意味での教育経営的判断には不可欠なはずで，今後ますますその重要性は高まっていくものと考えられる。こうした情報の活用も今後の教育経営学の重要な課題といえよう。　　　　　　　　　　　　　　　　　　　（本多正人）

注
1) この財源を捻出するために所得税法も改正され，特定扶養親族のうち，年齢 16 歳以上 19 歳未満の者に対する扶養控除の上乗せ部分（25 万円）が廃止されている。
2) 公立高等学校に係る授業料の不徴収及び高等学校等就学支援金の支給に関する法律の一部を改正する法律（平成 25 年法律第 90 号）により「高等学校等就学支援金の支給に関する法律」へ名称変更された。
3) 「地域の自主性及び自立性を高めるための改革の推進を図るための関係法律の整備に関する法律」。その第 1 次一括法（平成 23 年法律第 37 号）と第 2 次一括法（平成 23 年法律第 105 号）は民主党政権下で成立している。
4) なお，指定都市を包括する道府県の道府県民税 4 ％のうちの 2 分の 1 が指定都市に税源移譲された（地方税法及び航空機燃料譲与税法の一部を改正する法律（平成 29 年法律第 2 号）により改正された地方税法第 35 条第 2 項）。
5) 総務省「公共施設等の総合的かつ計画的な管理の推進について」（平成 26 年 4 月 22 日付総財務第 74 号総務大臣通知），総務省「公共施設マネジメントの一層の促進について」（平成 28 年 11 月 7 日付総財務第 167 号総務省自治財政局財務調査課長通知）など。
6) 各指定都市のウェブサイトなどで確認した。以下，同じ。
7) 名古屋市と広島市も県費負担教職員の人件費を考慮して市全体での教育コストを示しているが，学校別の児童生徒 1 人当たりコストの情報はない。

文献・参考資料
小川正人『教育改革のゆくえ―国から地方へ』筑摩書房，2010 年
小川正人・勝野正章編『改訂版　教育行政と学校経営』放送大学教育振興会，2016 年
木寺元『地方分権改革の政治学―制度・アイディア・官僚制』有斐閣，2012 年
小林麻理編『公共経営と公会計改革』三和書籍，2013 年

佐藤文俊編『シリーズ　地方税財政の構造改革と運営 1　三位一体の改革と将来像―総説・国庫補助負担金』ぎょうせい，2007 年

竺沙知章「学校の自律性確立と財政的条件」『日本教育経営学会紀要』第 46 号，第一法規，2004 年，14-24 頁

森田朗「地方分権改革の政治過程」『レヴァイアサン』(33)，2003 年

山本清『アカウンタビリティを考える―どうして「説明責任」になったのか』NTT 出版，2013 年

Schram, S. F. & Beer, S. H. (eds.), Welfare Reform: A Race to the Bottom?, Woodrow Wilson Center Press, 1998

※本章は JSPS 科研費 25381114 の助成を受けた研究成果の一部である。

第5章　　グローバル化のなかの学力向上政策

1. 現代社会と学力

　今日，世界の諸国・地域で問題解決能力，批判的思考力，コミュニケーション能力，市民性（citizenship）などの育成を目標に掲げた教育改革が進められている。従来の学校教育における重点が知識の「習得」におかれていたのに対し，現在めざされているのは私たちが実際に生活したり，働いたりするなかで直面する問題を解決するために知識を「活用」できる資質や能力の育成であるといえよう。そのために授業の内容と方法の刷新が求められ，探究的な学習や協同的な学習など，児童生徒中心的で活動的な学習（active learning）が世界中の教室で試みられるようになっている。さらに，こうした教育内容・方法の改革にあわせて新しい教材や教具が開発され，タブロイド型パソコンや電子黒板などの活用も進んでいる。

　このような変化が学校教育に求められている背景には，グローバリゼーションなどの現代の社会変動や，貧富の格差拡大への対応などの社会的課題の顕在化がある。現代社会において必要とされる資質・能力，教育や訓練を通じて育成すべきスキルとはどのようなものだろうか。20世紀から21世紀への転換点において，この問いに取り組んだOECD（経済協力開発機構）のDeSeCo（Definition and Selection of Competencies）プロジェクトは，その答えを以下の3つのキー・コンピテンシー（生活のなかで遭遇するさまざまな課題に対応する力）としてまとめた（ライチェン・サルガニック／立田監訳，2006）。

① 社会・文化的，技術的ツールを相互作用的に活用する能力
② 多様な社会グループにおける人間関係形成能力
③ 自律的に行動する能力

　これらキー・コンピテンシーは，OECDが実施するPISA（Programme for International Student Assessment：15歳時点における学習成果の国際調査）の問題設計のための基盤とされたこともあって，諸国・地域における教育改革に影響を及ぼしている。日本でも，2008年に改訂された学習指導要領において，基礎・基本的な知識・技能の習得とならんで，思考力，判断力，表現力の育成が目標に掲げられた。それはPISA型学力（リテラシー）登場に少なからぬ影響を

受けたものであった（天笠，2011）。思考力，判断力，表現力のような，いわゆる「高次学習能力」の育成がめざされていることは，2007年に始まった文部科学省の全国学力・学習状況調査が，知識に関する問題Aと活用に関する問題Bで構成されていることからもうかがえる。

　このような育成すべき学力の再定義には，労働市場において求められる知識やスキルの変化への対応という側面がある。AI（人工知能）の発展に代表される技術革新は，定型的業務の需要を減少させる一方，対人コミュニケーションを通じて価値を創造する業務や，高度な専門知識を駆使して，抽象的思考により課題解決を行う業務の需要を増大させているといわれる。こうした業務に求められる知識やスキルを備えていない個人は，将来，労働市場において不利な立場に立たされる可能性が高いとされている。

　さらに，キー・コンピテンシーに代表される新しい学力の意義は，社会的な観点からも強調されている。グローバリゼーションの進行は，国や地域の国際競争力や政治的安定性の重要性をますます高めている。市民が地域の少子・過疎化などの問題を国家に依存せず主体的に解決することが求められる機会も増加している。そのため，幅広い知識と柔軟な思考力に基づき，知識を活用し，付加価値を生み，イノベーションや新たな社会を創造していく能力や，個人や社会の多様性を尊重しつつ，他者と協働して問題解決を行うことができるスキルに対する社会的需要が増大している。

　こうして日本を含む，世界の諸国・地域において，現代の社会変化や顕在化するさまざまな課題への対応が駆動力となり，学力の再定義が促進されるとともに，教育の成果に関する基準（standards）や目標（objectives）がキー・コンピテンシーや能力，スキルなどのかたちで設定され，その向上や達成をめざす政策や施策が展開されているのである。

　以下ではまず，日本の教育政策において，この20年くらいの間に学力がどのように定義されてきたかを概観する。次いで，学力の向上をめざす政策や施策の1つであるだけでなく，ほかの政策や施策を検証するというメタ的な位置におかれた「検証改善サイクル」を概観する。「検証改善サイクル」とは，全

国学力・学習状況調査の結果などを活用・分析して，学力向上に向けた教育委員会や学校の効果的な取り組みや課題を明らかにし，改善につなげることを目的とする循環的プロセスである。

　学力の定義とともに「検証改善サイクル」に注目するのは，それまでの学力にかかわる国の政策や施策とは一線を画すものだからである。「検証改善サイクル」は「国主導による『量』的確保政策から効率的な『質』確保政策（競争環境の整備による質向上と品質管理）への舵の切り替え」（小川, 2012, 94頁）を象徴する政策手法であるといえる。今日，このような公教育システム経営における国の役割の「入口」管理から「出口」管理への転換を図る「義務教育のガバナンス改革」と学力の再定義は一体的に進められている。その両方を同時に対象化することは，教育経営学の課題の明確化にとって意味のあることだろう。

2. 学力の再定義

(1)「生きる力」の提唱

　日本では，1990年代に「知識・技能」の偏重を改め，「関心・意欲・態度」を重視する「新しい学力観」が提起されたことに続いて，2000年代以降，今日まで「確かな学力」「豊かな心」「健やかな体」が調和した「生きる力」の育成が教育政策の一貫した基調となっている。

　中央教育審議会（以下，中教審）が「21世紀を展望した我が国の教育の在り方について（第一次答申）」で「ゆとりの中で生きる力を育む」ことをこれからの教育のあるべき姿として提唱したのは1996年であった。そこでは，子どもの生活のゆとりのなさや自立の遅れ，社会性の不足，家庭と地域の教育力低下が指摘されていた。それとともに，国際化，情報化，科学技術の一層の進展が見込まれるなかで，都市化・過疎化や少子・高齢化がもたらす諸課題への対応が求められると述べられていた。従来のように経済的な豊かさ一辺倒ではなく，「ゆとり」や心の豊かさなど多様な価値の追求が実現できる社会が展望されていたことも答申の特徴であった。そして，そのような「変化の激しい，先行き不透明な，厳しい時代」にあって子どもたちに必要とされるのは「いかに社会

が変化しようと，自分で課題を見つけ，自ら学び，自ら考え，主体的に判断し，行動し，よりよく問題を解決する資質や能力」であるとした。これに「自らを律しつつ，他人とともに協調し，他人を思いやる心や感動する心など，豊かな人間性」と「たくましく生きるための健康や体力」を加えたものを「生きる力」と称し，これらの資質・能力をバランスよく育んでいくべきであると提言したのである。

(2)「ゆとり教育」政策の修正

その後，文部科学省は，この「ゆとりの中で生きる力を育む」という目標に一定の軌道修正を施すことになった。1998年に改訂された学習指導要領では，2002年度からの学校週5日制完全実施にあわせて小・中学校の教育内容が3割程度削減され，「自ら学び考える力，学び方やものの考え方，問題の解決や探究に主体的・創造的に取り組む態度などを育成すること」をねらいとする「総合的な学習の時間」が創設された。しかし，大学生の学力低下に警鐘を鳴らす書籍の刊行などを背景に「ゆとり教育＝学力低下批判」が巻き起こり，学習指導要領の全面実施を目前に控えた2002年1月，文部科学省は「確かな学力向上のための2002アピール『学びのすすめ』」を公表した。それは，「教育内容の厳選を図った上で，繰り返し指導や体験的・問題解決的な学習などのきめ細かな教育活動を展開すること」により「確かな学力」の向上を図ることが学習指導要領の趣旨であると強調するものであった。この趣旨を徹底するために文部科学省が教育委員会や学校に求めた取り組みの1つに，理解の進んでいる子どもに対する発展的な学習の指導がある。また，文部科学省は2003年に学習指導要領を一部改訂して，その最低基準性を明確化した。

このような「ゆとり教育」路線の修正を経て，2008年の学習指導要領改訂は，1977年の改訂以来続いていた教育内容精選と授業時数減に終止符を打ったが，ここでも「生きる力」の育成が教育の目標とされていることに変わりはない。2012年度（小学校。中学校は2013年度）から全面実施された，この学習指導要領では，算数・数学，理科を中心に教育内容が増加し，小学校では外国語活動を創設して，約40年ぶりとなる授業時数増に転じた。この間，2006年

の教育基本法改正と 2007 年の学校教育法の一部改正により，法律上の教育の目的・目標規定が変更されたが，政策目標である「生きる力」は，それによって具体的な意味を充填されてきた。とくに学力については，学校教育法 30 条 2 項に新たに書き込まれた「基礎的な知識及び技能」「これらを活用して課題を解決するために必要な思考力，判断力，表現力等」「主体的に学習に取り組む態度」が「学力の三要素」と称され，「確かな学力」の構成要素であるとされた。文部科学省は，この「確かな学力」を従来の「ゆとり」か「詰め込み」かの二項対立を克服する，バランスのとれた学力観であると説明している。

（3）「資質・能力」に基づく目標と内容の再編

2017 年 3 月に改訂された学習指導要領は，教科等の指導を通して育成することをめざす資質・能力の観点から，その目標と内容を構造化して示すとともに，「主体的・対話的で深い学び」の実現に向けた授業改善を求めた。「何ができるようになるか」を軸にして「何を学ぶか」や「どのように学ぶか」などを示した点は，従来の学習指導要領とは異なる特徴だが，ここでも「生きる力」と「確かな学力」の要素が基本的に踏襲されている。すなわち，児童生徒の発達の段階や特性などをふまえつつ，①知識および技能が習得されるようにすること，②思考力，判断力，表現力等を育成すること，③学びに向かう力，人間性を涵養することが偏りなく実現できるようにすることを求めている。学習指導要領の改訂に向けて審議を行った中教審の答申でも，子どもたちの現状・課題と 2030 年ごろまでの社会のあり方に関する展望をふまえ，子ども一人ひとりが「よりよい社会と幸福な人生の創り手になる力」を身につけることが重要であると述べ，この力は，これまで学校教育を通じて育成することをめざしてきた「生きる力」を改めて捉え直したものであるとしている。

同様に，政府の第 2 期教育振興基本計画（平成 25 〜 29 年）も，一人ひとりが生涯にわたって「社会を生き抜く力」を向上させる必要があると述べ，このあらゆる社会生活の場面における基盤となる能力は，「生きる力」を基本的に踏襲するものだとしている。教育基本法（平成 18 年法律第 120 号）17 条 1 項に基づき，政府が教育の振興に関する施策についての基本的な方針と講ずべき施策

などを定めたものが教育振興基本計画である。ここで「社会を生き抜く力」とは、「個人や社会の多様性を尊重しつつ、幅広い知識・教養と柔軟な思考力に基づいて新しい価値を創造したり、他者と協働したりする能力」をさすとされ、それはOECDの提唱する「キー・コンピテンシー」に代表されるような、日本だけでなく、国際的に共通する能力であると述べられている。

このように、近年の教育政策は「生きる力」という理念の提唱にはじまり、その理念を具体化した、現代社会において求められる資質・能力をどう育成するかという観点から教科等の本質的な見方や考え方、および固有の知識やスキルを再編するかたちで学力の再定義を進めている。ここでいわれている資質・能力（コンピテンシー）は、「職業上の実力や人生における成功に直結するような、社会的スキルや動機、人格特性も含めた包括的な能力」（石井、2015、2頁）をさしている。石井（2015）は、このように教育課程編成のベース（基盤）が内容（「何を教えるか」）から資質・能力に移行することで、教科単位のテスト結果を学習成果と捉えるような教育実践を相対化し、教育課程全体を通して人間形成を考えていく可能性が高まりうることを積極面としている。その一方で「何ができるようになるか」という視点から構成される教育活動は、活動主義、形式主義に陥る危険性があると警鐘を鳴らしている。

3. 学力の「検証改善サイクル」

資質・能力の育成という目標の達成を学校や教師が専門性を発揮することのみに委ねず、その達成を保証する手段として「検証改善サイクル」を公教育システムに組み込んでいることが、近年の教育政策にみられる特徴である。政府の第2期教育振興基本計画は、「社会を生き抜く力の養成」という基本的方針の成果指標の1つとして、初等中等教育段階における「『生きる力』の確実な育成」を掲げている。この成果指標に対応する基本施策は、「確かな学力を身に付けるための教育内容・方法の充実」「豊かな心の育成」「健やかな体の育成」「教員の資質能力の総合的な向上」「幼児教育の充実」「特別なニーズに対応した教育の推進」、および「各学校段階における継続的な検証改善サイクルの確

立」である。

　「継続的な検証改善サイクル」とは，「確かな学力」の定着を測るために学力テスト（高校段階では，2019年度に基礎的・基本的な知識・技能の学習達成度を測る新たなテストを導入予定）を実施し，その結果に基づいて教育施策，および授業・指導の改善を図るものである。これは第2次教育振興基本計画によってはじめて施策化されたのではなく，文部科学省が推進した「義務教育の構造改革」（2005年）にまで遡ることができる。「義務教育の構造改革」は，国が教育の公教育システムの目標設定と結果の検証に責任を負うとする一方，教育の実施過程を担う教育委員会と学校には「検証改善サイクル」の確立を求めた。そのために文部科学省は，全国学力・学習状況調査を開始した2007年度から4年間にわたって，全国の都道府県・指定都市教育委員会への委託事業を通じて，自治体における学校改善支援プランや学力向上アクションプランの作成と実施を促進した。

　現在，全国の教育委員会は，テスト結果の分析支援ツール（ソフト）の開発，「学校支援チーム」「学力向上アドバイザー」「学力向上支援教員」などの配置・派遣，授業改善プラン作成の手引きや改善事例集の発行，課題別指導資料集（モデル授業を含む）の作成・配布など，「確かな学力」の育成を目標とする諸施策を展開している。

　文部科学省の全国学力・学習状況調査が始まった2007年以降，独自の学力テストを開始した自治体も少なくない。大桃敏行を代表とする研究グループが2015年に実施した全国調査では，該当する質問に回答した561市町村教育委員会の37.5％にあたる210市町村が独自に学力テストを実施していた。この210市町村のうち，2008年度以前から独自の学力テストを実施していたのは81市町村（38.6％）であったが，89市町村（42.4％）は2009年度以降に導入していた（大桃，2018）。その目的は，全国調査では実施学年と教科が限定されているため，児童生徒の学力をより包括的，継時的に把握するためであると推測される。また，学力テスト結果の活用方法を尋ねた質問への回答では，小学校について533市町村（95.0％），中学校について534市町村（95.2％）が「授業改善

支援」をあげて最も多く，次いで多かったのは「保護者への情報提供」(小学校で 446 市町村 = 79.5%，中学校で 447 市町村 = 79.7%）であった。

　学校では，自校の児童生徒のテスト結果の分析に基づいて「学力向上プラン」を策定し，校内研修などの組織的取り組みを強化して，教師の授業力向上と授業改善の取り組みを進めている。学力向上のための「効果検証サイクル」は，より包括的な教育活動と学校運営の改善を目標とする「PDCA マネジメントサイクル」の一貫として位置づけられている。多くの学校が「確かな学力」の向上を学校評価における目標の 1 つに掲げ，学力テストの結果をその成果指標に設定している。これは教育委員会によって，所管するすべての学校の共通評価項目に指定されている場合がある。

　このように，教育委員会からの指導や支援のもと，各学校に対して「確かな学力」の向上を目標に授業改善や指導力向上に努め，その効果を検証して，一層の改善を図ることを求めるのが「効果検証サイクル」だが，効果検証の主な手段である学力テストが過度に重視され，テスト結果の向上が自己目的化する危険性もある。2016 年 4 月，文部科学省は通知を発出し，授業時間に頻繁に模擬テストや過去問ドリルを実施するなどの過剰な学力テスト対策を行わないよう求めた。これは学力テストが自治体間・学校間の競争を煽り，結果向上のプレッシャーを過剰に課しているケースが現実にあることを示している。

　その一方で，文部科学省がお茶の水女子大学（研究代表者：耳塚寛明）に委託して行った研究や国立教育政策研究所の研究者らが行った研究では，児童生徒の家庭経済的背景，教師の指導内容と方法，および学級規模などの教育条件と学力の関係などが分析されている（山森・奥田，2014 など）。学力テストの実施を含む「効果検証サイクル」の第一義的目的が，教育施策および授業・指導の改善であることに鑑みるならば，教育委員会と学校に対し，このような全国的な研究知見を積極的に提供して，それぞれの場での実践的研究を促進することが求められる。そのためには，教育委員会と学校が，テスト結果の表層的な検証にとどまらず，施策と教育活動の効果を深いレベルで自律的に研究できる能力（キャパシティ）の形成支援と「ゆとり」の保障をはじめとする条件整備が重

要である。

4．教育経営学の課題

　本章でみてきたように，現代社会が学校教育に求めるものが変化し，公教育システムに学力の再定義と，その達成（教育の質保証）が強く求められているなかにあって，教育経営学も改めて学力と正面から向き合わざるをえない。「教育経営と学力」を特集テーマとした『日本教育経営学会紀要』第53号で，平井（2011）は，戦後の教育経営学による学力問題への取り組みが一貫して消極的であったとし，その一因として学力を経営の効果と結びつけて捉える認識の弱さがあったと指摘している。同特集では，この平井による指摘に応えるように，佐古（2011）が学校の組織的・経営的要因と学力の間に密接な関係があることを示した外国の「効果のある学校」研究をふまえて日本の学校経営研究が発展的に進むべき方向性を示唆している。また，山崎（2011）が「検証改善サイクル」を機能させるための教育委員会による学校改善支援の重要性を指摘し，加藤（2011）は学力の保障に資する学校評価の条件として，個々の教師による単元評価を基礎としたカリキュラム評価の重要性を唱えている。高妻（2011）は，イギリスにおける教育委員会によるさまざまな学校改善支援の取り組みを詳述するとともに，学力向上を目的とする諸政策・施策間の調整不全が教育現場の混乱を引き起こしたとする教訓的知見を紹介している。この特集が編まれたこと自体，学力に正面から取り組むことが教育経営学の重要な課題となっていることを端的に物語っている。

　それでは，教育経営学の全体像において，学力はどのように位置づけられるべきだろうか。同特集において，天笠（2011）は「学力政策」概念を導入して，学力を核に教育経営の諸側面を全体的・統合的に捉えるべきであると提唱している。ここでの「学力政策」の定義は，「形成をめざす学力の全体像及び根底となる教育理念や方針の策定をはじめとして，その実現を図るための全体構想や諸基準を企画し，実施・評価する文部科学省を中心になされる一連の方策の体系」（2頁）である。天笠は，この「学力政策」概念を導入することによって，

学習指導要領，教科書（検定），指導要録（学習評価），教材・教具，学力調査，教職員配置，学校運営・指導組織など，従来，教育経営学が別々に研究対象としてきたものを「一連の体系として追及を図る視界と方法論」（3頁）が拓かれ，「学力の形成をめざす全体的な在り方を問う可能性」（3頁）が広がると述べている。

　学校教育を通して形成すべき学力（資質・能力）を中心に据え，教育経営学の総合性と体系性を高めるべきであるとする，この提言は魅力的であると同時に論争的である。天笠（2011）は，「学力政策」の中心である学習指導要領の内容を「学校や教師に伝え，教育実践を通して具体化を図るシステム」（10頁）を確立することが，教育経営（学）に求められるとも述べている。現代の教育経営学は，学問としての高度化と同時に，その実践的・社会的意義を高めることが求められていることは疑いない。しかし，国が策定する「学力政策」の地方レベル，学校レベルにおける実現を図る中央集権的モデルは，地方自治体教育経営の独自性や学校経営の自主性・自律性に価値を置いてきた，近年の教育経営学の動向とは衝突しうる。「検証改善システム」が機能することにより，資質・能力として再定義された学力の達成を地方レベル，学校レベルで求める中央統制は現実に強まっている。第3節で言及した大桃敏行を代表とする研究グループの調査によれば，教育振興基本計画で学力向上の成果指標を設定している206市町村のうち，全国学力・学習状況調査の結果を上げているのはA問題120市町村（58.3％），B問題118市町村（57.3％）に上る（大桃，2018）。この数字からもうかがえる，学力の標準化（資質・能力の定義）と質保証メカニズム（「検証改善システム」）による中央統制モデルの台頭は，所与の前提条件ではなく，それ自体が教育経営学における分析・検証の対象とされる必要がある。さらに，教育経営を政策実現手段という役割・機能に限定するならば，むしろ教育経営の独自性・専門性の低下を招きかねない。「政策と経営の呼応」（天笠，2011，10頁）が意味するのは，教育経営を一方的に政策に添わせることではなく，地方レベル，学校レベルの教育経営が政策を相対化しうる，相互作用的力学であるべきだろう。

2017年に改訂された学習指導要領は，学校教育を通じてよりよい社会を創るという目標を学校が共有する「社会に開かれた教育課程」を唱え，カリキュラムマネジメントの実効化を求めている。カリキュラムマネジメントとは，「カリキュラムを中心に，組織的要素をカリキュラムに結びつけながらマネジメントし，最終的に教育目標を具現化していく」(田村, 2015, 18頁) ことである。教育活動とそれを支える諸条件の整備を統合的に捉える視点と方法によって，児童・生徒の人間形成を考えていくことが，現代の教育経営 (学) の重要な課題となっている (石井, 2010)。「学力政策」をふまえつつ，学校教育の目標である人間形成の意味と達成に対して，学力テストを介する以外の方法も交えながら，教育委員会と学校が専門性を存分に発揮して，住民・保護者に直接責任を負うことを保障する，教育経営 (学) の高度化が求められているといえよう。

（勝野正章）

文献・参考資料

天笠茂「今日の学力政策と教育経営の課題」『日本教育経営学会紀要』第53号，第一法規，2011年，2-12頁

石井拓児「地域教育経営における教育課程の位置と構造」『日本教育経営学会紀要』第52号，2010年，65-79頁

石井英真『今求められる学力と学びとは──コンピテンシー・ベースのカリキュラムの光と影』(日本標準ブックレット No.14) 日本標準，2015年

大桃敏行編『教育のガバナンス改革と質保証』東京大学出版会，2018年

小川正人「第5章　教育課程行政と学力保障」小川正人・勝野正章『教育行政と学校経営』放送大学教育振興会，2012年

加藤崇英「学校評価と学力保障の課題」『日本教育経営学会紀要』第53号，第一法規，2011年，46-57頁

高妻紳二郎「学力政策がもたらす教育経営へのインパクト──地方当局・学校を巻き込んだイギリスを事例として」同上，2011年，23-35頁

佐古秀一「学力と学校組織──「効果のある学校」研究の検討をふまえた学校経営研究の課題」同上，36-45頁

田村知子『カリキュラムマネジメント──学力向上へのアクションプラン』(日本標準ブックレット No.13) 日本標準，2014年

平井貴美代「教育経営学と学力の位置づけ」『日本教育経営学会紀要』第53号，第一法規，2011年，13-23頁

山崎保寿「学力の向上と学校の組織力―学力向上問題の多層的位相と学校の組織的対応の課題」『日本教育経営学会紀要』第53号，第一法規，2011年，26-36頁

山森光陽・奥田麻衣「児童生徒－教師比の縮減を目的とした追加的教員配置の有無による小学校算数学力調査正答率の学校平均の比較―全国学力・学習状況調査データを用いて」『国立教育政策研究所紀要』vol.143，2014年，197-207頁

ライチェン・サルガニク編著／立田慶裕監訳『キー・コンピテンシー―国際標準の学力をめざして』明石書店，2006年

第2部
教育制度改革の具体的展開

第6章　教育委員会制度の改革

　2014年6月に地方教育行政の組織及び運営に関する法律（以下，地教行法）が改正され，2015年4月から新しい教育委員会制度が発足した。主な改正点は，第一に，地方公共団体の長（以下，長）が「教育，学術及び文化の振興に関する総合的な施策の大綱」（以下，大綱）を定めることとなった。第二に，長と教育委員会によって構成される総合教育会議が新設された。総合教育会議は，大綱の策定に関する協議や「教育を行うための諸条件の整備その他の地域の実情に応じた教育，学術及び文化の振興を図るため重点的に講ずべき施策」，そして「児童，生徒等の生命又は身体に……被害が生ずるおそれがあると見込まれる場合等の緊急の場合に講ずべき措置」の協議・調整を行う。第三に，教育委員長を廃止して，教育長が従来の教育委員長の職責も担うこととなった。第四に，教育長を教育委員とは別に「人格が高潔で，教育行政に関し識見を有するもの」のうちから議会の同意を得て長が任命することになった。なお，教育長の任期は3年にかわった。

　しかし，2014年地教行法改正の最大の意義は，教育委員会制度が廃止を免れて存続した点にある。今回の改革は，教育委員会制度をいかに改善するかという検討の結果ではなかった。教育委員会を廃止すべきだという強い主張にもかかわらず，教育委員会が存続したのであった。ただし，総合教育会議が新設されたことにより，長が教育政策の策定に直接関与することが可能になった。

　本章では，まず，近年の教育委員会制度廃止論を振り返る。つぎに，新設された総合教育会議について検討する。総合教育会議に関する改正地教行法の条文は解釈の幅が大きい規定であるが，文科省は長と教育委員会という対等の機関の調整の場と説明している[1]。もしも今回の改正が，教育委員会制度の存続を前提に，長の所管部局との連携を強めることを目的に行われたものと仮定して，改正地教行法をみたらどうであろうか。

1．地方公共団体の長主導の教育委員会廃止論

(1) 大阪の教育基本条例案

　2014年の教育委員会制度改革は，大阪府知事そして大阪市長であった橋下

徹氏が教育委員会批判を強力に展開したことに起因している[2]。地方公共団体の長による教育委員会不要論は，教育委員会制度創設当時から主張されてきた。その主な論拠は，総合行政の妨げとなるというものであった。その後1956年の地教行法制定により，教育委員会制度を通じた中央集権体制が強化された。しかし1990年代以降地方分権化が進むにつれて，教育委員会を批判し，廃止すべきだという長が，しばしば登場するようになった[3]。

　2008年に大阪府知事に就任した橋下氏はとくに，選挙で選ばれていない教育委員によって構成される教育委員会は民意を反映していないという点を力説した[4]。橋下氏は廃止論を主張するにとどまらず，条例によって教育委員会の権限を縮小することを試みた。教育委員会の廃止は地教行法を改めなければ不可能なので，長が教育目標を設定して教育委員会を知事の支配下におくという「教育基本条例案」を作成したのである。2011年11月の大阪府知事・市長のダブル選挙で，橋下氏らは「教育基本条例」制定を公約に掲げて当選した。下村文部科学大臣はこの条例案の違法性を指摘しながらも，他方で，教育委員会制度の見直しを検討することを表明した。「教育基本条例案」を国の法令に違反しないよう修正した「教育行政基本条例」と「府立学校条例」が2012年3月に大阪府議会で成立した。ダブル選挙で橋下氏が市長になった大阪市でも，さらに若干の修正を加えた「教育行政基本条例」が5月に成立した。

　橋下氏の教育委員会批判は，長が主導で教育改革を進めようとするなかでなされた[5]。長が自分の思うように教育改革を進められないために，教育委員会が不要であるというのである。橋下氏は，教育委員会を悪玉の「抵抗勢力」として対立構図をつくった。これに影響されて，マスコミの論調にも教育委員会を批判的に扱う傾向が強まり，国民の間にも教育委員会に対する疑念が高まっていった。橋下氏の教育委員会批判のいま1つの根拠は，誰が決定権者か責任者なのかはっきりしない点にある[6]。住民の選挙で選ばれない教育委員ではなく，選挙で選ばれる長こそが民意を直接反映できる。だから長が教育行政を行うべきで，教育委員会は不要だというのである。橋下氏の教育委員会制度廃止論は，政治システム改革構想の一部であった。橋下氏は，日本の政治・行政体制

の根本問題は「決定・決断できないこと」にあると述べた。果敢に決定・決断できるようにするために，直接選挙で選ばれる者に権限を集中すべきだと主張する。民意を直接反映することを重視する考え方は，橋下氏が主張している首相公選制とつながる。[7]

　これまで教育界では，1956年の地教行法制定以降，任命制の教育委員会に対して，民意が反映されていないと批判してきた。そこでは，むしろ教育委員会と長が癒着している，教育委員会は民意ではなく長の意向を反映していることが問題だとされてきた。[8] 橋下氏の教育委員会批判も，教育委員会が民意を反映していないという点は共通である。異なるのは，第一に，橋下氏が，長と教育委員会を対立的に論じて教育委員会を攻撃する点，第二に，教育委員会ではなく長の考えに従って教育行政を行うべきだと主張する点，第三はその根拠として，教育委員は住民に選出されていないのに対し，長は直接公選なので民意を反映していることをあげる点である。

(2) 総合教育会議の登場

　2013年1月に発足した内閣直属の教育再生実行会議は，教育委員会を議題に取り上げ，4月に「教育委員会制度等の在り方について」と題する第2回提言を行った。提言は，教育長を教育行政の責任者として長が任命すること，教育委員会は教育の基本方針や教育内容などを審議するとともに教育長による事務執行状況をチェックするよう改めるという改革案を示した。

　文部科学大臣はこれを受けて，同月下旬に中央教育審議会（以下，中教審）に「今後の教育行政の在り方について」を諮問，12月に答申が行われた。答申は2つの案を掲げた。第1案は，教育長を首長の執行機関，教育委員会を首長の附属機関とする案で，行政委員会としての教育委員会を廃止するものであった。それまで教育委員会がもっていた権限と責任を首長に移し，教育委員会の役割は，教育に関する意見を述べる役割だけとなる。答申の第2案は，行政委員会としての教育委員会は存続させるが首長と協議して教育に関する大綱的な方針を定める。そして，教育委員会は，大綱的な方針に基づいて，教育内容・教員人事・教科書の採択などの基本方針や基準などの限られた事項だけを策定する

というものであった。

　翌2014年に入ると，自民党と公明党の与党ワーキングチームで協議が進められ，3月中旬に，首長と教育委員会が協議をする場として総合教育会議を設置するというプランがまとめられた。この3週間後に改正法案が国会に提出される。総合教育会議は中教審の答申にはなかったもので，改正法案上程の直前に登場したのであった。

2．総合教育会議の関連条文

　上にみたように，教育委員会制度廃止の主張は，長の教育行政への関与が非常に限定されていることへの不満であった。そのような改正の経緯からすると，新たに誕生した総合教育会議は，長が教育に介入するための組織であると捉えられる。しかし，今回の改正が，教育委員会と長の所管部局間の連携強化を目的に行われたと仮定して条項を検討するとどうであろうか。

　関連条文をみよう。総合教育会議は長が設ける（第1条の4第1項）。第1条の4第2項によれば，総合教育会議は長と教育委員会によって構成される。大綱に関する条文は第1条の3である。第1項は，以下のように，「当該地方公共団体の教育，学術及び文化の振興に関する総合的な施策の大綱」（以下，大綱）を，長が定めると規定している。

第1条の3第1項：地方公共団体の長は，教育基本法第17条第1項に規定する基本的な方針を参酌し，その地域の実情に応じ，当該地方公共団体の教育，学術及び文化の振興に関する総合的な施策の大綱を定めるものとする。

　ただし，長が独断で大綱を定めたり変更することはできない。総合教育会議で協議しなければならない。第2項は以下のように規定している。

第1条の3第2項：地方公共団体の長は，大綱を定め，又はこれを変更しようとするときは，あらかじめ，次条第1項の総合教育会議において協議するものとする。

　長が教育委員会と協議して大綱を定めるといっても，長に教育委員会の職務

第6章　教育委員会制度の改革　65

権限が与えられるわけではない。第4項はそのことを次のように書いている。

第1条の3第4項：第1項の規定は，地方公共団体の長に対し，第21条に規定する事務を管理し，又は執行する権限を与えるものと解釈してはならない。

「第21条に規定する事務」とは，教育委員会の職務権限に属する事務である。総合教育会議では，大綱の策定に関する協議のほかに，重点的に講ずべき施策と，児童生徒らの生命身体に被害が生じる場合の緊急措置に関する事務の調整を行う。第1条の4第1項は次のようである。

第1条の4第1項：地方公共団体の長は，大綱の策定に関する協議及び次に掲げる事項についての協議並びにこれらに関する次項各号に掲げる構成員の事務の調整を行うため，総合教育会議を設けるものとする。

一　教育を行うための諸条件の整備その他の地域の実情に応じた教育，学術及び文化の振興を図るため重点的に講ずべき施策

二　児童，生徒等の生命又は身体に現に被害が生じ，又はまさに被害が生ずるおそれがあると見込まれる場合等の緊急の場合に講ずべき措置

そして，第1条の4第8項が次のように規定している。

第1条の4第8項：総合教育会議においてその構成員の事務の調整が行われた事項については，当該構成員は，その調整の結果を尊重しなければならない。　　　　　　　　　　　　　　　　　（傍点は引用者，以下同様）

長は教育委員会と総合教育会議で協議して大綱を定める。大綱や教育・学術・文化の重点施策などを協議して調整が行われたら，長と教育委員会はそれを尊重するというのである。

今回の改正は，教育委員会制度を存続させつつ，教育委員会部局と地方公共団体の長の部局との連携を強化したものということができる。教育に熱心な長の場合，総合教育会議で長の意向が学校教育などに強く影響するであろう。他方，教育委員の意向を長に強く主張する場ともなりうる。たとえば，教育委員が公立学校の整備などの必要性を力説すると，多額の予算が計上されることもありうる。総合教育会議は，長にとっても教育委員にとっても，教育施策に意

見を反映するための重要な場である。

ただし，総合教育会議に関する規定は，解釈の余地が大きい。総合教育会議でいかなる事項が審議され，どのような大綱や重点施策が定められるかは，地方公共団体によってさまざまであろう。

3. 文科省の条文解釈

(1) 総合教育会議と大綱をめぐる解釈

改正地教行法の規定では，総合教育会議で具体的に何を協議・調整し，何を決めるのかあいまいである。文部科学省はどのように説明しているのだろうか。文科省の職員が執筆した地教行法の解説書でみよう[9][10]（以下，この解説書からの短い引用の該当頁は文章中に括弧で記す）。

文部科学省は，総合教育会議設置の目的を，長と教育委員会との「意思疎通」をはかるためであると述べている。

「総合教育会議の設置により，……長と教育委員会が十分な意思疎通を図り，地域の教育の課題やあるべき姿を共有して，より一層民意を反映した教育行政の推進を図ることを目的としている。[11]」

続けて，「総合教育会議は，地方公共団体の長と教育委員会という対等な執行機関同士の協議・調整の場」(97頁，同旨99頁) であると記している。

長と教育委員会が対等であるならば，なぜ教育委員会ではなく長が大綱を定める（第1条の3第1項）のか。その理由を，「教育行政における地域住民の意向をより一層反映させる等の観点から」(93頁) と説明している。長が選挙で選ばれるので住民の意向を反映できるというのである。

今回の改正で長の職務権限を規定した第22条柱書きに，「大綱の策定に関する事務」が追加された[12]。その事情を以下のように説明している。

「これは，長年に渡る運用の中で，教育委員会が地方公共団体の長から独立した行政委員会であるという性質に鑑み，地方公共団体の長が公の場で教育についての意見を表明することを遠慮する傾向がみられ，地方公共団体の長と教育委員会との意思疎通が不十分ではないかという指摘がなされるに至った。[13]」

第6章 教育委員会制度の改革 67

今回の改正をもたらした教育委員会制度廃止論の主張と比べると，「遠慮」や「意思疎通が不十分ではないかという指摘」には違和感を覚える。解説書はさらに次のように述べる。

　　「長に大綱の策定を義務付けることにより，地域住民の意向のより一層の反映と地方公共団体における教育，学術及び文化の振興に関する施策の総合的な推進を図るものとされた。」[14]

　第一に公選の長に大綱を作成させることによって，住民の意向がいっそう反映される[15]ことで，すでにみた理由と同じである。第二に，長と教育委員会との意思疎通ができて総合的な施策を推進できるというのである。

(2) 協議と調整をめぐる解釈

　前述のように，総合教育会議は，長と教育委員会という「対等な執行機関同士の協議・調整の場」である。では，協議，調整とは何であろうか。「協議」とは，「調整を要しない場合も含め，自由な意見交換として幅広く行われるもの」(97頁)である。「調整」とは，「教育委員会の権限に属する事務について……長の権限に属する事務との調和を図ること」(97頁)であり，「調整が行われた場合とは，……長及び教育委員会が合意した場合」(101頁)であると説明されている。前述のように，第1条の4第8項により，長と教育委員会との間で調整が行われた事項については，両者とも尊重しなければならない。

　上にみたように，調整が行われた場合とは「合意した場合」(101頁)である。双方が合意した事項については，互いに「尊重義務」が生じる(94・101頁)。では，尊重義務と何か。

　尊重義務とは，「その方向に向けて努力するということであり，大綱に基づいて事務執行を行ったが，結果として大綱に定めた目標を達成できなかった場合については，尊重義務違反に該当するものではない」(94頁)。

　合意していない事項は，本来大綱に記載してはならない。しかし，もしも長が教育委員会の合意していない事項を大綱に書き込んでしまったらどうなるのだろうか。解説書は，以下のように説明している。

　　「仮に，……長が，教育委員会と調整のついていない事項を大綱に記載し

たとしても，教育委員会は当該事項を尊重する義務を負うものではない。……調整のついていない事項の執行については，教育委員会が判断することとなる。」[16]

教育委員会は，長が教育委員会の合意なしに大綱に書き込んだことがらとは無関係に独自の判断で行政を執行できるというのである。

そもそも総合教育会議では，どのようなことがらを取り上げるのか。総合教育会議の協議・調整事項とは，「長又は教育委員会が，特に協議・調整が必要な事項であると判断した事項」（98-99頁）である。総合教育会議では，詳細な施策についてまで策定する必要はない（92頁）。このように総合教育会議で取り上げる事項は，長か教育委員会が必要と考えるものだから，さまざまである。

長が必要と考えれば協議することは可能である。そして，長の提案に教育委員会が合意すれば，双方とも合意事項を尊重しなければならない。

そのうち，教科書と教職員人事についてのみ，解説書は特別に説明している。

「総合教育会議においては，……採択すべき教科書，個別の教職員人事等，特に政治的中立性の要請が高い事項については，協議題とするべきではない。」[17]

具体的な教科書の採択や，教職員の個別人事は協議すべきではないというのである。協議すべきでないから，まして調整もすべきでないことになる。そうであれば，本来大綱に記すべきではないはずである。しかし，解説書は次のように，教科書採択の方針や人事異動の基準に限って，「教育委員会が適切と判断」すれば大綱に記載すること「も考えられる」と述べている。[18]

「例えば，教科書採択の方針，教職員の人事異動の基準等について，教育委員会が適切と判断して，……長が大綱に記載することも考えられる」[19]。

上にみてきたように，総合教育会議で取り上げる事項は，長と教育委員会の職務権限全般であり，両者の間で調整すなわち合意ができれば，長も教育委員会もそれを尊重して教育行政を執行する。ただし，教科書や教職員人事については，長が方針や基準の策定に関与できるが，具体的な教科書の採択や個別教員人事には関与できないというのである。

4．総合教育会議の可能性

　2014年の地教行法改正の契機は，教育委員会を廃止して，選挙で選ばれた長が教育行政を遂行すべきだという強力な主張であった。この改正で，教育委員会は廃止を免れた。しかし，教育長に従来の教育委員長の職務も担わせて権限を強化し，長が任命するように改められた。そして，長と教育委員会によって構成される総合教育会議が新設された。

　ただし，総合教育会議に関する地教行法の条文をみると，解釈の幅の広い規定の仕方となっている。文科省は，総合教育会議が，長と教育委員会という対等な執行機関同士の協議調整の場であるとしている。

　大綱や総合教育会議に関する条文をどのように解釈するか。そして総合教育会議をいかに運営するか。長が介入しようとすれば，教育委員会ではなく長が解釈の主導権をもつであろう。長は，教育委員会の所管事項について強い影響力を及ぼすことが可能となった。具体的な教科書採択や教職員の個別人事については，協議してはいけないが，教科書採択の方針や人事異動の基準については教育委員会が適切と判断すれば大綱に記載できるというのが，文科省の解釈である。しかし，それが条文に明記されているわけではない。

　とはいえ，長が教育委員会の権限に属する事項に介入するにしても，教育委員会と協議・調整をしなければならない。教育長や教育委員は，必ずしもその長自身が任命した人物とは限らない。また，任命には議会の同意も必要である。教育委員は，「人格が高潔で，教育，学術及び文化に関し識見を有する」人物で，原則として4人以上，「年齢，性別，職業等に著しい偏り」がなく，保護者も含まれる（第3条，第4条第2，5項）。少なくとも，長の独断による暴走を防ぐことができる。

　他方，長が教育委員会の意向や判断を尊重しようという態度で臨めば，教育委員会の意見・要望が実現しやすくなった。総合教育会議の創設によって，教育委員会が教育予算等について長に要求や要望を伝えるための公的な場ができたとみることもできるのである。

　子どもをめぐる行政施策の総合化の必要性が従来から指摘されてきた。近年

とくに子どもの貧困化対策の観点から，福祉と教育の連携の必要性が高まっている。教育行政の独立性が損なわれることなしに，総合教育会議の場で教育委員会と長との間の意思疎通を図って，子どもの成長・発達を保障するための総合的な施策がとられるよう，学問的な観点からも検討が必要である。

（高橋寛人）

注

1) 教育委員会の意義については，別稿を参照されたい。教育の本質とのかかわりで説明したものに高橋寛人「教育委員会制度の必要性―教育の本質と教育行政」（『季刊教育法』第173号，エイデル研究所，2012年6月），行政委員会としての意義を公安委員会と比較して論じたものとして，高橋「公安委員会と教育委員会の比較検討―教育委員会の意義とあり方を考える」（『教育学研究』第80巻第2号，日本教育学会，2013年6月）がある。また，高橋『危機に立つ教育委員会』（クロスカルチャー出版，2013年）は，これらの論文の内容をまとめて一般向けに作成した図書である。
2) 橋下氏は行政の各領域にわたって，規制改革推進の立場から政策を立案・実行した。教育分野も例外ではなかった。しかし，教育委員会廃止論の主要な根拠は規制改革ではなく，教育委員は公選ではないから民意を反映していないというものであった。
3) 西尾理弘『教育行政改革への挑戦』（山陰中央新報社，2002年），穂坂邦夫『教育委員会廃止論』（弘文堂，2005年）は，市長が自ら教育委員会制度を批判した図書である。
4) ほかに，教育の規制改革の観点からの教育委員会必置規制の撤廃論もあった。2003年の総合規制改革会議の第3次答申は，「教育行政の規制緩和策」として，教育委員会と長との権限配分の見直し，教育委員会の必置規制の再検討を主張した。同会議の後継の規制改革・民間開放推進会議は，2006年の「重点検討事項に関する中間答申」で教育委員会を次のように批判した。「教育委員会は，必ずしも学習者の利益を代弁しておらず，むしろ各地方公共団体に画一的に設置されているため国の指導助言等に基づく上意下達のシステムとして機能しがちである。その結果，教育現場における創意工夫の発揮が妨げられ，供給者側の視点に立った画一的な学校運営を助長し，……学習者が置き去りにされるという状況すら生み出している」（18-19頁）。そして，①市町村教育委員会から長への権限委譲，②必置規制の撤廃，③教職員人事権の委譲を提言した。
5) その背景には，地方分権化の進展によって長の権限・裁量が拡大したという事情がある。とくに大都市の場合にこの傾向が著しい。アメリカにおいても長による教育委員会のtakeoverは大都市で行われている。教育に対する地方公共団体の長の関与の観点から教育委員会制度を検討したものとして，日本教育行政学会研究推進委員会編『首長主導改革と教育委員会制度』（福村出版，2014年）がある。
6) 橋下徹・堺屋太一『体制維新―大阪都』文藝春秋，2011年，211頁。
7) 「平成24年3月10日維新政治塾・レジュメ」など。

8) 平原春好『教育行政学』東京大学出版会，1993 年，135 頁。黒崎勲『教育行政学』岩波書店，1999 年，60 頁。中嶋哲彦「教育委員会の現状と課題」平原春好編著『概説教育行政学』東京大学出版会，2009 年，81-83 頁など。
9) 木田宏・教育行政研究会編著『第 4 次新訂逐条解説地方教育行政の組織及び運営に関する法律』第一法規，2015 年。
10) 文科省は，2014 年 7 月 17 日に「地方教育行政の組織及び運営に関する法律の一部を改正する法律について」を通知している。この解説書は当然それをふまえて記述しているので，本章では通知には言及しない。
11) 前掲『第 4 次新訂逐条解説地方教育行政の組織及び運営に関する法律』97 頁。
12) 第 22 条　地方公共団体の長は，大綱の策定に関する事務のほか，次に掲げる教育に関する事務を管理し，及び執行する。
13) 前掲『第 4 次新訂逐条解説地方教育行政の組織及び運営に関する法律』239-240 頁。
14) 同上，240 頁。
15) 教育に関する住民の意思は，首長よりもむしろ教育委員会によって反映されるべきだと筆者は考える。2014 年改正以前も，教育委員には住所要件が課されていなかった。市町村の場合，教育長を当該市町村内の住民のなかからだけ任命しなければならないというのは無理がある。今回の改正で，教育長が教育委員を兼任しなくなったので，教育委員には住所要件を課して住民のなかから任命されるようにすべきである。
16) 前掲『第 4 次新訂逐条解説地方教育行政の組織及び運営に関する法律』94 頁。
17) 同上，99 頁。
18) これは 2015 年 3 月 13 日に与党教育委員会改革に関するワーキングチームがまとめた「教育委員会制度の改革に関する与党合意」を反映したものである。今回の教育委員会廃止論議を受けて，中教審では，教育委員会制度の在り方を検討してきたが，大綱と総合教育会議のプランは，2013 年 12 月 13 日の中教審答申「今後の教育行政の在り方について」にももり込まれてはいなかった。翌年 3 月 13 日に与党教育委員会改革に関するワーキングチームがまとめた「教育委員会制度の改革に関する与党合意」で突如登場した。このなかで，大綱と総合教育会議が登場する。そして，教育委員会の「専権事項」を「教科書の採択，学校の教育課程の編成，個別の教職員人事（採用，異動，昇任等）など，特に政治的中立性，継続性・安定性を担保する必要がある事項については，教育委員会の専権事項とする」と記していた。
19) 前掲『第 4 次新訂逐条解説地方教育行政の組織及び運営に関する法律』93 頁。

第7章　学校の自律性確立を標榜する制度改革

1.「学校の自律性」をとりまく制度環境の俯瞰

(1) 学校がおかれた今日的状況

　近年，国の分権政策に呼応しつつ，文部科学省は，「学校の自律性」強化を標榜し，地域や保護者への説明責任の徹底を学校に求めると同時に，それらを通じて保護者や地域住民の理解と協力を促す仕組みの確立を図ってきた。それは，学校からすると，政策として他律的に推し進められたものであること，しかもまた学校に対して，さまざまな外部者の公的な参加・発言を促すものであることから，むしろ自律性基盤を揺るがされていると捉えることができる。

　一方，こうした施策や各地の動向は，確かに学校の存立基盤である地域社会・納税者と，直接的な教育権付託の主体たる保護者の意思にそった学校づくりを推進するという点で，学校の正統性をミクロレベルで回復させようとするものと理解しうる。しかし，公教育としての公共性の保障は，地方自治体の財政格差や政治的偏差を解消することによって果たされるものであり，国や地方自治体は平等で質の高い教育をマクロに保障する義務を負っている。そのため，国や地方自治体は，法的規範に基づく教育行政によって学校を律してきた。したがって，ミクロレベルにおける正統性確保の動きは，国や地方自治体，教育委員会の規範によって調達されてきたマクロレベルの正統性との調整を不可避とするものであり，双方向的な正統性貫徹の運動を発生させることになる。[1]

(2)「学校の主体性」と保護者・住民参加制度

　地方教育行政の組織及び運営に関する法律（以下，地教行法）が制定されたこと，とりわけ学校管理規則の制定が設置者に義務づけられたことに対して，それまで学校が法律の下で律されることによって正統性が担保されると考えていた吉本二郎は，見解を改め，学校が「法律に基づく物的，人的要件を備え，教育目的達成のために組織的，継続的に教育活動を行なう組織体である」と規定して単位としての学校の独立性を打ち出し，学校経営を「一つの学校組織体（協力体系）の維持と発展をはかり，学校教育本来の目的を効果的に達成させる統括作用である」と定義した。そこには，相対的にではあれ教育行政から自律した学校のあり方，「教育はかくあることを宣する行動を支配する法則の主体」「学

校の教育意思を表明する解釈と判断の主体」である学校の主体性を前提とするものであった。そして，学校が教育専門性に立脚することによって，より正統性を確かにするという学校の自律性に対する強い信頼と，その専門性に基づく自律性によって学校の正統性を担保しうるという確信があった。

　しかし，この考え方に対し，堀内孜は，「公教育における行政的意思と教育的意思の対立矛盾を，前者の現実肯定の上における後者の主体性強調という形で解決せんとする方向性は，結果的には現状肯定の論にならざるをえない」，「学校経営において，更には直接的な教育過程の側から，行政的措置，政策的措置を問い直す契機はあらかじめ放棄されている」と批判した。その後，さらに堀内は「父母及び地域代表者の学校経営参加制度」の確立を課題とし，自らの課題設定が「『単位学校経営論』から『学校の自律性』への展開を問うことにおいて必然であり，……吉本学校経営学において看過されていた問題領域であった」と批判することになった。

　委員であった堀内の考え方が反映したと捉えられる中央教育審議会（以下，中教審）「今後の地方教育行政の在り方について（答申）」(1998年)では，「学校を開かれたものとするとともに，学校の経営責任を明らかにするための取組が必要」として，「学校の自己評価」や学校評議員制導入の提言がなされ，それを承けるかたちで，2000（平成12）年，学校教育法（以下，学教法）施行規則改正により学校評議員制度が設けられ，2002（平成14）年，小学校設置基準等改正により学校の自己評価の実施と結果の公表が努力義務化され，保護者などへの積極的な情報提供が義務化された。さらに，学校運営協議会（コミュニティ・スクール）が，教育改革国民会議の提案や中教審での「今後の学校の管理運営の在り方について」の議論などを経て，2004（平成16）年，地教行法改正で制度化された。

　では，このような参加制度によって，自ずと学校は，保護者や地域住民から疑われてきた正統性を自律的に取り戻しうるのであろうか。

　この点に関し，黒崎勲は，「父母参加というアプローチによる学校を単位とする教育経営」の理論であるというシカゴ学校改革を例に，「民衆統制による

教育の正統化の論理は，教育の自律性の要請との間に重大な緊張をはらむものとなる。教育の正統性と教育の自律性との間の葛藤は，教育の民衆統制と専門的指導性をいかに調和させるかという問題に行き着く」と論じた。しかし，そのうえで，「民衆統制の規制のうえに教育の専門的自由をしたがわせるという関係を，たとえば政治的意思決定の主体としての地域住民の教育管理権の範囲と内容あるいは親の発言権の範囲と内容などといった形で文字どおりに規程に移せば，どのような形式をとるにせよ，教育の自律性の要請は失われることになるだろう。教職員の自由を内容的に限定し，あるいは活動の範囲に制限を与えるならば，もはや教育の自律性は実質的に保障されなくなるだろう」と指摘し，学校の正統性調達構造を，国，地方，コミュニティの三層構造で捉え，それぞれから調達される正統性を統合的，調整的に現実化しうる「新しい専門性」の樹立こそが解決の方向だとした[5]。

(3)「学校の自律性」と学校ガバナンス制度

2006（平成18）年に改正された教育基本法（以下，教基法）において，「学校の自律性」とのかかわりで特筆すべきは，第6条第2項に「学校においては，教育の目標が達成されるよう，教育を受ける者の心身の発達に応じて，体系的な教育が組織的に行われなければならない」と規定されたことである。この規定によって，教育目標の達成や体系的な教育，組織的な教育の実現が学校に課せられた正統性確保の根本的責務となったのである。さらに第13条では，「学校，家庭及び地域住民その他の関係者は，教育におけるそれぞれの役割と責任を自覚するとともに，相互の連携及び協力に努めるものとする」との規定が設けられ，地域連携・協力がさらなる正統性確保の柱となったのである。

こうした考え方をうけて改正された学教法では，教育目標の具体化を図るとともに，組織体制の強化のために副校長などの新たな職の設置を認め，学校の自己評価の実施（第42条），学校関係者への学校情報の積極的提供（第43条）が義務化された。そして学教法施行規則では，「学校運営の状況について，自ら評価を行い，その結果を公表する」ことが義務化され（第66条），学校関係者評価の実施と結果公表が努力義務化され（第67条），さらに，それらの評価結

果を設置者に報告することが義務づけられた（第68条）。他方，教基法第17条で教育振興基本計画の策定が政府と地方公共団体に求められ，さらに地教行法改正で，教育委員会の活動を自己点検・評価することが義務づけられた。

　以上のように，「学校の正統性」の根幹たる教育成果保証の基盤整備として，目標管理の考え方に立って，中央－地方を通じ目標－計画－評価の仕組みが縦横に張りめぐらされた公教育システムがデザインされ，そのシステムの末端を担う学校には，旧来の閉鎖的で慣例重視のあり方の改変を求め，地域住民や保護者と連携・協力しつつ学校間連携を強化し，地域協働に基づく自律的で組織的なあり方の追求が法定義務化されたのである。それは，開放的で双方向的なガバナンスを指向したものであるとみることもできる。

　しかし，学校ガバナンスのあり方は，平井貴美代が示したようにコミュニティの成熟やそこに参加する主体の哲学や思想に大きく左右されるのであり[6]，そうした成熟や健全性が「学校の自律性」を支えているのであれば，学校は，校内職員を超えた自律すべき主体とその主体の自律・健全性の程度差の膨張をかかえ込んできわめて不安定な状況に立たされる。その不安定な状況を鎮めるには，強い組織化作用が必要であるが，それはまさに二律背反の問題を引き起こす。

2．学校経営制度改革の不安定さ

(1)「チームとしての学校」法制の構築へ

　自民党の教育再生実行本部や首相の私的諮問機関である教育再生実行会議の諸提言を承けつつ，2014（平成26）年7月，文科大臣は，中教審に「これからの学校教育を担う教職員やチームとしての学校の在り方について」を諮問した。これをうけて，中教審は，翌年12月，「チームとしての学校の在り方と今後の改善方策について（答申）」（以下，「チーム学校」答申）と「これからの学校教育を担う教員の資質能力の向上について ～学び合い，高め合う教員育成コミュニティの構築に向けて～（答申）」に分けて答え，さらに新たに加わった「新しい時代の教育や地方創生の実現に向けた学校と地域の連携・協働の在り方について（諮問）」に答えて，「新しい時代の教育や地方創生の実現に向けた学校と

地域の連携・協働の在り方と今後の推進方策について（答申）」をまとめた。

　本節では，制度改革に焦点が当てられていることから，これら三答申をうけて2017（平成29）年，第135回国会において成立し，同年4月1日に施行された「義務教育諸学校等の体制の充実及び運営の改善を図るための公立義務教育諸学校の学級編制及び教職員定数の標準に関する法律等の一部を改正する法律」について，その特質と限界についてみていく。

(2)「チームとしての学校」体制の法的概要

　本法は，公立義務教育諸学校の学級編制及び教職員定数の標準に関する法律（以下，標準法），義務教育費国庫負担法（以下，負担法），学教法，地教行法，社会教育法（以下，社教法），それぞれの一部改正であるが，内容からすると，①通級指導や日本語教育指導等の特別支援教育担当教員や初任者研修担当教員，少人数指導担当教員の基礎定数化（標準法関係），②不登校児童生徒を対象とする都道府県立義務教育諸学校，及び夜間中学校等の教職員給与の国庫負担化（負担法関係），③学校の指導・運営体制の見直しによる事務職員の職務内容の改正（学教法関係），及び「共同学校事務室」の規定の新設（地教行法関係）と「共同学校事務室」を教職員定数の加配事由化（標準法関係），④「地域学校協働活動」の実施体制の制度化（社教法関係），⑤学校運営協議会のあり方の改変（地教行法関係）に整理することができる。

　こうした内容からなる本法は，いかなる意味で「チーム学校」体制の充実に連なるのだろうか。結局，①や②は「子どもの貧困」などに関連するものとはいえ，問題への抜本的な措置ではなく現状維持がせいぜいの基礎定数化やわずかな給与負担でしかない。むしろ，教員の多忙化解消に対する有効策と考えられた，スクールカウンセラーやスクールソーシャルワーカーなど，教員以外の専門職を定数措置するという中教審の提案は頓挫したことをうかがわせている[7]。それでも，学校の自律性との関連でみるならば，③④⑤が大きな意味をもちうるが，本章では校内協働に視点を定め，③についてみていくことにしたい。

(3) 事務職員の職務内容の見直しのポイント

　事務職員に関する部分の要点をまとめると，第一に，「事務職員は，事務に

従事する」とあった旧規定を「事務職員は，事務をつかさどる」（学教法第37条⑭）に改められたこと，第二に，「共同学校事務室」に関する規定が新設されたこと（地教行法第47条の五），第三に，共同学校事務室の新設を受けて，教職員定数の算定に関する加配特例に共同学校事務室がおかれている場合が追加されたこと（標準法第15条五）に絞られる。

　なお，衆参両議院は「事務職員の職務に関する規定の見直しや共同学校事務室の制度化の意義について，地方公共団体に対し周知徹底すること。その際，事務職員が一定の責任を持って主体的，積極的に学校運営に参画することにより，学校の機能強化が図られる点について理解を得るよう努めること。また，事務職員が学校運営にかかわる職としてその専門性を向上するための研修の企画・実施体制を充実するとともに，共同学校事務室の設置が事務職員の人員削減につながることのないよう，基本的に一校に一人以上の事務職員の配置を確保すること」を附帯決議の１つとした。また，学教法の改正に伴って，学教法施行規則も改正され，事務長ならびに事務主任の職務規定についても改められ，事務長からは「その他事務をつかさどる」が削除され，事務主任は「事務をつかさどる」のではなく「事務に関する事項について連絡調整及び指導，助言に当たる」に改められた（第46条3・4）。

　以上の改正のうち，第一の「事務をつかさどる」規定は，学校事務職員の「学校運営への参画」の度合いを包括的に高めるもの，つまり個々の資質・能力ではなく事務職員という職が果たす学校運営上の役割の引き上げである。文科事務次官通知「義務教育諸学校等の体制の充実及び運営の改善を図るための公立義務教育諸学校の学級編制及び教職員定数の標準に関する法律等の一部を改正する法律等の施行について」（28文科初第1854号）においても，「学校組織における唯一の総務・財務等に通じる専門職」と記述されているように，事務職員の総務・財務における絶対的な有能性を認めるものである。それだけに，専門性の内実や職能実体の確かさが問われる。

　それに対して，第二の「共同学校事務室」制度化の規定は，同通知において「学校事務の共同実施は，現在でも各教育委員会における自主的な運用として

行われており，ミスや不正の防止，学校間の事務処理の標準化，事務職員の職務遂行能力の向上などの効果がみられるところであるが，実施にあたっての権限・責任関係が明確でない，共同実施を行う範囲が曖昧であるといった課題がある」と記述されているように，近年，各地で広がりをみせてきた「学校事務の共同実施」を法認するものではあるが，実態をそのまま適正と認めるものではなく，制度の根幹である責任・権限・所掌範囲の曖昧さを課題としており，相対的な容認である。しかも，その効果については，学校運営体制との関連では述べられておらず，今後，制度運用においてそのつながりが問われるであろう。ただし，「学校事務の共同実施」は人員削減方策と危惧された点については附帯決議で強く抑止されており，先の次官通知でも室員は「学校の事務職員として任用されていることを前提」としており，その危惧は拭われている。

　改正の第三点，加配特例については，「共同学校事務室」設置の普及を促す意味がある。ただし，設置拡大すればよいということではなく，先の通知に任命権者に対して「取組の客観的な成果について，適切に把握し情報公開するなど説明責任を果たすことが求められる」とあるように，エビデンスを伴う効果検証が求められていることに留意しなければならない。

　以上のような学校事務規定の見直しは，副校長・教頭の事務負担軽減を図って急増する若年教員への指導に傾注できる時間を確保し学校指導・運営体制を強化するという文脈での派生物であり，消極的な内容にとどまる。

　そのため，第一に，市町村教育委員会がどこまで今次改正によって事務職員の位置づけや職務内容の見直しを果たそうとするのかは問題である。

　第二に，そのうえで問われるのが事務職員自体のあり方である。先に示した，いわゆる中教審「チーム学校」答申では，個々の事務職員に対しては副校長・教頭や教員が行っている管理的業務や事務的業務の負担，「教育内容と，教育活動に必要な人的・物的資源等を効果的に組み合わせていくために，学校の予算や施設管理等に精通した事務職員が大きな力を発揮することが期待」などが提起され，また，「学校事務の共同実施」に対しても，「学校の事務を効率化し，事務職員が副校長・教頭等の補佐を行うことにより，副校長・教頭等が，

人材育成や専門スタッフの調整等の業務に，より注力できるようにしていくことが重要」や「先輩から後輩への指導，事務職員の連携・協働の場として機能することによって，人材育成の場としての効果が期待」「学校間の連携を推進していく観点からも，事務の共同実施の在り方について検討を進めることが重要」などと，期待や要望が多く並べられていた。こうした期待や要望に，果たして，実際の事務職員や共同実施組織はどこまで応えていけるのか。

　教員同様に急速に若年化が進んでいる事務職員界において，「学校の予算や施設管理等に精通」した事務職員を確保し，共同実施を通じてどこまで後継者育成しうるかが差し迫った問題である。しかも，教員の事務負担や副校長・教頭の事務負担を軽減する働きとはいっても，事務職員自身，複雑化・困難化している教育課題に伴う事務対応が増加しており過重負担とならない配慮が求められるし，先駆けて業務改善に取り組んできた地域には，今以上に期待をかけることはできない。また，カリキュラム・マネジメントへの貢献は，経験の浅い事務職員には難度が高いであろう。だとすると，学校事務の組織化や「共同学校事務室」の運営に期待がかかる。たとえば，中学校区単位で，各校の経営資源を掌握し，学校評価を通じてその活用実態を分析しながら，各校に提言していく仕組みを構築していくことが考えられる。そのためには，各校の経営資源を一元的に把握するシステムの開発が重要となるし，資源配分を最適化していく分析力や設計力に基づいた学校評価システムの見直しが課題となる。さらには，授業の質や教育の効果を検証できる評価資料の収集・分析，それを中学校区において果たしていく専門性の開発が期待される。

3．抑制－均衡機構としての学校評価システムの可能性

　文科省は，『義務教育諸学校における学校評価ガイドライン』の「はじめに」において，「学校運営の自律的・継続的な改善・充実と地域住民・保護者の学校運営への参画を促進するとともに，学校の設置者等が学校に対する支援や条件整備等の改善を行うことにより，全国的に一定水準の教育の質を保証しその向上を図る観点」にたった「目安」であることを記述し，また，「各学校や設

置者は，それぞれの状況等に応じて進めてきた学校評価の取組の中に，本ガイドラインに示された内容を適宜取り込むこと等により，学校評価の質的な改善を図って」いくことや「現在の学校評価の取組状況に応じ，ガイドラインに示された内容を段階的に導入するなど，無理のない方法で取り組んで」いくことを期待したものでしかないことを断って以来，その後のガイドラインでも一貫して「各学校や設置者における学校評価の取組の参考に資するよう，その目安となる事項を示すものである。したがって，学校評価が必ずこれに沿って実施されなければならないことを示す性質のものではない」と書いてきた。

しかも，2008（平成20）年改訂では，学校評価によって「学校の現状や取組を知り課題意識を共有」や学校評価を「学校・家庭・地域間のコミュニケーション・ツールとして活用」，それらによって「共通理解に立ち家庭や地域に支えられる」学校であることが加筆され，さらに，「学校評価を軸とした情報の共有と連携協力の促進を通じて，学校・家庭・地域それぞれの教育力が高められていくことが期待できる」と叙述されるようになった。これらの加筆部分から読み取れるように，学校関係者評価は，制度的には学校の自己評価の恣意性や正統性欠損に対する抑制－均衡機構として位置づけうるものの，学校の自己評価に鋭く対峙する緊張関係は想定されておらず，相互理解や連携協力に立った親和的な関係が期待されている。さらに，2010（平成22）年以降のガイドラインでも，学校関係者評価や第三者評価によって，当該学校における「教育活動その他の学校運営のあり方」の適切さなどを評価するとはいえ，学校関係者評価については，叙述の変更はほとんどなく，総じて「教職員や保護者，地域住民等が学校運営について意見交換」することによって「相互理解を深めることが重要」との認識を基礎に，「保護者・地域住民の学校運営への参画を促進」し「開かれた学校づくりを進めていくこと」を期待する内容となっている。

2010（平成22）年改訂で大幅に書き込まれた第三者評価については，第三者を，利害関係ではなく「学校運営に関する専門的視点」を基準に「学校運営に関する外部の専門家を中心とした評価者」と明記したうえで，「自己評価や学校関係者評価の実施状況も踏まえ」ることを求めるものとなった。それによっ

て「学校が自らの状況を客観的に見ることができるようになるとともに，専門的な分析や助言によって学校の優れた取組や，学校の課題とこれに対する改善方策が明確となる。さらに，学校運営が適切になされているかどうかが確認される」と記述されているように，この教育専門性に依拠した第三者評価が，学校評価の妥当性や適切性を確保する仕組みに位置づけられているのである。しかも，「学校のみならず設置者である教育委員会等の取組状況に対する専門的立場からの評価ともなり，その結果，学校だけでは解決が困難な課題も含めて，設置者である教育委員会等の支援や改善を促す効果も期待できる」として，教育委員会行政に対する評価機能をも求める記述をしている。さらに，第三者評価に対して「自己評価や学校関係者評価が効果的に実施されているかどうかを検証し，学校評価システム全体の実効性を高めるという役割」をも期待している。そのうえで，「実施者である学校とその設置者は，評価を受ける立場でもあることを十分踏まえる必要がある」として，「実施者には，評価者が公正に自らの責任で評価を行えるよう評価者の構成や評価プロセスの透明性等に十分配慮することが求められる」としているのである。

　以上の点からすると，「学校評価ガイドライン」は，学校に対する緩やかな抑制−均衡機構として学校関係者評価を，さらに学校と学校関係者による学校ガバナンスに対する抑制−均衡機構として第三者評価を位置づけていると捉えられる。しかも，第三者評価には，教育専門性に対する信頼性を基礎に，教育委員会（設置者）による学校ガバメントに対する監視機構の機能をも期待するものとなっている。したがって，学校評価は，それを制度化した国，そして設置者たる地方，コミュニティの三層において学校の正統性を問いうるのである。そしてそれは，第1節（1）で述べた，コミュニティレベルにおける正統性確保の動きが，学校において国や地方公共団体，教育委員会の規範によって調達されてきた正統性と対峙し，両者を整合させうる可能性を示唆している[8]。

　ただし，公教育としての正統性を担保したものであるためには，第一に，第1節（2）で述べた二律背反を回避すべく，整合化論議において個々の評価者自身の主体性・健全性も成熟していかねばならない。そして第二に，整合化過程

において冷静で的確な論議を引き出すために，学校評価において用いられる諸評価資料に対する感度や解析力を高度化していくことが要請される。

そのためには，より客観化された評価資料分析結果をもとに論議する仕組みが組み立てられうるように，大学においてIRシステムの確立が模索されているのと同様，データ管理システムを構築していくことが必要である。ここにおいて，先に述べたように，新たな役割の担い手として共同学校事務室やその室員たる事務職員が，兼務する学校の評価情報を収集・集約し，さらにそれらの評価情報を中学校区の課題に照らして解析していくことが期待されるし，しかもその論議の結果として，教員と事務職員，学校関係者の協働による「新しい専門性」の樹立に発展していく可能性を見いだすことになる。

このような制度として学校評価を捉えることができる実体の探索，あるいは学校・地域との協働的な構築が，「学校の自律性」を問うてきた研究者に課せられた責任ということができよう。さらに，価値前提としている教育専門性の内実を「新しい専門性」として言語化・具体化していくことが問われる。それは，吉本が学校レベルで措定した教育専門性の水準を，教育学界レベルの水準に引き上げるものであり，本学会において中核的に措定すべき課題といえよう。

（木岡一明）

注
1) こうした観点に立って，本学会においても，たとえば『紀要』の特集として，第46号（2004年）では「学校の自律性確立条件と公教育の在り方」を，第48号（2006年）では「学校経営の自律化に向けた評価と参加の在り方」を，第57号（2015年）では「教育経営の独立性を問う」を組んできた。
2) 吉本二郎『学校経営学』国土社，1965年，51-88頁。
3) 堀内孜「『学校経営論』と『公教育論』―その位置関係と課題性」大塚学校経営研究会編『学校経営研究』第3巻，1978年，34-39頁。
4) 堀内孜「単位学校経営論と学校の自律性―吉本学校経営学の基本構造」大塚学校経営研究会編『学校経営研究』第17巻，1992年，9頁。
5) 黒崎勲『教育行政学』岩波書店，1999年，158-163頁。
6) 平井貴美代「コミュニティ・スクールとガバナンス」小島弘道編『時代の転換と学校経営改革』学文社，2007年，218頁。

7) その点を補うためか，学校教育法施行規則改正（2017年）においてスクールカウンセラー（第65条の2）やスクールソーシャルワーカー（第65条の3），部活動指導員（第78条の2）についての職務内容が新規に定められることになった。
8) 市川昭午は当時の学校経営論を批判しつつ，「学校が経営主体であるか否かという現状認識と，学校にどれだけ自律性が認められるべきかという政策立案とは区別して論ずるべき」（『学校管理運営の組織論―現代教育の組織論的研究』明治図書，1966年，75頁）と述べているが，筆者は現状認識において学校がどれだけ主体性を有し，自律的であるのかを問題としたい。その点に関し，「教育（学校）経営」概念を自律性と主体性の観点から検討した興味深い論考に，曽余田浩史「わが国における教育経営概念の成立と展開」（『日本教育経営学会紀要』第50号，第一法規，2008年）がある。曽余田は，「実践者の視点に立てば，学校の主体性の確立こそが切実な問題であり，学校の自律性は学校の主体性があってこそ成り立つものであろう」（3頁）と述べ，「この概念（「教育（学校）経営」概念；筆者補）の指示する内容は，環境変動によって，より複雑で高度な主体性の在り方を表すよう拡がりを見せている」（12頁）と結んでいる。筆者は，こうした学校評価のあり方を希求しつつ，その主体性の内実を，中学校区を単位として，「学校評価」を基軸とした学校経営システムとして具体化することが必要であると考えている。

第8章　学校・家庭・地域の関係構造改革

　学校・家庭・地域の関係については、1980年代半ば、臨時教育審議会第4次答申が「学校・家庭・地域の協力関係の確立」を提言してのち、教育改革の主題の1つになり、以後、連携協力論や学社連携論として扱われてきた。ただし、「それらはあくまでも『教育実践』をめぐる連携・協力であ」った（浜田，2012，24頁）し、ともすれば「これまでの〔学校の〕自律性論は、学校関係者のいわば"内輪"の話題とされ、保護者や地域社会の人々はそこから排除される形となっていた」ともいわれる（天笠，2000，288頁）。

　こうした指摘が象徴するような学校運営参加法制の未整備状況が変化するのは、1990年代後半以降、行財政改革の影響が教育システムにも及ぶころである。日本教育経営学会編「シリーズ教育の経営」が発刊された2000年には学校評議員が制度化され、「我が国の学校経営の歴史にあって大きなエポックを画する」（小島，2000，32頁）と評されていた。しかしながら、その後の2000年代は、まさに「改革ラッシュ」（平原，2009，i頁）の時代であった。教育改革の数や射程が新たな段階に入り、学校・家庭・地域の関係構造改革もその例外ではなかった。本章ではこうしたことを念頭におきながら、教育システム改革のなかに表題政策を位置づけつつその展開を跡づけ、政策理解を深めようとする。その際、前回講座後の主要政策である学校運営協議会制度（コミュニティ・スクール：以下，CS）[1]にとくに照射する。

1．NPM型行財政改革と学校運営協議会の法制化

(1) NPM型行財政改革の展開と学校・家庭・地域の関係

　"生きる力"育成をめざし、教育内容の厳選などを提示した中央教育審議会（以下、中教審）の答申「21世紀を展望した我が国の教育の在り方について」（1996年）は、現在に連なる学校・保護者・地域住民の関係構造改革の端緒の1つである。同答申は第2部に1章を設けて「開かれた学校」という学校像を示した。これは、学校週五日制や総合的な学習の時間の開始に対応した教育活動での保護者・地域住民との連携を提案するものであった（中教審，1996）。

　学校・家庭・地域の関係構造改革を捉えるとき、こうした"教育論"と同時

に，当時進展していた行財政改革の影響も看取される。1990年代後半〜2000年代にかけての行財政改革の基調はNPM型へのシステム改革，すなわち，行財政上の資源・権限を基礎単位に委譲し，おかれた状況に応じて基礎単位が自ら目標を設定し，その目標を効率的に達成するための責任体制を構築するものであった(小川，2016)。こうしたトレンドは教育領域にも及び，学校分権と校長の権限拡大によるリーダーシップが主張され(中教審，1998)，分権・選択・評価・責任などを基調に，学校選択制，学校評価・教員評価，全国学力調査，校長権限の拡大と副校長・主幹らの職制整備などが連動しながら進んでいった。

　学校・家庭・地域の関係構築に係る政策も，こうしたNPM型改革の一環に位置づけて捉えることができる。2000年には，校長の求めに応じて保護者・地域住民が学校運営に意見を述べられる学校評議員制度が導入された。学校評議員は，「学校の教育目標とそれに基づく具体的教育計画，またその実施状況についての自己評価を説明することが必要」(中教審，同上)とし，その文脈で「地域住民の学校運営への参画」が提案されたことに端を発する制度であることから，"教育論"と同時に学校経営改革に重きがおかれたものといえる。

(2) 学校運営協議会の制度設計

　しかしながら，中教審(2004)は学校評議員制度について「運用上の課題を抱え，必ずしも所期の成果を上げ得ない学校もある」と早々に評価を下し，「既存の枠組みを超えて，新たに保護者や地域住民が一定の権限と責任を持って主体的に学校運営に参加するとともに，学校の裁量権を拡大する仕組みを制度的に確立し，新しい学校運営の選択肢の一つとして提供する」と提言した。

　この背景には，内閣府・官邸主導の教育改革提案が強まっていた当時の政治状況がある。総合規制改革会議で，学校選択を推進する競争状態の創出のための「新しいタイプの公立学校」創設が唱えられたこと，教育改革国民会議で，大幅な自由を有する保護者や住民の発意による公立学校設置を認める構想が取り上げられたことがある。

　こうした構想は，しかし，公費補助を受ける反面，学習指導要領などの制約を受ける私立学校とのバランスもあり，文部科学省による政策具体化のなかで，

「学校の自律化」と地域・保護者の経営参加を拡大する制度設計となった（黒崎，2004）。具体的には，地方教育行政の組織及び運営に関する法律に第47条の5が新設され，地域住民や保護者等が委員となり，一定の権限と責任をもって学校運営に参加することができる合議制の協議体として，学校運営協議会が法制化された（2004年）[2]。以下，該当条項に沿って制度設計を概観しよう。

　まず，学校運営協議会の設置は任意であり，指定は，教育委員会規則の定めに基づき学校を所管する教育委員会が行うことが示される（第1項）。教育委員会が指定の責任を担うことは，「学校運営協議会の運営が著しく適正を欠く」ことにより「当該指定学校の運営に現に著しい支障が生じ，又は生ずるおそれがあると認められる場合」（16文科初第429号）[3]に指定の取消ができることにも示されている（第8項）。以上の規定から，CSも，学校を設置する教育委員会が最終的な責任をもって管理運営されるということであり，CSもまた地方教育行政による管理と校長による日常的な運営の枠内に存すると解される。

　第2項では学校運営協議会委員の選出区分と任命に係る事項が示されている。選出区分としては，「地域の住民」と，児童生徒らの「保護者」が明記され「教育委員会が必要と認める者」との記述もある。このほか，16文科初第429号では，校長・教職員・学識経験者・関係機関の職員などが示されている[4]。

　最も重要なのは学校運営協議会が有する，次の法定3権限である。

---

① 教育課程その他について校長が作成する学校運営の基本方針の承認を行う（第3項）。「その他」としては，施設管理，組織編成，施設設備等の整備，予算執行等に関する事項が例示されている（16文科初第429号）。
② 学校運営に関する意見を校長・教育委員会に対して述べることができる（第4項）
③ 教職員の任用に関して意見を述べることができ，その意見を任命権者は尊重する（第5・6項）

---

①について，校長は承認を受けなければならない。他方，②③については，

意見を述べることができるという規定であり，義務規定ではない。しかし，権限と責任が学校評議員より明確化されたことは承知されよう。

こうした制度設計については，学校評議員と同一線上の趣旨に立ちつつ，その「発展形」(堀内，2004，16頁)に落ち着いたと評される。だが，当初のラディカルな構想から後退したとはいえ，「総合規制改革会議の議論には，学校教育を官業として指弾する視線も含まれており，コミュニティ・スクールの制度化にはそうした論理も紛れ込んでいる」(葉養，2005，42頁)との指摘どおり，学校に対する監視的な眼差しが同制度に伏在していたことは改めて確認されたい。

2.「学校支援型」学校運営協議会の運用・普及とその追認

法制化後の学校運営協議会制度の展開は，いかなるものであっただろうか。ある調査によると，委員の数は「11〜15人」が63.2%で，管理職や教員が含まれる例も多い(佐藤，2010，56頁)。素人委員の多くはPTA，学校ボランティア，民生・児童委員ら，学校教育に支援的関係をもっていた人たちである(仲田，2015)。会議の開催頻度は隔月以上が半数程度である(佐藤，同上，61頁)。委員選定や会議開催については，学校評議員の発展形といった様相である。

しかし，何より指摘されるべきは，CS指定拡大の緩慢さであり，法制化後5年目でも指定数は500校を下回った。その背景には「地域や家庭も利害関係者として責任を持って学校の運営をチェックし，その上で信頼できれば業務を委託しようという基本姿勢」(安藤，2006，195頁)で改革を行った一部の実践校の経験がある。前述した学校に対する監視的な眼差しを具現化するかのようなこうした実践はCSへの「警戒感」(佐藤，2017，267頁)を生んだ。逆に，ここまで踏み込んだ改革を行わない場合，学校評議員や学校ボランティアの拡充で事足りるという不要感にもつながる。かくして指定拡大が緩慢になったものと推察される。

他方，「法に基づいて設置されていても，コミュニティ・スクールには多様性が見られる」(佐藤，同上，12頁)のも事実である。それは法律が協議会設置の形式については述べても，意思決定の過程や内容などについては詳細に語っ

ていないことによる。そして，漸進的に進んだ指定のなかで，前段落で述べたような運用とともに，それとは異なるCS運営が成立・伝播していったことも指摘される。それは，「学校応援団」的な学校運営協議会の運用である。これは当初は京都市などで具体化されたものだが，すぐに全国化した。たとえば，佐藤らの調査によれば，会議で「よく取り上げられる」ものを尋ねたとき，最も回答割合の高い項目は，地域人材の活用・学校評価・学校行事・地域などとの協力である（5～6割の回答）。他方，法定3権限に関する項目について，教育課程は3割程度，学校予算は1割強，教員任用は1割にも満たないという結果になっており（佐藤，2010，67-68頁；屋敷和佳担当），同様の傾向は仲田（2015）でも観察された。近年では，3権限のうち，一部を除外したり，行使に条件を付す自治体も現れているが，そうした自治体の学校ほど，権限に関する事項の行使は少なくなっている（佐藤，2017）。

　これは，1つは文化的なものであろう。かつて岩永らは「教師は学校の教育目標，校内人事，学校の予算，教育内容関係など学校運営の鍵的領域への親の参加を敬遠する傾向にある」（岩永ら，1992，203頁）と述べていたが，おそらくはその結果として学校側・素人委員側双方に蓄積された「鍵的領域」への非侵入意識が現代においてもなお影響をもっていると思われる。実際に，教育委員会がCS指定をした理由の上位には「学校支援活動に有効だと考えた」などがきている（仲田，2017）。校長も「地域が学校に協力的になる」「保護者・地域の学校理解が高まる」ことをCSに期待している（佐藤，2010，41-42頁）。平たくいえば，「学校応援団」としての機能が期待され，それに沿った運用が進められているのである。

　このような傾向は，多くのCSで学校支援活動を意識した部会が編成され，具体的な活動がなされている事実と結びついている。学校支援活動を軸に，その方向性を協議会で議論するという運用を，岩永は「学校支援型コミュニティ・スクール」と評している（岩永，2011）。

　「学校支援型」の運用は，当初の想定とは必ずしも一致していない可能性があるが，学校側からみても受容可能な1つの型として波及し，指定校数の伸び

率も増していった。これには，2008年には学校支援地域本部事業や放課後子ども教室など，教育課程内外のボランティアを促す補助事業（当初は委託事業）が予算化され，全国的に学校支援活動が活性化したこと，民主党政権下で，公共財・サービスの提供における市民協働を促す「新しい公共」理念が提示されたこと，2011年の東日本大震災が避難所運営や地域づくりなどの点で学校・地域関係を問い直す契機となったことなどが関係していよう。自民党に政権が移行したあとも，CS数を公立学校の1割までに引き上げるとの目標が記され，継続的に推進対象とされてきた（第2期教育振興基本計画）。

　こうした展開を経て，2017年には初めての制度改正がなされた。その端緒は，教育再生実行会議が「地方創生」の観点などにより全校をCSにするという提案を公表したことにある[5]。その後，中教審の審議を通して「学校支援型」の運用が追認されることとなった。すなわち学校運営への参加と学校支援の組織活動とを「両輪」として捉え，「学校を応援し，地域の実情を踏まえた特色ある学校づくりを進めていく役割を明確化」することが提言された（中教審，2015）。新たな法制度（地方教育行政の組織及び運営に関する法律第47条の6）においては，学校運営方針の承認，学校運営ならびに教職員の任用に関する意見という従前の法定3権限は維持されたものの（同上4・6・7項），学校運営協議会の性格を「当該学校の運営」だけでなく「当該運営への必要な支援に関して協議する機関」とし，学校支援を議論するものとしての性質を法制上に明示した（第1項）。また，協議した運営方針や学校支援のあり方について保護者・地域住民の「理解を深める」努力義務も課された（第5項）。そしてそのうえで，地方自治体に所管公立学校をCSとする努力義務を課したのである（第1項）。

3．研究の進展と理論的・政策的含意

　こうした制度運用の推移に照応した研究上の論点について，紙幅の関係で限定的にならざるをえないが，主要なものをレビューする。

　まず，2000年刊行の「シリーズ教育の経営」で「教育経営学における（学校参加への実証的な；筆者補）接近はきわめて少なく，全体として停滞していると

いわざるを得ない」と岩永が評していたことを確認したい（岩永，2000，252頁）。こうした状況は今日では逆転している。すなわち，多くの実証研究が生産され，学校・地域・保護者の関係構築の有効性に研究知見の軸があるというのが今日の状況である。

　大林（2015）は，複数のCSのケース・スタディを示しながら，協議を通して「ソーシャルキャピタルが蓄積」されるなかで「地域住民と保護者を巻き込んだ教育活動」が生成されたことを「学校教育の改善」と捉え，そこにCSの意義をみてとっている。佐藤（2017）は，ソーシャルキャピタルだけでなく，ガバナンスの機能そのものにも着目し，法定3権限の活用度によってCSを分類し，より活発に権限活用が行われている学校ほど，学校長による成果の認識が高いことを明らかにしている。しかし，佐藤も法定3権限以外の「派生活動」の意義を重視していないわけでは決してなく，コミュニティでの諸活動とガバナンスという両機能を統合した「二面性」をもつものと理解している（佐藤，同上，111-113頁）[6]。

　こうした研究報告の特徴は，学校運営協議会が，法に示された権限とは別に学校教育活動への支援的関与を媒介している実態をふまえ，協議・意思決定と学校支援の関係を捉えようとしていることにある。「学校支援地域本部による教育活動の支援を中心とした地域住民の参加拡充の実態も『学校ガバナンス』の進展としてより積極的に捉えるべき」（浜田，2012）との指摘に呼応したものといえよう。総じて，学校・家庭・地域の「三者が同質の価値を共有するに至ることを望ましい『連携』や『協働』と捉え」（武井，2017，264頁）たうえで，主としては校長の視点による「成果」の内容と規定要因を探ろうとするものといえる。

　逆に，学校運営協議会の機能を批判的に分析する研究も蓄積されている。

　その際の中心的視点は，「学校経営には，公式，非公式に多様な人々が関わっているので本質的にポリティカルであらざるを得ない」（水本，2009，70頁）という現実の認識である。それは，学校がいかなる場であり，教育に何を求め，それをいかに実現するかといった問題は根源的に価値的な性質をもつからであ

る。専門的意思・行政意思・素人意思のバランス（大桃, 2009）だけでなく, 保護者・地域住民の多元性, とくに年齢・階層・文化などにおける社会的背景をも顧慮しながら（Vincent, 2012 参考), めざすべき「有効性」が誰にとっての有効性なのか（Slee, 1998),「連携」や「協働」の内実がいかなるもので, そこで得られた「合意」がいかなる質のものなのかについて問うている。

　こうした観点で実証研究が明らかにしていることの第一は, 学校運営や学校支援に参加する委員の属性の偏り, そしてインタラクションにおける社会属性的不均衡があることである。そもそも学校運営協議会は階層上位の人物が委員に任じられている場合が多い（仲田ら, 2011）。協議会内部においてもアクターによる影響力の差異が指摘されている。たとえば, 校長が圧倒的に突出して議事をリードしていること, 教師の発言が消極的であることが明らかになっている。さらに素人委員に注目してみれば, ジェンダー・年齢・選出区分などによって参加の程度が異なり, マイノリティに対する分断的排除が懸念されている。すなわち, 地域における発言力格差によって協議において周縁化される委員が存在し, それが家父長制的社会規範のなかで, 比較的若年の女性保護者に集中しがちであることが明らかになっている。他方, 具体的な学校支援活動実践においては, 女性が下働き的な役割を当然に担うべきという規範が強く, PTAなどの既存組織活動との多重負担が過大となっている（仲田, 2015）。

　問題は, こうした実態があるにもかかわらず, 社会背景に対する顧慮が十分になされていないということであり, それでも参加機会が増えるほど「みんなで合意したことだから」[7]という新たな「正当性」を帯びた決定が, 結果として多様な人々の考えや要求を封じ込められかねないことである（広田, 2004, 69頁）。その決定の形式や内容いかんによれば,「協議が支配を隠蔽する役割を果た」（フレイザー, 1999, 132頁）しかねないと懸念されている（仲田, 2015）。

　第二に,「学校支援の当然視」（仲田, 同上）の問題がある。先述のように2017 年の法改正が, 学校運営協議会を学校の「運営への必要な支援に関して協議する機関」として位置づけたのは象徴的であるが, 学校支援活動の興隆のなかで, 保護者・地域住民を学校支援者として一義的に位置づける動向がある。

だが，こうした動向に対してはいくつかの問題点が指摘されよう。もともと日本において，とくに保護者は，PTA活動などでの学校への労力提供や，向学校的な価値の形成，教育費の私費負担を行うなどシャドウ・ワーク的に「学校支援」を行っており，それが政府の教育支出の相対的低さを補ってきたともいわれる（本田，2014）。今日の学校支援活動の隆盛はその再強化であり，公的領域の貧困化の穴埋めをコミュニティや個人の道徳的責任に求めることで「社会に対する国家の責任を免除するコミュニティ観」（デランティ，2006，124頁）に連なるものである。そして，現実問題として支援要求に対応できる人とそうでない人の包摂と排除を生んでいることが明らかにされている（仲田，同上）。
　「学校支援の当然視」の問題は，こうしたマイクロポリティカルな問題にとどまらない意味をもっている。今日の学校については，教育の目標設定と質保障というロジックによって教育の諸過程における国家統制が強まっていると指摘され，学校が「内閣→文科省→自治体→学校というトップダウン方式の教育行政の仕組み」の末端に位置づけられるといわれる（世取山，2007，34頁）。こうしたなか，もし保護者・地域住民を学校支援者として一義的に位置づけるとすれば，CSが保護者・地域住民を上記ネクサスのさらに末端におくことにもなろう。実際，2017年の法改正を導いた中教審答申は，「校長の作成する学校運営に関する基本的な方針の承認などを通じ，校長のビジョンを共有し賛同するとともに，地域が学校と一定の責任感・責任意識を分かち合い，共に行動する体制を構築するもの」（16頁）と述べ，一旦「承認」したからには，校長のビジョンの「共有」ばかりか「賛同」を，さらには協力への「責任」を求めるとも解せる論理を示している。これを例証するのは仲田（同上）である。この研究では，学力向上に動機づけられた地域・家庭の「協力」体制の強化や，行事やボランティアの「成果」拡大の論理のなかで，保護者・地域住民の「動員」，さらには学校の成果に向けた責任をコミュニティの構成員が問責し合う「責任論のコミュニティへの封じ込め」（仲田，同上，266頁）が観察されている。

4．展望と課題

　岩永（2011，50-52頁）は，前節で述べたような限界を認識しつつ，「学校支援という形であれ，保護者や地域住民がともかく学校に関与するということには意味がある」と述べる。さらに，学校への関与過程で各主体が教育への自分なりの理解や意見を形成しエンパワーされることで，学校・保護者・地域住民が「対等の関係で意見効果をし，合意形成をしていく参加・共同決定型コミュニティ・スクールに進んでいく」必要を提起する。

　エンパワーメントについては[8]，清田（2012）も，学校運営協議会委員を「いつまでも『素人』のままにしておくのではなく，制度の理念と目的，期待される役割，獲得すべき知見やスキルを得て学校運営に参画する」ことが重要だとする。平田（2008）も，学校全体の問題を議論する種々の協議のなかで保護者や教師・子どもの各主体がエンパワーされるプロセスを描いており参考になる。

　しかし，こうしたエンパワーメントのプロセスを個人的な努力に帰してはいけない。関（2014）は，もし専門性を高めないと傾聴されないとすればその協議会の前提自体が問い直しの対象になるべきで，ともすれば「私的」なものとして排除されてしまうような意見の価値を再認識するべきと提起している。また，熟議を実質化するために，多くの人の関心を呼ぶとともに，教育の本質に迫りうるようなアジェンダ設定の工夫が必要だし（仲田，2014），協議会での挨拶・握手・軽食の提供といった友好的コミュニケーションや，少数派の意見を引き出すファシリテーションは，単なる技術論を超えた意味をもつといわれている（勝野，2016）。同質性が重視されがちな学校コミュニティで，異質性を尊重し合い，そうした意見をぶつけ合うことの重要性も提起されている（武井，2017）。こうした問題意識に立つとき，保護者・地域住民に校長のビジョンの「共有」「賛同」を求め，学校運営協議会を学校支援者として一意に定義するかのような現在の政策動向は，相対化する必要があるだろう。

　前節で述べたような全国的運用の意義と限界は，あくまでマクロな素描である。学校・家庭・地域の連携を捉えるうえで岩永が主張した「正統性」と「有効性」という2つの軸の間の関係（緊張関係を含む）と，近年の「有効性」論へ

の偏りを自覚したうえで，個人のエンパワーメントと，学校コミュニティの文化や構造の転換の弁証法的関係の萌芽を捉え，理論化することが必要であろう。

(仲田康一)

注
1) 学校運営協議会が設置された学校の通称。以後，引用などを除いて，CS と略記することがある。
2) なお，本条新設時は，学校運営協議会設置指定に関する都道府県教委との事前協議を定める第9項があったが，「地域の自主性及び自立性を高めるための改革の推進を図るための関係法律の整備に関する法律」が2011年に制定されたことに伴い，削除された。これは基礎自治体の教育委員会が，より自律的にCS指定の判断をできるようにする趣旨と解される。
3) 文部科学事務次官通知「地方教育行政の組織及び運営に関する法律の一部を改正する法律の施行について」2004年，16文科初第429号を示す。以下同じ。
4) この通知では「委員については，公立学校としての運営の公正性，公平性，中立性の確保に留意しつつ，適切な人材を幅広く求めて任命」するとされ，「公募制」も含め，選考方法の工夫が求められている。なお，委員は，教育委員会が任命する。その際の身分は特別職の地方公務員となる。
5) 教育再生会議第6次提言「『学び続ける』社会，全員参加型社会，地方創生を実現する教育の在り方について」2015年。
6) そのほか，文部科学省が例年行うコミュニティ・スクール研究大会では数々の「グッドプラクティス」が報告され，概して好意的に受け止められている。
7) ここで広田は保護者の多様性に注目しているが，教員や地域住民も多様であり，一部の「合意」に依存した決定に危うさが伴うことは同様である。
8) 本章では主として大人の参加とエンパワーメントを論じているが，子どもを学校づくり主体として捉え，エンパワーする議論と実践が重要であることはいうまでもない。これについて平田(2008)が重要である。なお，コミュニティを通じた(大人の)排除の問題は，子どもを民主主義の担い手として育てるうえでの悪しき「隠れたカリキュラム」にもなりうるだろう(勝野，2016，170頁)。

文献・参考資料
天笠茂「学校経営の自律性と校長の権限」日本教育経営学会編『公教育の変容と教育経営システムの再構築』(シリーズ教育の経営1)玉川大学出版部，2000年，276-291頁
安藤知子「『地域立学校経営協議会』の展開」渡部昭男・金山康博・小川正人編『市民と創る教育改革』日本標準，2006年，192-201頁
岩永定「父母・住民の学校教育参加と学校の自律性」日本教育経営学会編『自律的学校経営と教育経営』(シリーズ教育の経営2)玉川大学出版部，2000年，240-261頁
――「学校ガバナンスと保護者の位置」『日本教育行政学会年報』第34号，2008年，238-

241 頁
──「分権改革下におけるコミュニティ・スクールの特徴の変容」『日本教育行政学会年報』第 37 号，2011 年，38-54 頁
──他「親の学校教育参加に関する調査研究」『鳴門教育大学研究紀要教育科学編』7，1992 年，199-215 頁
大林正史『学校運営協議会の導入による学校教育の改善過程に関する研究』大学教育出版，2015 年
大桃敏行「教師の教育の自由と親・住民・行政」広田照幸編著『教育』岩波書店，2009 年，100-129 頁
小川正人「戦後教育行政と学校経営の展開」小川正人・勝野正章『教育行政と学校経営』放送大学教育振興会，2016 年，10-26 頁
小島弘道「現代の学校経営改革の視野」日本教育経営学会編『自律的学校経営と教育経営』玉川大学出版部，2000 年，12-38 頁
勝野正章「『参加型』学校づくりの課題」小島弘道・勝野正章・平井貴美代『学校づくりと学校経営』学文社，2016 年，156-173 頁
清田夏代「学校運営協議会と『教員の質』」『日本教育行政学会年報』第 38 号，2012 年，50-66 頁
黒崎勲『新しいタイプの公立学校』同時代社，2004 年
佐藤晴雄『コミュニティ・スクールの成果と展望』ミネルヴァ書房，2017 年
──編著『コミュニティ・スクールの研究』風間書房，2010 年
関芽「学校教育における民衆統制の正統性に関する一考察」『教育學雑誌』50，2014 年，33-46 頁
仲田康一「社会変動と学校 - 地域連携研究の課題」『常葉大学健康プロデュース学部雑誌』9 (1) 2014 年，131-136 頁
──『コミュニティ・スクールのポリティクス』勁草書房，2015 年
──「コミュニティ・スクール導入時における学校の検討と相互参照の動態」『大東文化大学紀要・社会科学』(55) 2017 年，55-67 頁
──他「学校運営協議会委員の属性・意識・行動に関する研究」『琉球大学生涯学習教育研究センター研究紀要』(5) 2011 年，31-40 頁
武井哲郎『「開かれた学校」の功罪』明石書店，2017 年
中央教育審議会答申「今後の地方教育行政の在り方について」1998 年
──「今後の学校の管理運営の在り方について」2004 年
──「新しい時代の教育や地方創生の実現に向けた学校と地域の連携・協働の在り方と今後の推進方策について」2015 年
デランティ，G. ／山之内靖他訳『コミュニティ─グローバル化と社会理論の変容』NTT 出版，2006 (原著 2003) 年
浜田博文「『学校ガバナンス』改革の現状と課題：教師の専門性をどう位置づけるべきか？」『日本教育経営学会紀要』第 54 号，第一法規，2012 年，23-34 頁

葉養正明「学校経営者の保護者・地域社会，子どもとの新たな関係」『日本教育経営学会紀要』第47号，第一法規，2005年，36-46頁
平田淳『「学校協議会」の教育効果に関する研究』東信堂，2008年
平原春好編『概説 教育行政学』東京大学出版会，2009年
広田照幸『教育』岩波書店，2004年
フレイザー，N．／山本啓他訳「公共圏の再考：既存の民主主義の批判のために」『ハーバーマスと公共圏』未来社，1999（原著1996）年，117-159頁
堀内孜「学校運営協議会の制度設計と地域運営学校の経営構造」『季刊教育法』第142号，エイデル研究所，2004年，13-18頁
本田由紀『もじれる社会』筑摩書房，2014年
水本徳明「学校空間のミクロ・ポリティクス」『日本教育行政学会年報』第35号，2009年，60-76頁
世取山洋介「『教育改革』の背景」田中孝彦編『安倍流「教育改革」で学校はどうなる』大月書店，2007年，22-38頁
Slee, R. *et al.* (eds.), *School Effectiveness for Whom?*：*Challenges to School Effectiveness and School Improvement Movements*, Bristol：Falmer Press, 1998
Vincent, C., *Parenting*：*Responsibilities, Risks and Respect*, UCL IOE Press, 2012

第9章　学校制度に関する諸改革

1. 変容する単線型学校制度

　戦後教育改革を経て誕生した6－3－3制の単線型学校制度は教育機会の均等という理念によって支えられてきたが、直後の政令改正諮問委員会答申（1951年）や第三の教育改革を標榜した中央教育審議会（以下、中教審）の四六答申（1971年）などにより、絶えずその見直しも論じられてきたといえる。その模索は臨時教育審議会（1984-1987年：以下、臨教審）を経て、1990年代に入ると具体的な改革となって現れてきた。もともと1962年の高等専門学校制度の発足により、緩やかな分岐をみせはじめていた日本の学校制度は、中等教育学校や義務教育学校が法制化されるなかで、純粋な単線型を脱して分岐化・複線化の方向に進んでいるといえるであろう。ここでは近年の学校制度の諸改革について、次の3つの視点から論じてみたい。

　1つ目は、従来からの6－3－3制に中等教育学校などが併設されていくいわばヨコ方向に広がる多様化の問題である。この動向は先の分岐化と最も強くかかわるのであるが、加えて、通学区域を撤廃したり、弾力化したりすることで子どもや保護者の学校選択の幅が広がりつつあることもこの動向に含めて考えることができるであろう。

　2つ目は学校間や学校段階間の接続についての調整である。たとえば中等教育学校の開設は、中等教育の複線化の問題でもあると同時に、6－3－3という区切りを6－6に変えてみるという試みでもある。また小中一貫教育、高大接続などの取り組みも同様である。さらにヨコ方向へ多様化が進むなか、その途中で進路の再検討を可能ならしめるためには、学校間の移動を保障する必要がある。編入学制度なども接続の問題として捉えることができる。

　3つ目は、2000年代とりわけ教育基本法と学校教育法の改正以降、行政当局が強く意識している、義務教育制度というくくり方である。それがはっきりと現れるのが近年の義務教育学校の発足であるが、さらに既成の学校制度の外部における教育活動を義務教育の範疇に納めようとする傾向も注目される。

　本章では以上のような観点から学校制度の諸改革を振り返ったうえで、今後の課題や展望について言及してみたい。

2．各学校段階における展開

(1) 中等教育学校のインパクト

　6年間の中等教育を一貫して施す教育機関については，四六答申でも設立が提言されていたものの，教育機会均等の観点，また能力主義に対する懸念から実現には至らなかった。その後，臨教審においてこの問題が再び取り上げられるが，その際は高校受験という負担を一貫教育によって軽減し，同時に特別なカリキュラムを編成可能にして個性に応じた教育を提供するという文脈から提唱されている点で特徴的であった。当時，教育が画一的で，学校制度が硬直化しているという認識が社会全体で共有されており，この臨教審の6年制中等学校の提言を受けいれやすい雰囲気となっていた。

　1995年に諮問された「21世紀を展望した我が国の教育の在り方について」に対する中教審第二次答申（1997年）で中高一貫教育の導入が提言される。すでに国立や私立学校では事実上の一貫教育が進められていたので，この答申は公立学校における中高一貫教育の導入を促すものだと受け止められた。これに基づき，翌1998年に学校教育法が改正され，1999年4月から6年間で中高一貫教育を施す中等教育学校が発足することとなった。その際衆参両院は，この法律に基づく中高一貫教育はゆとりのある教育を施すための措置であり，「受験エリート校」化したり受験競争の低年齢化を招くことのないように求める附帯決議を行っている[1]。

　中高一貫教育は，中等教育学校のほか，同じ設置者が高等学校に附属中学校を設ける併設型，設置者の異なる高等学校と中学校が協力して実施する連携型があるが，2016年度の設置状況をみると一貫教育を実施する595校のうち併設型は8割近くを占めている。これは私立学校の95％が併設型を実施しているためで，公立だけをみると，中等教育学校が15％，併設型が4割強，連携型が4割という内訳となっている。

　当初は「ゆとり教育」の文脈で始まった中高一貫教育であるが，公立の中等教育学校および併設型一貫校に対しても大学進学実績を期待する声が大きくなり，それに伴い受験の低年齢化も懸念される近況にある。一方，連携型につい

ては，臨教審や中教審答申でうたわれた本来の趣旨や理念に基づく豊かな実践がみられるものの，少子化に伴い学校自体の維持に困難をかかえているケースも少なくない。結果として学校の存続のために連携型中高一貫教育を実施しているという見方もできる。

(2) 後期中等教育の多様化

　中高一貫教育の導入は，単線型であった中等教育制度全般を複線化する動向といえるが，後期中等教育すなわち高等学校制度内部における多様化も進んでいった。1970〜80年代にかけて高校の全入化が進展するなかで，高校間格差が拡大していった。その序列化が大学進学実績をもとに進められていったため，普通高校どうしでの格差拡大と同時に，職業高校が総体として普通高校の下位におかれるという理不尽な事態にまで至ってしまい，進学した高校によって人生が決まるかのような風潮が生じていた。

　これに対し臨教審は，これからの社会においては，学校によって教育が完結してしまうのではなく，個人の学習は学校教育を基盤として本人の自由な意志で生涯を通じて主体的に行われなければならないとして，学歴主義を打開し，生涯学習体系へ移行する必要を提唱したのである。

　生涯学習の視点は，以降の中教審にも引きつがれた。1991年の答申「新しい時代に対応する教育の諸制度の改革について」は，学校教育は多様な学習機会，システムの1つであり，学習における選択の自由を拡大するという観点で高校教育も改革されなければならないと述べ，具体的な改革の1つとして従来の普通科と職業科の枠を取り払った「総合的な新学科」の新設を提案した。この答申を受けて設置された「高等学校教育の改革の推進に関する会議」は1993年に「総合学科について（報告）」を示し，生涯学習体系に移行しつつある現代社会では，生徒の学習意欲や興味関心を呼び起こし主体的に判断や行動のできる力を育成することが重要であるとして，学びを通じて将来の進路を自ら考えていくことができるような教育課程で編成される総合学科を設けることを提言したのである。第三の学科として提唱されたこの総合学科は，高等学校設置基準の改正により，翌1994年度から全国各地で開設された。現在総合学

科をおく高等学校は370校あまりに上っている。

　また学習者自らが計画的で自分のペースに応じた履修を可能とする単位制高等学校についても，臨教審が生涯学習の観点から提唱し，すでに1988年から定時制と通信制で導入されていたが，1993年度からは全日制でも実施可能となった。

　一方，1990年代にはそれまで普通科の下におかれていた職業高校を再評価しようとする動きもみられる。1995年の「─スペシャリストへの道─職業教育の活性化方策に関する調査研究会議（最終報告）」がそれである。この報告は，商業高校，工業高校，農業高校などが後期中等教育の段階でむしろ先んじて専門教育を展開していることに特徴を見いだし，職業高校を専門高校と呼び替えることを提唱し，高校内でさらに高度な専門教育を展開することや，特別選抜などを実施して大学教育との接続を改善する必要を提言した。いくつかの国立大学はこれに呼応して専門高校特別推薦枠を設けた入学者選抜を実施している。

　このような総合学科の創設や専門高校の復権により，普通科志向に傾き，それゆえ硬直化した高校制度の内部構造の変革がはかられてきたといえる。

(3) 選択肢の拡大

　一方，小学校や中学校といった義務教育段階では，通学区域の弾力化により学校選択制の導入が進められた。教育機会の均等や公平を図るため公立小中学校においては長く市町村教委が就学する学校を定めるとされていた。臨教審ではこの制度が学校教育の画一化，硬直化を招いているという意見が示され，ここから学校選択制の論議が本格化していった。さらに地方分権論や規制緩和論も，全国一律に通学区域を規定するのではなく，地方行政当局の裁量に委ねるべきとしてこの問題の検討を促した。そこで文部省は1997年，市町村教育委員会に「通学区域制度の弾力的運用について」を通知し，地域の実情や保護者の意向に配慮した通学区域制度の運用を求めることとした。その後も関係法令を改正することで，通学区域の弾力化が各地で試みられるようになった。自由選択制を導入した東京都品川区の事例[2]，近接校から通学する学校を選択できる北海道江別市の事例などが知られている。自治体の主体的な取り組みのもとで，

義務教育についても児童生徒や保護者のニーズに即した柔軟な学校選択が制度的に可能となったといえよう。

　後期中等教育については2001年の地方教育行政の組織及び運営に関する法律の改正によって，都道府県レベルでの公立高校の学区制度に手が加えられた。すなわち，公立高等学校の通学区域に関する規定が削除され，公立高等学校の通学区域の設定については都道府県教育委員会の判断に委ねられることとなった。これにより，学区を撤廃し全県一区のいわゆる大学区を設ける動きが活発となった。現在，半数以上の都府県が学区を撤廃し，自由に公立高校を受験することが可能となっている。

3．学校段階間の接続関係の改革

(1) 区切りに対する再検討

　先に，学校制度分岐化の典型として中等教育学校を取り上げたが，同時にこの学校の出現は，戦後教育改革以来の6－3－3という学校の区切りの再検討を促すことになった。無論従前から一部の私立学校などでは実質的な中高一貫による6年制の中等教育が展開されていたが，それは大学受験を強く意識したものであった。その一方，中等教育学校は途中の高校受験というハードルを取り払うことで，6年一貫というゆとりを生み出し，長い時間をかけて生徒の興味や関心，適性に応じた教育を施すことを目的としていた。

　たとえば公立中等教育学校の嚆矢である宮崎県立五ヶ瀬中等教育学校は山村の自然豊かな環境のもとで6年間を過ごすことで豊かな人間性を育み，主体的に学習する生徒の育成をフォレストピア構想として進めている[3]。このような中等教育に対する新たな実践が，既存の中学校や高等学校に刺激を与えるという期待をもって県内各地で中高一貫教育の導入に踏み切る県もあった。

　さらに2016年度からは，初等教育と前期中等教育を一貫して施すことができる9年制の義務教育学校制度が発足した。この学校の創設は，義務教育段階の複線化というよりも，6－3制という従来の義務教育の区切りについて根本的に見直すきっかけとなっている点できわめて重要である。すなわち文科省は

「9年間の教育課程において『4－3－3』や『5－4』などの柔軟な学年段階の区切りを設定することも可能」と通知しており[4]、それぞれの義務教育学校の内部において学年段階の区切りを変えることができるとしている。また独自の教科の設定や、小学校段階（前期課程）と中学校段階（後期課程）の教科の入れ替えなども可能としており、設置者の義務教育に対する考え方が反映されやすい学校制度となっている。同時に、このような小中一貫校が小学校と中学校と併設されることにより、小中一貫教育の知見や実践を市町村内の義務教育諸学校全体で共有することも期待されている。

(2) 相互移動を可能とする改善

　一般的に、分岐・複線型学校制度の難点として、別々の学校種に分かれることによって教育機会の均等性が失われること、その結果、上級学校の進学に有利不利が生じかねないことが指摘されてきた。戦後の学制で最初にこの懸念が示されたのが1962年の高等専門学校の創設時であった。高等学校制度に袋小路的で大学進学が困難な5年制高専を併設することは教育機会均等の理念に反するのではないかという声が上がったのである。当時の文部省は高専3年修了者に大学入学資格、高専卒業者に大学編入学の資格を与えることでこの問題を解決しようとした。しかし当初は編入学を受けいれる大学がきわめて少なかったことから、高専卒業者の継続教育を主な目的とする技術科学大学が設立されたのは周知のとおりである。

　このように単線型のヨコに位置づく学校を設けつつも、系統間の相互移動を可能とする措置を講ずることで、近年の学校制度改革は、一方では適性や興味関心に対応するため学校制度の分岐化多様化を進め、他方、どのルートに進んでも能力に応じて高等教育にアクセスできるよう教育機会の均等を保つ、という2つの課題を調整しながら展開されたという見方もできよう。高専については、さらに1990〜2000年代にかけて専攻科の設置が進められ、その修了者に学士が与えられることで高専専攻科から大学院に進学するルートも開かれた。同時に工業高校から高等専門学校4年次に編入する道も一般的になりつつある。

　専修学校から大学や大学院への進学も可能となっている。1985年に文部省

は臨教審の提言を受け，一定の学修要件を満たせば高等専修学校から大学へ入学できることを告示で定めた。この措置は，2005年の中教審答申「我が国の高等教育の将来像」を受けて改正された学校教育法施行規則において規定し直されることになった。同時にこのときの省令改正によって専門学校からの大学院進学も可能となっている。さらに2016年からは，修業年限が2年以上で一定の要件を満たす高等学校専攻科から大学への編入学ができるようになった。

4．義務教育制度という捉え方

(1) 義務教育学校が意味するもの

2016年度から小学校と中学校の教育を一貫して施す義務教育学校が創設された。一貫教育によっていわゆる「中1ギャップ」[5]が克服されるという期待も寄せられているが，2000年代に入ってからこの新たな学校が発足するまでの政策動向からは，義務教育制度の整備とその水準の維持に努めようとする文科省の政策意思を看取することができる。

2006年に教育基本法が大きく改正された。義務教育の条文に，義務教育の目的が加えられ，さらに義務教育の機会の保障と水準の維持は国と地方公共団体の役割であることが明記された。これを受け，翌2007年に学校教育法も大改正される。新たな学校教育法では義務教育に関する章が特設され，もともと別々に定められていた小学校と中学校の目標の大半はこの章で義務教育の目標として統一して規定されることになった。その義務教育を1つの学校で一貫して施すというこの学校の創設は，義務教育制度を重視する文部科学省の強い姿勢を示すものといえるであろう。

義務教育を重視する背景として，まずは臨教審で提唱された生涯学習体系への移行をあげることができる。中教審に諮問された「今後の初等中等教育改革の推進方策について」（2003年）は「生涯学習の理念など…の下に，学校教育の根幹である初等中等教育について」改善を図る必要があるとその諮問理由を述べ，これに対する答申「新しい時代の義務教育を創造する」（2005年）は，「生涯学習社会」における「義務教育の到達目標」の明確化や，「生涯にわたって

たくましく生きていく基礎を培う」ための「義務教育9年間」の重要性を指摘している。生涯にわたって主体的に学習する人物の育成には義務教育とその水準の維持は欠かせないという積極的認識を読み取ってよいであろう。

一方そこには，教育財政を支える基盤が常に削減の対象とされるなかで，義務教育制度を固守しなければという危機感も反映されているであろう。とりわけ財政運営の基本を審議する経済財政諮問会議の発足（2001年）以降，義務教育費国庫負担制度は常に見直しの対象とされてきた。財政削減を迫るこの会議において文科省は，国に良質の教育を保障する責任があり，義務教育費の国庫負担制度は国と地方公共団体が義務教育に責任を負う制度であることを強調している。

義務教育学校制度の新設の際には，これが少子化に伴う小中学校の統合再編に用いられるのではという危惧も示された。しかしこれに対しては，再編が進んでもなお義務教育を維持する手段として義務教育学校制度が活用可能であるという考え方もできよう。

(2) 義務教育の保障と学校制度のあり方

義務教育制度をめぐっては，また別の動きもみられる。2016年の「義務教育の段階における普通教育に相当する教育の機会の確保等に関する法律（義務教育機会確保法）」の制定である。義務教育の充実が叫ばれる一方で，長期にわたり学校を欠席している児童生徒数の割合は依然として1.2％前後で推移しており，学校に登校できない子どもたちに対する義務教育の保障をどのように行っていくのかも大きな問題となっている。

義務教育機会確保法は，このような不登校児童生徒の教育機会の確保と夜間中学の整備を目的として制定されたが，超党派の議員連盟による最初の法律案では，就学が困難な場合にはフリースクールや家庭での計画的な学習によって，義務教育を受けさせる義務を履行しているとみなすという条文が盛り込まれていた。しかし与党内からかえって不登校を助長しかねないという反対論が示され，成立した義務教育機会確保法は，不登校児童生徒のために，国や地方公共団体が状況に応じて学習のための情報提供や支援助言を行うことを定めるにと

どまった。またこの法律に対しては，就学が困難な子どもに手を差し伸べるというよりも，学校教育の枠内に収容しようとするもので，むしろ不登校の児童生徒を追い詰めるものだという批判もみられる。[6]

しかし，この法律の制定をめぐる議論は，義務教育とは何かを改めて考える重要な契機となった。組織化された教育機関に一定期間就学するという義務教育の履修方法を自明視するあまり，不登校の問題とフリースクールや家庭学習といったそのような子どもたちをフォローする教育実践は長期にわたって学校制度の埒外におかれてきた。生涯学習社会がさまざまな学び方を認め合う社会であるとすれば，その社会の構成員の基本的な資質を育成する義務教育制度についても，そのあり方について絶えず検討されつづける必要があろう。

5．今後の課題と展望

(1) 相互移動の実質化

かつて四六答申などで唱えられていた学校制度の分岐化は能力主義を色濃く反映したものであったが，近年は，分岐後の相互移動経路の確保にも一定程度配慮しながら，個性や興味関心によって多様な学校教育を提供するとして単線型学校体系の横に新規の学校を加えてきたといえる。

とはいえ，ルートが開かれていることと，そのルートが機能していることは別の問題として考えなければならない。高専開設当初，その卒業生を編入学生として受け容れる大学がほとんどなかったことは先に述べたとおりである。しかし近年では専攻科も含めると高専卒業者の4割弱が進学しており，高専から大学教育へのアクセスは飛躍的に広がったといってよい。また高等専修学校から大学へ，専門学校から大学編入学や大学院進学する道筋もかなり開かれている。

さらに，大学進学に不利という理由から，かつて普通高校の下位におかれていた職業高校は専門高校として再評価されるに伴い，大学進学希望者が増え，また実際に3割程度が進学している。推薦入試やAO入試といった特別選抜の実施によって，専門高校からの大学進学がよりスムーズになった側面もある。

相互移動が可能な学校制度の実質化をはかるためには，このような入試制度や単位認定制度といった学校段階間の接合面の改良や調整が必要である。

(2) 縮小時代の教育制度

　制度とは，いつでもどこでも同じように機能することを建前としているが，実際には運用される環境や状況によって本来の目的とは異なる機能を発揮する場合や，あるいはまったく機能しない場合もある。そしてまた制度は通常，それ自体の維持や発展を暗黙の了解として制定されるが，現在学校教育は，進行する少子化傾向を受け，制度を縮小しながら維持するという新しい課題に直面している。

　学校選択制は多様なニーズに応じた学校教育の提供を目的とするものであったが，少子化に伴い学校の統合再編も課題となっている自治体では，選択されずに児童生徒の集まらなくなった学校を，再編の対象としやすくするように機能するかもしれない。公立高校の学区撤廃についても同様のことがいえる。大学区に転換する際，学区の廃止によって学校選択の幅が広がり，進路や興味関心に合った学校を選ぶことができるという利点が強調されるが，多くの県教委はそれに平行して，生徒数の減少によって適正規模の維持が見込まれない学校については存続見直しの対象として，統合再編を進めている。学習者の選択の自由を認める制度が，財政的な立場からの学校規模の縮小にも用いられていることになる。

　また，制度上可能となっていても，地方においては小学校や中学校を一校しか設置できない自治体は少なくない。学校選択制という制度そのものが成り立たない地域があることにも注意しなければならない。その点で，新設された義務教育学校は，初等教育と中等教育の区切りを柔軟に考えた一貫教育を提供するという目的の一方，人口が僅少な地域では義務教育の確実な実施をサポートできるようになっており，環境や状況に応じた機能を発揮することが期待される。実際これを機会に，過疎地においては小中併置校を義務教育学校に転換した事例もみられる。[7]このような小中併置校では以前から事実上の一貫教育を行ってきたわけであり，実践の蓄積という点で，これからの義務教育学校の運営に

資するところが多いと思われる。

　地方，中央といったそれぞれの状況や環境で積み重ねられた実践の成果を共有することで制度の内実を豊かにしていくという発想が重要となろう。

（大谷　奨）

注
1) 中等教育学校の法制化に際し参議院文教・科学委員会は「公立の学校では，入学者の決定に当たって学力試験を行わないこと」や「受験競争の低年齢化」の防止に配慮するよう附帯決議を行っている（1998 年 6 月 4 日。衆議院文教委員会でも同年 5 月 22 日に同様の趣旨の附帯決議がなされている）。
2) 品川区の学校選択制については，たとえば若月秀夫「『学校選択制』導入で教師の意識がこんなに変わった」（朝日新聞社『論座』2001 年，128-135 頁）などを参照。
3) 五ヶ瀬中等教育学校の教育については，宮崎県立五ヶ瀬中等教育学校「中等教育学校へ向けて」（文部省『中等教育資料』1999 年 2 月，30-33 頁）などを参照。
4) 「小中一貫教育制度の導入に係る学校教育法等の一部を改正する法律について（通知）」（27 文科初第 595 号，2015 年 7 月 30 日）。
5) 「中 1 ギャップ」という用語の取り扱いについては，2014 年 4 月に国立教育政策研究所生徒指導・進路指導研究センターが発行した生徒指導リーフ『中 1 ギャップの真実』が参考になる。
6) これについて『教育』（国土社）が 2016 年 4 月号で「法制化で問われる『多様な学び保障』」を緊急特集してさまざまな観点から検討を加えている。
7) たとえば，北海道の斜里町立ウトロ学校，茨城県の水戸市立国田義務教育学校などは，従来の小中併置校を義務教育学校に改組した事例である。

文献・参考資料
小川洋「通学区域の見直しと高校の特色作り」『国立教育政策研究所紀要』138，2009 年，75-85 頁
清水一彦監修／藤田晃之・高校教育研究会編著『講座日本の高校教育』学事出版，2008 年
高木浩子「義務教育費国庫負担制度の歴史と見直しの動き」『レファレンス』レファレンス 54（6），2004 年，7-35 頁
寺脇研『文部科学省』中央公論新社，2013 年
日本児童教育振興財団編『学校教育の戦後 70 年史』小学館，2016 年
葉養正明「小中学校通学区域の弾力化と教育経営の課題」『日本教育経営学会紀要』第 40 号，第一法規，1998 年，14-27 頁

第10章　高等教育に関する制度改革

1．高等教育制度改革の背景と本章の課題の設定

(1) 高等教育の計画的整備（量的整備）から将来像の提示と誘導へ

　本章では，1990年代後半以降の高等教育制度改革の背景と特徴，その具体的な内容などを，日本教育経営学会（以下，本学会）の研究知見をふまえながら概観する。この20年あまりの日本の高等教育制度は，本格的な少子高齢社会に向かっていることを常に念頭におきながら改革されてきた。そのことは，高等教育政策を検討する政府審議会に「18歳人口と高等教育機関への進学率等の推移」と題する図表が常に示されてきたことからも明らかである。日本の高等教育は高等学校卒業者を基本的な対象としているため，高校を卒業する18歳人口は，高等教育のあり方を規定する要因となっているのである。

　本章が取り上げるこの20年間は，第二次ベビーブーム世代が高校を卒業したあとにあたり，1992年をピークに18歳人口が急速に減少する時代に突入していた。にもかかわらず，直前の一時的な18歳人口の急増に対応した「臨時的」定員増は，急減期に入ってもその半数が「恒常的な定員」として認められていた。これは，大学の定員抑制と大学設置基準および定員の厳格な遵守という，それまでの質の維持のための手法が放棄されたことを意味するものであった。事実，1991年5月の大学審議会答申では，高等教育の整備の方向性として「量的な拡大」から「質的な充実」が強調され，高等教育の規模に関する従来のような計画的整備目標を設定しないことが明言されたのである。しかも，後述するように1991年には大学設置基準が大綱化されて，各大学が教育課程の編成に自主的に取り組むことが認められるようになっていた。1990年代半ば以降，学生の獲得をめぐる競争環境のなかで各大学が責任をもって教育・研究の改革に取り組むことを余儀なくされ，大学が淘汰されうる時代となったのである。

　このような状況下，高等教育政策のあり方も，中央教育審議会（以下，中教審）の「我が国の高等教育の将来像（答申）」(2005年1月；以下，将来像答申)に象徴されるように，「将来像とそこに向けて取り組むべき施策」を示し，それにむけた競争的資金などの財政的手法を用いて誘導する，というように変化してきている。

(2)「成長戦略」としての官邸主導の高等教育制度改革

　他方で，バブル経済の崩壊を経て日本が成熟した社会へと転換し，ゼロ成長あるいは低成長が続くなか，高等教育自体が「成長戦略」の1つとして位置づけられるようになってきた。とりわけ今世紀に入ってからは，構造改革特区制度を活用した株式会社（学校設置会社）立の高等教育機関が創設されたことをはじめ，1990年代の規制緩和の流れが一層強まることとなった。

　しかも，教育改革国民会議，教育再生会議，教育再生懇談会，教育再生実行会議，経済財政諮問会議，産業競争力会議など，内閣府に属する機関や首相の私的な機関による提言を中教審が具体化して法令改正や制度改革に結びつけるというような，いわば「官邸主導」で経済成長や国際競争力の確保などの国家戦略に資するような高等教育制度改革が主流となりつつある。たとえば，産業競争力会議の提言「日本再興戦略」（2013年6月閣議決定）が，大学のガバナンス改革や，大学のグローバル化の方策を主導する提言をしている。

　このような背景のなかで，高等教育制度の改革は多方面にわたり劇的に進められたが，そのすべてを与えられた紙幅のなかで網羅することはできない。そこで，学会『紀要』の諸論稿をふまえながらも，近年の新たな展開を注視して，高等教育機関の個性化・多様化，多元的な評価制度の構築，大学教育の質的転換と高大接続改革の3つの側面から，制度改革の動向を跡づけていくこととする。

2. 高等教育機関の多様化とその変質

(1) 大学設置基準の大綱化による多様化の推進と機能別分化の提起

　1991年6月の大学設置基準改正により，国・公・私立の別を問わず，各大学は教育課程を自由に編成し，学生の卒業要件，単位の計算方法，授業期間などの基準（セメスター制の導入など）なども弾力的に設定することができるようになった。前述のような競争的環境のなかで，選ばれる大学をめざし，各大学が「自らの教育理念・目的に基づき」個性化することが期待されたのである。

　本学会でも，2001年の第41回大会で公開シンポジウム「高等教育個性化を

めざす経営戦略」が開催された（報告概要は『紀要』第44号に掲載）。その総括では，(1) 政策的な推進よりも自らの「裁量と見識」により個性化を進め，(2) 大学が高等「教育」機関として，教育理念や教育目標を独自に定めて全学的に共有し，教育課程づくりへの学生参画を通して「その大学らしい教育力」を高めれば「10年後には，その大学は個性的になるのではないか」[1]と締めくくられている。

しかし実際には，2005年の中教審「将来像答申」で示された大学の7つの機能（①世界的研究・教育拠点，②高度専門職業人養成，③幅広い職業人養成，④総合的教養教育，⑤特定の専門的分野（芸術，体育など）の教育・研究，⑥地域の生涯学習機会の拠点，⑦社会貢献機能（地域貢献，産学官連携，国際交流など））への比重のおき方のちがいで機能別に分化するという方向性が示された。もちろん，同答申のなかでも「自主的な選択」による分化であることが強調されていたが，実情は明治期以来の資源投入の格差や立地などの外的な条件の影響の下，実質的な選択の余地があるとはいえないものであった。

(2) 大学院制度の多様化と専門職大学院制度の創設

他方，学部段階（学士課程）より早く，1990年以前から大学院では「多様化」が始まっていた。博士課程の目的に高度専門職業人養成を掲げることが可能になったほか，独立研究科，独立大学院，連合大学院，連携大学院などの多様化が進むとともに，研究指導中心の教育から，コースワーク中心の組織的な教育へと実質化を図る提言がしばしばなされてきた。[2]

そのようななかで，1999年9月の大学院設置基準改正により，経営管理や法律実務などの分野で高度専門職業人養成に特化した専門大学院が新設されることになった。さらに，2002年の中教審答申「大学院における高度専門職業人養成について」を受けて学校教育法が改正され，専門大学院を発展的に解消して新たに「専門職大学院」制度が2003年度から創設された。その後，中教審答申「今後の教員養成・免許制度の在り方について」(2006年)の提言に基づき，専門職大学院設置基準および学位規則が改正され，翌2007年度から教員養成に特化した専門職大学院として教職大学院制度が創設された。制度創設か

ら 2010 年までの間に国立 19 大学と私立 6 大学で教職大学院が設置された。

　本学会では，制度創設翌年の第 48 回大会課題研究「教職大学院経営と教育経営研究」において，各報告者の本務校の事例を紹介しつつ，教職大学院の経営課題と研究課題の明確化が試みられた。そこでは，教職大学院の制度設計の不備が多く指摘されるなかで，「本来求められた教職の高度化・資質向上を実現するのであれば，教職大学院の取り組みの成果や反省に基づき，教員養成のグランドデザインが早急に再構築されるべき」[3]との指摘がなされていた。

　事実，教員の資質向上についてはその後も検討が続けられ，2012 年の中教審答申「教職生活の全体を通じた教員の資質能力の総合的な向上方策」は，全都道府県に教職大学院を設置し，高度専門職としての教員養成機能を教職大学院に移行することを提言した。さらに，中教審は 2015 年に「これからの学校教育を担う教員の資質能力の向上について」答申し，教職大学院の量的拡充とともに，教職大学院が「大学と教育委員会・学校との連携・協働のハブ」となって，教員の養成・育成の中核として貢献することを求めた。この提言を受けるように，2015 年度以降，それまで教職大学院をもたなかった国立大学の多くがそれを新設したほか，国立大学の教職大学院が私立大学との連合大学院へ転換（2 大学）するなど，教職大学院がほぼ全国の大学で開設されつつある。

(3) 新たな高等教育機関の制度化

　さらに近年では，上記のような既存の教育機関（大学・大学院）の枠のなかで新しいタイプのものを創設するという制度改革を越えた多様化の動きも起きている。2014 年の教育再生実行会議第 5 次提言「今後の学制等の在り方について」が「質の高い実践的な職業教育を行う新たな高等教育機関の制度化」を提言した。これを受けて文科省では有識者会議を設置して 8 カ月後に制度化の基本的な方向性をとりまとめ，さらに中教審が 1 年あまり検討して 2016 年に「個人の能力と可能性を開花させ，全員参加による課題解決社会を実現するための教育の多様化と質保証の在り方について」を答申した。今後，2019 年度から「専門職大学・短期大学」が制度化されることとなっている。

　先にみた大学・大学院の多様化も含め，この 20 年は，戦後構築された新制

大学の制度を，成熟期に入った日本の持続的な成長に貢献するようつくり変えていこうとする過程でもあった。そこでは，前述の成長戦略としての高等教育政策の影響も受けながら，職業との接続が重視されてきている。ただし注意を要するのは，第1節でふれた各教育機関の「裁量と見識」に基づく自律的な多様化・個性化といいながらも改革の迅速さが求められ，十分な議論や準備のないままに次々に制度改革が展開されてきた面が否定できないことである。しかも，改革への迅速な対応が，次節でみる評価制度によって加速されているのである。

3. 事前規制の緩和と多元的な評価制度─結果としての統制強化─
(1) 事前規制の緩和と大学評価の制度化

　18歳人口の急減を目前にした1991年6月，それまでの厳格かつ詳細な事前規制の象徴であった大学設置基準が大綱化され，各大学の教育の自由度は格段に増加した。同時に，教育水準の維持は各大学の責任とみなされ，そのための手段として自己点検・評価の実施とその公表が努力義務とされた。大学評価が制度として導入されたのである。学会『紀要』第37号（1995年）でも「教育経営と評価」が特集され，制度化という外圧により導入された自己評価が教育・研究活動の改善に役立つことで「合理的で公正な意思決定を支援」しうるか，「自発的評価の原理や方法をいかに開発し，その評価をもっていかに大学自治・学問の自由をより確かなものにしていきうるか」が問題とされていた。[4]

　このように当初は，教育水準の維持を各大学の自律性に委ねるという方策がとられたが，「自己点検・評価が形式的で教育・研究活動の改善に結びつかない」という指摘があることを根拠に，評価のあり方に対する規制はむしろ厳格なものとなっていく。1998年の大学審議会答申に基づき，1999年に大学設置基準が改正され，自己点検・評価の実施と結果の公表を義務化するとともに，その結果に対する学外者による検証（第三者評価）を努力義務化した。また，国立学校設置法改正により，2000年4月に学位授与機構が大学評価・学位授与機構に改組され，教育・研究活動や留学生交流，産学連携などの第三者評価が

開始された。企業関係者などの大学外の者が大学評価に参加する仕組みが導入された。

(2) 事前規制の緩和の拡大と事後チェックの仕組みの整備

今世紀に入り，2001年の総合規制改革会議第1次答申「高等教育における自由な競争環境の整備」と，翌年の中教審答申「大学の質の保証に係る新たなシステムの構築について」を受けて，2003年に学校教育法などが改正された。

制度改正に伴い，大学間の自由な競争を一層促進するため，以下のように，設置認可制度自体が見直されるとともに，医学部などを除く大学・学部らの新増設や収容定員の増加を原則として認めない方針（抑制方針）が撤廃された。

・授与する学位の種類や分野の変更がない学部らの設置を文科相への届出のみで可能にする（準則主義の導入）
・さまざまな形式で規定されていてわかりにくい設置審査の諸基準について，一覧性を高めるために，告示以上の法令で規定する
・工業（場）等制限法の廃止をふまえ，大都市部での設置抑制方針を撤廃する

また，従来法令違反の大学に対して，文科相は大学自体の閉鎖を命ずることしかできなかったが，今回の法改正ではこの是正措置を，①改善勧告，②変更命令，③内部組織の廃止命令，④大学の閉鎖命令と，段階的な是正を求めることができるよう改めた。同時に，大学の教育・研究，組織運営，施設設備などの全学的な状況について，文科相の認証を受けた評価機関（認証評価機関）による定期的な評価の受審を義務づける「認証評価制度」が導入された。これらにより，事前規制を緩和して事後チェックを重視する制度が整えられ，大学評価も事後チェックという行政の役割を肩代わりさせられることになった。1990年代初頭に自己点検・評価の努力義務として導入された大学評価制度が，義務的な第三者評価として強化・整備されることになったのである。

設置者を問わずすべての大学に対して，7年に一度受審が義務づけられた認証評価制度が2巡目を終えようとしていた2016年3月に，中教審大学分科会の審議まとめ「認証評価の充実に向けて」が公表された。この報告書では，「内

部質保証」(各大学における自主的・自律的な質保証の取り組み) の確立や後述する大学教育の「質的転換」を促進するような評価へと改善することが提言された。しかし，これまでの，また今後の評価制度が，導入以前から強調されてきたように，大学の自主性・自律性を保障しながら，個性を伸張し，教育・研究水準の向上に資するものになっているかどうかは，本学会としても緻密な検証を進めるべきであろう。というのも，次節に述べるように，ある意味，「改革を強要する」ような評価が認証評価と並行して導入されたからである。

(3) 国立大学法人評価の変質と第三者評価に基づく資源配分の拡大

上記「改革を強要する」ような評価としてあげられるものに国立大学法人評価がある。しかし，制度発足当初は少なくともそのようなものとして説明されてはこなかった。自主性や自律性を高める目的での規制の緩和という点では，国立大学の法人化も重要な改革であったのである。

2002年3月に公表された『新しい「国立大学法人」像について』では，法人化の目的として，自律的な運営の確保，大学間の切磋琢磨による国際競争力の育成，機動的・戦略的な大学運営の実現，努力や実績の評価による個性的な発展の支援などが提言された。加えて，国立大学法人はほかの独立行政法人と異なり，目標や計画の策定においても法人の自律性が確保されていた。そのため，目標や計画の達成度を評価する法人評価の結果は，大学間比較や相対化に使うことができないものと位置づけられた。

しかし，第1期中期目標期間の評価において，当初行わないとされていた大学間の相対評価が実施された。そのなかには，大学間比較が本来不可能な，中期目標の達成度も用いられていた。また，第2期，第3期の中期目標・計画の策定段階から文科相決定「国立大学法人の組織及び業務全般の見直しについて」(2009，2015年) という文書が通知された。これは，国立大学法人評価の結果を反映したものでも，国立大学法人委員会で実質的な審議がなされたものでもない文書であった。

文書は，法令化されていない大学の機能別分化を進めることが既定路線であるかのように，各法人に対し「各大学の選択による」との但し書きつきで，そ

のめざす方向性を明確化することを求めていた。また，目標の達成状況が事後的に検証可能になるよう，取り組み内容を定量化することや，組織および業務全般の見直しの内容を検討して目標・計画化することを課した。なかでも第3期の前には，目標・計画に盛り込むべき内容について国が具体的な指示を行うなど，当初，「運用で大学の自主性・自律性を保障する」としてきた取り決めを一方的に反故にするようなことがなされている。とりわけ第3期のように，すべての大学の目標・計画に盛り込むべき事項を均質化すれば，評価結果が比較可能になることは見逃せない。実際に評価結果の資源配分への連動が今日では堂々といわれるようになっているのである[5]。

　ところで，この国立大学の法人化に伴い，毎年人件費の1％を強制的に削減することで得られた財源は，公私立大学を含む全大学に対し配分する競争的資金へ活用されるかたちで急速に拡大していった。配分に際して行われている「評価」がもう1つの「改革を強要するような評価」となっている。

　当初は，募集されるプログラム自体が各種答申で提言された改革内容（制度化されていないものも含む）」に適合するものを採択することで，財政誘導を図るよう設計されていた。しかし近年では，競争的資金獲得のためのプログラムなどを申請した大学自体について，プログラム内容とはあまり関連のない観点，つまり各種答申などで提言された改革内容に具体的にどのように対応しているか，あるいは将来数値目標を明示してどのように対応するかが資金獲得の際の評価対象となってきている。つまり国がめざす改革方向に誘導するための強力な道具として競争的資金が機能しており，自主性や自律性とは無縁の道具として評価が活用されていることが顕著にみられるようになっている。

　このように，限られた資源の効率的な利用をめざす政府側は，大学の自主性・自律性に基づいた評価に期待するよりも，より直接的な評価方法に基づいた資源配分の機会として競争的資金を使っている。他方で，先に述べた国立大学法人評価および認証評価は，評価基準自体が各大学個別の使命や目的を尊重するものであるだけに，その結果は本来，大学間比較が可能なものではない。資源配分の根拠とすることは「目的外利用」どころか「誤用」である。しかし，

2016年度以降の第3期中期目標期間における国立大学法人運営費交付金の配分方法にも現れているように，大学の自主性や自律性の保証ではなく，政府の政策達成という意図だけが重視されている。近年の，産業競争力会議「『日本再興戦略』改訂2015─未来への投資・生産性革命─」(2015年6月30日閣議決定)や文科省「国立大学経営力戦略」(同年6月16日)においても，建前上は自己改革に積極的に取り組む大学への重点支援としながら，その改革の方向性を示す将来像が，真に自律的な大学を見据えて設定されているかは，きわめて危ういといわざるをえない。

4．大学教育の質的転換と高大接続改革
(1) 学部段階の教育内容・方法の改革

この20年の間，大学教育，とりわけ学部教育の内容・方法に関する制度改革は，学生一人ひとりの成長・発達を保障することよりも，日本が活力ある発展を遂げることや国際社会で主要な役割を果たすことが重視されてきているきらいがある。そして，前節で述べたように，その改革への取り組みを評価でチェックあるいは誘導するという仕組みができつつある。1998年10月の大学審答申にも日本の発展という目的のために「主体的に変化に対応し，自ら将来の課題を探求し，その課題に対して幅広い視野から柔軟かつ総合的な判断を下すことのできる力」(課題探求能力)が育成できるような学部教育(学士課程教育)への改革方策が提言されている。同年に改訂された初中等教育の学習指導要領が掲げる「生きる力」と共通する力の育成がめざされたのである。

2006年の教育基本法改正では大学教育についても，ほかの校種と同様，同法1条，2条の目的・目標の規定が及びうることになった。これが前述のような大学教育への政府による介入を可能にする契機になったものと思われる。実際，2008年の中教審答申「学士課程教育の構築に向けて」では，各大学が「学位授与の方針」「教育課程編成・実施の方針」「入学者受入れの方針」の3つの方針を示して，教育内容・方法の改善・充実を図り，教育の質を保証する仕組みを実質化することを提言した。その際，学位授与方針の「参考」として，あ

らゆる分野の学部卒業生に求められる汎用的な資質・能力を「学士力」として明示した。

4年後の2012年8月の「新たな未来を築くための大学教育の質的転換に向けて」の中教審答申では，質を伴う学修時間の確保，主体的な学びを促すアクティブ・ラーニングの導入，学生の学修成果の把握，学修支援環境の整備など教育方法のさまざまな面について改革を求め，組織的・体系的な学位プログラムへと教育課程を質的に転換することが提起された。

これらの提言は2016年3月に学校教育法施行規則が改正されるまで具体的な制度改革を伴わなかったが，前述のように競争的資金の対象とされたり，資金申請の前提状況とされたりすることで，多くの大学において対応が進められることとなった。そのうえ，認証評価制度においても，「3つの方針に基づくカリキュラム・マネジメントが行なわれていること」，すなわち，方針に基づいた内部質保証機能を有していることを重視した評価制度に転換するための関連省令改正が行われた。

また，2016年の学教法施行規則改正に合わせて文科省から3つの方針に関するガイドラインが公表されたが，2008年の学士力や後述する次期学習指導要領に盛り込まれた学力の三要素（知識・技能，思考力・判断力・表現力，主体性をもって多様な人々と協働して学ぶ態度）を育成する大学教育への転換が強力に求められており，学位授与方針策定にあらかじめ大きな制約が課されることになっている。

(2) 高大接続と資質・能力ベースの教育への転換

18歳人口が急減を続け，「大学全入時代」へ移行したことで，国公立大学を含む多くの大学で，大学入試の選抜機能が低下した。これを1つの契機として，高大の接続が改革課題となり，偏差値に替わる大学選択の指針として大学による入学者受け入れ方針の明示することや，大学入試センター試験に代わる新テストを導入することを含む入学者選抜改革が進められている。

他方で，とりわけ教育基本法の「改正」以降，学力に対する一貫した考え方の下で小学校から大学までの教育改革も進められている。学力の3要素と総称

される資質・能力の育成を学校教育法において義務教育段階から高等学校に至るまでの目標として明記し，しかもその目標を「達成するよう行われるものとする」という強い表現で示した。それを受けるかたちで2017年に告示された学習指導要領は，「育成すべき資質・能力」を確実に身につけさせるよう，教育内容・教育方法・評価方法についても詳細に規定した。勝野が学会『紀要』第49号（2007年）で指摘しているように[6]，現行の教育基本法が「フレームワーク法」として機能し，評価基準となる学習の成果目標としての資質・能力を国家が詳細に規定することによって統制の強化が進み，それが大学のそれと接続する体制がつくり上げられつつある。日本が世界をリードする国であり続けるために人的資源の国際競争力強化を図るという国家戦略に，高等教育を含むすべての段階の教育の質を保証するための改革が組み込まれているのである。

5. ガバナンス改革の意味するもの―まとめにかえて―

以上，本章では1990年代後半以降の高等教育制度改革の動向を整理してきた。当初は，18歳人口の急減期を控えた政府が，いわゆる「護送船団方式」型の高等教育制度運営を見直し，大学の淘汰もやむなしという判断のもと各大学の自由な運営が図れるよう制度改正を進めていた。しかし，日本経済の停滞が解消できない状況が続くと，経済成長のためにすべての教育が従属させられ，経済財政諮問会議や産業競争力会議が改革提言の起点となり，中教審で具体化を図っていくという教育制度改革のパターンが定着してきていることが確認できた。

最後に特筆しておくべきこととして，この間には，学長のリーダーシップの強化を指向する制度改革が進められたことをあげておきたい。そこでも当初は，「大学を取り巻く状況の変化に大学が積極的に対応し得るようにするため」（2005年大学審議会の答申「大学運営の円滑化について」）とされていた。しかし多くの大学で教授会による自治の慣行が残っているにもかかわらず，2014年の学校教育法及び国立大学法人法の一部改正を受けて，大学内のガバナンスにかかわる内部規則の見直しが強制されている。この動きは，本章でみてきたような制

度改革が進み，統制の強化が進むにつれて，非常に重要な意味をもつ。

　つまり，国家戦略のなかに位置づいた大学において，認証評価・法人評価のいずれの評価についても「大学独自」の目標や方針は重要な基準となる。その基準にあらかじめ国から枠がはめられたなかで，その円滑な実現のために大学運営における学長のリーダーシップが強化されているだけでしかなくなってきているのである。しかも，学会『紀要』第57号で筆者が整理したように[7]，「学校教育法・国立大学法人法の改正後の動きでは，法律によらない自治の範囲の制限や学内制規権への介入など，行政権の濫用ともいえる事態」にまで進みつつある。近年の高等教育制度改革は，自律性を高める方向から統制を強める方向へと急激な変化を遂げ，大学自治の空洞化や形骸化をもたらしている。

（日永龍彦）

注
1) 中留武昭・林義樹・椋本洋・高倉翔・小松郁夫・金子照基「シンポジウム　高等教育個性化をめざす経営戦略」『日本教育経営学会紀要』第44号，第一法規，2002年。
2) 中央教育審議会「新時代の大学院教育―国際的に魅力ある大学院教育の構築に向けて」（答申）2005年9月。「グローバル化社会の大学院教育―世界の多様な分野で大学院修了者が活躍するために」2011年1月。
3) 篠原清昭・浅野良一・菊地栄治・添田久美子・山崎保寿・山下晃一「課題研究報告Ⅱ　教職大学院経営と教育経営研究」『日本教育経営学会紀要』第51号，第一法規，2009年。
4) 木岡一明「従来の教育経営評価の理論・政策と課題」，高橋靖直「大学の自己評価に関する現状と課題」『日本教育経営学会紀要』第37号，第一法規，1995年。
5) 光本滋『危機に立つ国立大学（CPCリブレ No.4）』，クロスカルチャー出版，2015年。日永龍彦「大学評価政策の展開と大学の自治」『日本教育行政学会年報』第40号，教育開発研究所，2014年。
6) 勝野正章「新教育基本法政と教育経営―「評価国家」における成果経営のポリティクス」『日本教育経営学会紀要』第49号，第一法規，2007年。
7) 日永龍彦「高等教育における独立性の変容とその課題」『日本教育経営学会紀要』第57号，第一法規，2015年。

第11章　教員の免許・養成・研修制度改革の進展

　本章では，1990年代後半以降進められてきた教員の免許・養成・研修制度改革の動向について概観し，そこに確認できる特徴と，これまでの教育経営研究や教師教育研究の知見からどのような問題が指摘されたり論点が提示されたりしてきたかを整理する。

　どのような改革も，それを実行に移すのは現場の教員であることから，教員の資質能力の向上は，教育改革の成否を左右する最重要課題として常に位置づけられてきた。一言で教員の免許・養成・研修制度改革といっても，そこに含まれる具体的な改革内容や議論は多様かつ多岐にわたる。筆者の力量不足もあり，そのすべてを詳細に網羅することはできないため，本章では，教員に求められる資質能力における「実践的指導力」の強調とスタンダード化（「指標化」）を主たる観点とし，教員政策の動向を確認していく。

1．「実践的指導力」の強調

(1) 改革の中核に位置づく「実践的指導力」

　1990年代後半以降の改革動向を確認していくと，教員政策の特徴の1つに，教員の専門性の高度化をいかに実現するかという方向性が確認できる。そしてそれは具体的には，「実践的指導力」の向上をめざした教員養成の高度化，免許制度の改革，現職研修の充実といった，養成・採用・研修の各段階を通じた一体的な改革というかたちで進められてきたと捉えられる。

　そこで，「実践的指導力」という用語が強調されるもとでどのような改革が進められてきたかを確認していく。

(2) 教員に求められる資質能力と「実践的指導力」

　教職をめぐる状況はめまぐるしく変化している。子どもの生活世界や社会の変化，新たな学習・指導方法への対応など，学校教育がおかれている状況の変化や教育課題にどのように対応していくかが問われている。学校教育の直接の担い手である教員に対しては，1980年代以降特に厳しい目が向けられるとともに，改革の重要なターゲットとしての位置づけがなされてきた。

　1997年教育職員養成審議会（以下，教養審）答申「新たな時代に向けた教員

養成の改善方策について」において示された教員に求められる資質能力の内容は，それ以降の教員政策の基盤となっている点で，特徴的である。そこでは，「教員に求められる資質能力」として，「①いつの時代も教員に求められる資質能力，②今後特に教員に求められる具体的資質能力，③得意分野を持つ個性豊かな教員の必要性」が提示された。そして，教員に求められる資質能力を，「素質」とは区別し，後天的に形成可能なものとして解釈する方向性が示され，時代を超えて普遍的に求められるものと，時代状況に応じて求められるものとの2つの側面から提示がなされた。また，教員の職務に関する資質能力だけでなく，豊かな人間性や社会人として求められる資質能力についても重要視された。

同答申では，教員養成と現職研修の分担関係について，養成段階で修得すべき水準を「教科指導，生徒指導等に関する『最小限必要な資質能力』」，すなわち「採用当初から教科指導，生徒指導等の職務を著しい支障が生じることなく実践できる資質能力」と捉え，初任者研修を「養成段階で修得した『最小限必要な資質能力』を，円滑に職務を実施し得るレベルまで高めることを目的とする」との整理がなされた。つまり，教員養成段階において即戦力の育成を重視する方針が打ち出された。そして，「初任者であっても学校教育の水準の確保に大きな責任を負うものであることを考えれば，このような意味の『実践的指導力の基礎』を教員を志願する者に修得させることが大学の責務であることについては，論じるまでもなかろう」との主張がなされ，「教職課程の教育内容を改善するための基本的視点」として，「実践的指導力の育成につながる資質能力」の育成が掲げられ，実践的指導力の基礎を強固にする必要性が提起された。

その後の各種答申では，この1997年教養審答申の提示した教員に求められる資質能力を基本的には前提として，それらをいかに養成するか，その高度化をいかなるかたちで実現していくかが検討されていった。

そして，2012年中央教育審議会（以下，中教審）答申「教職生活の全体を通じた教員の資質能力の総合的な向上方策について」では，「学び続ける教員」像が提起され，「教職生活全体を通じて，実践的指導力等を高めるとともに，

社会の急速な進展の中で，知識・技能の絶えざる刷新が必要であることから，教員が探究力を持ち，学び続ける存在であることが不可欠である」とされた。そこでは，「教科や教職に関する高度な専門的知識や，新たな学びを展開できる実践的指導力を育成するためには，教科や教職についての基礎・基本を踏まえた理論と実践の往還による教員養成の高度化が必要である」とされ，「教員養成の修士レベル化」「教職大学院の拡充」などが示された。

以上確認したように，教員政策の中核には「実践的指導力」というキーワードが常に存在しているが，油布（2013）は，「実践的指導力」への期待が高まった背景には，「社会の変化と『大学での教員養成の非力説』とでもいうような状況があることをまずは何よりも踏まえておかねばならない」と指摘し，「実践的指導力は，現場の教師の無力感を（少なくともイメージの上では）解消するような概念として登場したのであり，それは，現場での困難に直面した人々の存在と大学教育への失望を背景にして，それを打開する役割を付与されたマジックワードなのである」と述べている。そして，「実践的指導力」の重視は，現実的には「教育現場を中心とした『現場主義』への傾斜」と「『実践的指導力』を明示化する『規準・基準』設定の動き」の２つの方向に展開を遂げていると指摘している（80頁）。

また，そのもとで大学がおかれる状況について，金子（2013）は，「近年の教員養成政策は，あくまでも『実践的指導力の育成』という観点から，教員の輩出責任を大学に対して厳しく求め，教員養成の内容や方法に踏み込んでくるものである」と指摘し，「大学が新自由主義的な競争状態に置かれているとするならば，政策が望む教員養成をひたすら提供することを競い合うような状況さえ生まれかねない」との危惧を表明している（32頁）。

2．免許制度改革と教員養成の高度化

「実践的指導力」を強調する教員の資質能力の向上は，教員養成の高度化，免許制度における更新制度の導入，大学院修士レベル修了を標準的資格とする方向性の検討，教職大学院の設置といったかたちで，検討や具体化が進められ

てきた。そして，教員に求められる資質能力や養成・研修のあり方の「指標」を策定し，その「指標」のもとで教育委員会と大学が連携・協働して養成と研修の充実・高度化をめざす方向へと改革は進んでいくことになる。

　そこで，本節では，免許制度改革と教員養成の高度化の具体例として，教員免許更新制度と教職大学院の設置について確認し，次節において教員の養成・採用・研修の一体化改革と「指標化」の動向について述べる。

(1) 資質能力の保持と刷新のための教員免許更新制度

　教員免許更新制度の当初の目的は，2007年教育再生会議第一次報告においても確認できるように，「不適格教員の排除」にあった。同制度は，2000年の教育改革国民会議において提言され，2002年中教審答申「今後の教員免許制度の在り方について」において，「教員の適格性確保のための制度としての可能性」と「教員の専門性を向上させる制度としての可能性」の2つの視点から検討がなされた。そこでは，前者の「教員の適格性確保」の視点からは，「免許状授与の際に人物等教員としての適格性を全体として判断していないことから，更新時に教員としての適格性を判断するという仕組みは制度上とり得ない」との判断がなされた。そして，「更新制の導入以前の課題として分限制度を有効に機能させていくことが不可欠である」との結論が示された。また，後者の「教員の専門性を向上させる」視点からは，「現職教員に更新制の対象を絞ることができず，また，人によって研修内容に差異を設けることにも一定の限界があることから，教員の専門性向上のためという政策目的を達成するには必ずしも有効な方策とは考えられない」との結論が示された。その結果，「現時点における我が国全体の資格制度や公務員制度との比較において，教員にのみ更新時に適格性を判断したり，免許状取得後に新たな知識技能を修得させるための研修を要件として課すという更新制を導入することは，なお慎重にならざるを得ない」との見解で導入が見送られた。そして，それに代わる資質能力向上策として，10年経験者研修が導入された。

　しかし，2004年には再度，教員免許更新制度の導入が具体的な検討事項として中教審に諮問された。その結果，2006年中教審答申「今後の教員養成・

免許制度の在り方について」においては，2002年答申当時に指摘された課題などをふまえ，「どのような制度が現在必要とされており，また制度としても導入が可能であるのかという観点」から検討した結果，「その時々で求められる教員として必要な資質能力が保持されるよう，定期的に必要な刷新（リニューアル）を図るための制度」として，導入することが適当であるとの結論に至り，2009年より実施されることとなった。

以上のような経緯があったこともあり，牛渡（2014）は，「現在の免許更新制度は，検討当初の目的と実施時の目的が変更されたため，いわば，つぎはぎだらけの制度設計の下に実施されており，本当の意味で，教師の専門性を伸ばすものとはなりえていない」（9頁）と指摘している。

また，安藤（2007）は，教員免許更新制度による教員の専門性の意味内容の変質を指摘している。それは，免許状が保証する資格要件の内容や範囲の変化である。従来の免許は，「採用後の経験と研修による職能向上と一対で考えられていたので，ある意味でその内容と範囲は限定的な保証」であり，「教職の専門性を保証する要件として免許とともに個々の教員の経験や研修が尊重されてきた」と位置づけている。しかし，教員免許の更新制度は，「教職に就いた後の能力についても講習によって確認し，免許状更新という形で保証しようとする」ものであり，免許状を有するすべての教員が，義務的に一定の内容水準をもった講習を受講し，その内容を修得しなければならず，初任者研修や10年経験者研修といった「悉皆研修以上に，『規格化』された内容での更新という外的動機づけによる学習機会となっていく可能性を有している」と指摘している（165-166頁）。つまり，教員にとっての研修の位置づけが，主体的・自律的取り組みを尊重したものから，より義務的，規格化されたものへと変質していく可能性があることを指摘している。

(2) 教員養成高度化の中核を担う位置づけとしての教職大学院

教職大学院は，教員養成の高度化の中核を担うものとして位置づけられ，高度専門職業人を養成する専門職大学院として創設された。2002年中教審答申「今後の教員養成・免許制度の在り方について」において，「今後の教員養成の

在り方としては，学部以下の段階で，教科指導や生徒指導など教員としての基礎的・基本的な資質能力を確実に育成することに加え，大学院段階で，現職教員の再教育も含め，特定分野に関する深い学問的知識・能力を有する教員や，教職としての高度の実践力・応用力を備えた教員を幅広く養成していくことが重要である」との考えが示された。その背景として，「我が国の大学院制度が研究者養成と高度専門職業人養成との機能区分を曖昧にしてきたこともあり，また実態面でも，高度専門職業人養成の役割を果たす教育の展開が不十分であったことから，教員養成分野でも，ともすれば個別分野の学問的知識・能力が過度に重視される一方，学校現場での実践力・応用力など教職としての高度の専門性の育成がおろそかになっており，本来期待された機能を十分に果たしていない」問題があることが指摘された。そこから，同答申では，教職大学院制度を創設することによって，学部段階及び修士課程などほかの教職課程に対して，「実践的指導力の育成に特化した教育内容，事例研究や模擬授業など効果的な教育方法，これらの指導を行うのにふさわしい指導体制など，力量ある教員の養成のためのモデルを制度的に提示すること」で，より効果的な教員養成のための取り組みを促すことが期待された。そして，教職大学院は，当面，次の2つの目的・機能を果たすものとして創設された。

① 学部段階で教員としての基礎的・基本的な資質能力を修得した者の中から，さらにより実践的な指導力・展開力を備え，新しい学校づくりの有力な一員となり得る新人教員の養成

② 一定の教職経験を有する現職教員を対象に，地域や学校における指導的役割を果たし得る教員として，不可欠な確かな指導理論と優れた実践力・応用力を備えた「スクールリーダー（中核的中堅教員）」の養成

しかし，油布（2016）は，「教員養成の高度化を考えるとき，このような教職大学院の制度設計には，検討されるべき課題が多い」と指摘しており，次の3点を示している。第一に，「新人教員の養成」と「スクールリーダーの養成」という二重の課題が，どのような意味をもつのかという点。第二に，「開放制の教員養成」原理のもとでの制度設計のなかに，教職大学院がどのように位置

づくのか整理できていない点。第三に，大学院の規模の問題である。また，大学と教育委員会との連携については，「大学と教育委員会という組織が連携することによって，『理論と実践』の架橋がなされるという当初の制度設計の発想はいささか安直に過ぎるかもしれない」と指摘し，その理由として，「『大学と教育委員会との密接な連携』を謳う事業のもとで，大学の独立性を主張しにくくなり，大学があたかも行政の一部のように位置づけられる事態も生じるからである」と述べている（145頁）。

3．「指標」に基づいた養成・採用・研修の一体的改革と教員評価
(1)「指標」に基づいた養成・採用・研修の一体化による質保証

　2015年中教審答申「これからの学校教育を担う教員の資質能力の向上について～学び合い，高め合う教員育成コミュニティの構築に向けて～」では，教員の養成・採用・研修の一体的改革がめざされ，全面的な転換をもたらす可能性のある内容が提言された。

　同答申では，教員の主体的な学びを支えるさまざまな取り組みを進めるための基盤として，教育委員会と大学等が相互に議論し，養成や研修の内容を調整するための制度として，「教員育成協議会」（仮称）を創設することが適当であるとされた。「教員育成協議会」（仮称）は，おおむね都道府県，政令指定都市の教育委員会単位で組織するものとされ，「関係する市町村教育委員会，域内を含め周辺の教員養成大学・学部やその他の教職課程を置く大学，関係する各学校種（幼稚園，小学校，中学校，義務教育学校，中等教育学校，高等学校，特別支援学校及び幼保連携型認定こども園等）の代表，職能団体の代表等が，国公私立を通じて参画でき得るものとする必要がある」とされた。

　そして，教員の高度専門職業人としての地位の確立に寄与することを期待し，「教員のキャリアステージに応じて身に付けることが求められる能力を明確化する教員育成指標が全国的に整備されることが必要」とした。その整備にあたっては，子どもたちや学校，教員，地域などの実情はそれぞれ異なるため，「教員育成協議会」ごとに協議・調整を行い，学校と地域の連携・協働体制を構築

しつつ進めていく必要性を指摘した。

　独立行政法人教職員支援機構による調査では，2017（平成29）年2月1日時点で，教員育成指標のような「指標又はそれに類するもの」が「ある」と回答した県市は30県市（45％）であることが報告されており，「指標」をもとにした教員の資質能力向上の仕組みの確立が進んでいる。

　そのようななか，2017（平成29）年4月には教育公務員特例法が改正され，「指標」の策定と，その策定に関する協議を行う「協議会」の設置に関する規定がなされた。具体的には，「文部科学大臣は，公立の小学校等の校長及び教員の計画的かつ効果的な資質の向上を図るため」，「校長及び教員としての資質」に関する指標の策定に関する指針を定めなければならないことが規定され（第22条の2），任命権者は，その「指針を参酌し，その地域の実情に応じ，当該校長及び教員の職責，経験及び適性に応じて向上を図るべき校長及び教員としての資質に関する指標」を定め（第22条の3），それに基づき，毎年度，体系的かつ効果的に実施するための計画（「教員研修計画」）を定めることとされた（第22条の4）。

　2015年中教審答申では，各大学で教員育成指標をふまえた教員養成が行われることが重要であるとの提言もなされた。国の策定指針をふまえ，大学が教職課程を編成するにあたり参考とする指針（教職課程コアカリキュラム）を関係者が共同で作成することで，教員の養成，研修を通じた教員育成における全国的な水準の確保を行っていくことが必要であると指摘された。

　それを受け，2017（平成29）年6月には，教職課程コアカリキュラムの在り方に関する検討会によって「教職課程コアカリキュラム（案）」がまとめられ，再課程認定が行われることとなった。そこでは，教職課程コアカリキュラムは，「教育職員免許法及び同施行規則に基づき全国すべての大学の教職課程で共通的に修得すべき資質能力を示すものである」と説明された。また，その目的については，「教職課程コアカリキュラムは地域や学校現場のニーズや大学の自主性や独自性が教職課程に反映されることを阻害するものではなく，むしろ，それらを尊重した上で，各大学が責任をもって教員養成に取り組み教師を育成

する仕組みを構築することで教職課程全体の質保証を目指すものである」と述べられている。

2015年中教審答申の提起について，油布（2016）は，「教員養成段階では，国が牽引して『教員育成協議会』を創設すること，そこで『教員育成指標』を策定することが示され，大学が国・行政の傘下にあるという構図が示された」とし，政治主導の教育改革では，「教職の自律性，そして専門職性は限りなく後退している」と指摘している（160頁）。

答申では，「これはあくまでも教員や教育委員会をはじめとする関係組織の支援のための措置であり，決して国の価値観の押しつけ等ではなく，各地域の自主性や自律性を阻害するものとなってはならない」，「具体的な養成や研修の手法等については，養成を担う各大学や研修を担う各教育委員会の自主性，自律性に委ねられるべきである」と強調されている。この点について，牛渡（2016）は，「こうした政策は，わが国においては画期的なことと言え，今後，この原則に沿った育成指標の作成を進めるためには，わが国の教師教育政策の中に，専門職にふさわしい『自律的な質のコントロール』という文化を，実際に教師教育政策の中に持ち込めるかが課題となろう」と指摘している（220頁）。

育成指標の策定においては，「教員のキャリアステージに応じて身に付けることが求められる能力」の明示化という目的のもと，項目の細分化・網羅化による教育活動の拘束・画一化につながる危険性や，本来多様なライフコースがあるはずの教師の成長が単線的な成長モデルを基盤とした単一の成長イメージに固定化される危険性なども常につきまとう。専門職にふさわしい自律的な質のコントロールは，教師研究や教育学諸分野の学術的研究知見に基づいた教職の「専門性」の議論と内容定位の点からもきわめて重要である。

(2) 教員評価を通した資質能力の向上

育成のための「指標」策定というスタンダード化に基づいた教員研修計画が進む一方で，この間，人事制度として，教員の資質能力の向上を目的とした新たな人事評価制度への移行も進められてきた。2000年度より従来の勤務評定に替わる新たな人事考課制度を導入した東京都をはじめとし，目標管理を核と

した「自己申告と管理職との面談」による「能力と業績の評価」から構成される教員評価制度への移行が全国で進んできた。

　2002年中教審答申「今後の教員免許制度の在り方について」において、「教員がその資質能力を向上させながら、それを最大限に発揮するためには、教員一人一人の能力や実績等が適正に評価され、それが配置や処遇、研修等に適切に結び付けられることが必要である」とされた。その後、2006年中教審答申「今後の教員養成・免許制度の在り方について」では、問題のある教員が教壇に立つことのないように、「指導力不足教員に対する人事管理システムの活用による分限制度の厳格な適用等に努めていくこと」、学校教育や教員に対する信頼の確保には、教員評価の取り組みを一層推進すること、そして、評価の結果を「任用や給与上の措置などの処遇に適切に反映すること」が重要だと提言された。そこでは、「教員評価については、単に査定のための評価ではなく、一人一人の能力や業績を適正に評価し、教員に意欲と自信を持たせ、育てていく評価とする必要がある」と、教員評価の目的は「意欲と職能の向上」であることが明記された。つまり、指導力不足・不適格教員の問題への対応としての人事管理システム構築の必要性と同時に、教員全般に対しても、適格性の確保と資質能力の向上に資する新しい人事管理と教員評価システムを適用する必要性が提起されるに至った。

　現行の教員評価は、各自治体共通して、①管理職と教員個々の関係性のなかで、②個別のコミュニケーションを通じて、③組織目標との整合性を強調する方法で目標管理を進めるという特徴をもっている。このような評価の方式においては、自己目標を設定する際に教職員が直接的に影響を受ける外的要素として、管理職からの指導・助言（意向）のみが強く影響する可能性が高い。そのような構造のもとでは、管理的側面が強く機能する形で運用された場合、教員の自主性・自律性を制限する可能性がある。同僚・子ども・保護者・地域住民など、多様な他者との対話のなかで自身の問題関心を自律的に目標へと具体化していくというよりは、管理職とのコミュニケーションのなかで指摘されたり方向づけられたりしたこと（のみ）に留意して目標を設定することになりやす

い構造になっているからである。事実，勝野（2009）においては，自己目標の設定について，「校長の学校経営（運営）方針と整合的なものになるように指導を受けた」教職員が49.7%であるのに対して，「教科や学年の他の教員とよく相談しながら決めた」教職員は17.1%であり，「教師が自分の目標を設定する場面では同僚教師の意見よりも，校長の意見や学校経営方針を参照している」（34頁）ことが報告されている。

また，個々の教員の資質能力が，管理職とのコミュニケーションによるPDCAサイクルの定着によって向上するという職能向上観は一面的なものであり，専門的な学習共同体のなかで成長していくという教師の成長にみられる特質と整合していない。教師の成長に関しては，多様な他者との対話や「省察」の重要性が明らかにされてきた。現在，教員の職能成長の舞台としての学校において，いかに「省察」の機会と専門的な学習共同体としての校内組織・教員集団を構築していくかが重要視されている。そのような現状を考えると，むしろ個業化を促進する可能性の高い，管理職と個々の教員との間の営みに限定されるタイプの目標管理の方式を採用することの妥当性を見いだすほうが困難である。加えて，給与など処遇への反映は，必然的に職能向上のためのアセスメントとしての評価から査定のための評価へとその性質を変える影響をもたらしており，結果の客観性・公正性を確保するために，本来教師の成長にとって重要な教育実践の文脈性や協働性を削ぎ落とさざるをえない（また，それらを重視する評価観を後退させる）事態をもたらす可能性がある。

4．本当に教職に求められる専門性を求めて

以上，教員の免許・養成・研修をめぐる政策動向を，教員に求められる資質能力における「実践的指導力」の強調と「スタンダード化（「指標化」）」の観点から整理してきた。

これまでの教員政策の動向にみられる特徴を整理すると，そこには教員の「専門性」の向上を目的とした改革が具体化されるもとで，「専門性」の内実が変質させられていっている側面と，主体性・自律性の尊重から義務化・規格化の

進行,大学の独立性の後退,教員養成における大学の専門知の価値の相対的劣位への移行など,「専門職性」が切り崩されていっているといえる側面があることが確認できる[1]。

佐藤 (2016) は,「大学における教員養成の自律性を確立することなしには,大学の教員養成は免許状主義の束縛から脱することができないだけでなく,教員養成政策への不満と批判を表明しながら自らの教員養成の自主的な改革は行わず,結果として,文部科学省に依存している現在の大学の依存体質を脱することは不可能だろう」と指摘する (13頁)。油布 (2015) は,「教員養成系大学・学部,教職課程に在職する担当教員の多くがこうした政策決定過程に関心を払っておらず,歯止めがどこにもない」現状があり,「批判は部分的にあるものの,教員養成のグランドデザインについての議論は大学側からは提出されておらず,オルタナティブがない状態は現在も続いている」と指摘する (60頁)。

教員の「専門性の向上」という名の下で進んでいる「実践的指導力」の重視と個人的・単線的成長モデルを基盤とした「指標化」や教員評価。そこで喧伝される「専門性」の内実が,本当に教職に求められる専門性たりえているのか。また,そのような「専門性」の向上を進めるもとで,教職の「専門職性」が切り崩されていってはいないか。その危険性に自覚的であり,教職の自律性,教師教育における自律性の実現に向けた学術的な議論と社会への発信を積み重ねる努力が,学界に求められているといえるだろう。　　　　　　　　(髙谷哲也)

注
1) 教職の「専門性」と「専門職性」については,今津 (2017) が次のように説明している。「『専門職性 professionalism』とは,『教師の職業的「地位」に関わり』,『教職がどれだけ専門職としての地位を獲得しているのかという点を問題にする』。それに対して『専門性 professionality』とは,『教師の「役割」ないし「実践」と「知識・技術」に関わる概念』であり,『教師が生徒に対して行うべき教育行為とはどのようなものであり,そのためにどのような専門的知識・技術をどれだけ用いる必要があるかという点を問題にする』」と説明している (47頁)。

文献・参考資料
安藤知子「免許更新制論議と研修体系の再構築」小島弘道編『時代の転換と学校経営改革

―学校のガバナンスとマネジメント』学文社，2007年，162-172頁
今津孝次郎『新版 変動社会の教師教育』名古屋大学出版会，2017年
牛渡淳「近年の教員養成・研修改革の構想と課題」『日本教育経営学会紀要』第56号，第一法規，2014年，2-12頁
――「教師政策の課題と展望」佐藤学編『学びの専門家としての教師』岩波書店，2016年，197-226頁
勝野正章「教師の協働と同僚性―教員評価の機能に触れて」民主教育研究所編『人間と教育』第63号，旬報社，2009年，28-35頁
金子真理子「教員養成改革の動向と大学の役割―答申における『教員の資質能力』の変化に注目して―」岩田康之・別惣淳二・諏訪英広編『小学校教師に何が必要か』東京学芸大学出版会，2013年，24-35頁
菊地栄治「教師教育改革の批判的検討と教育経営学の行方―＜多元的生成モデル＞の可能性―」『日本教育経営学会紀要』第58号，第一法規，2016年，13-23頁
佐久間亜紀「教師にとっての『実践的指導力』―その重層的世界」東京学芸大学教員養成カリキュラム開発研究センター編『教師教育改革のゆくえ―現状・課題・提言』創風社，2006年，133-150頁
佐藤学「転換期の教師教育改革における危機と解決への展望」『日本教師教育学会年報』第25号，2016年，8-15頁
髙谷哲也「教員評価の基盤をなす力量観・組織観の特徴と課題」『鹿児島大学教育学部研究紀要』教育科学編，第62巻，2011年，251-269頁
油布佐和子「教師教育改革の課題―『実践的指導力』養成の予想される帰結と大学の役割」『教育学研究』第80巻第4号，2013年，78-90頁
――「教員養成政策の現段階―首相官邸，財務省，財界によるグランドデザイン」『日本教師教育学会年報』第24号，2015年，52-60頁
――「教師教育の高度化と専門職化―教職大学院をめぐって」佐藤学編『学びの専門家としての教師』岩波書店，2016年，135-163頁

第12章　　　　生涯学習振興政策の展開

1．生涯学習体系への移行と生涯学習政策の推進

(1) 生涯学習体系への移行と学習社会

　1981年6月の中央教育審議会（以下，中教審）答申「生涯教育について」のなかで，「生涯学習とは，自己の充実・啓発や生活の向上のため，各人が自発的意思に基づいて，必要に応じ，自己に適した手段・方法を自ら選んで生涯を通じて行われる学習である」と定義している[1]。従来わが国においては，学校教育に過度に依存する傾向がみられた。しかし社会・経済状況などの変化は，学校教育へ過度に依存する教育体系から生涯の各期において学習が可能であり，その成果が適切に評価される「生涯学習体系への移行」を要請してきた。生涯学習体系への移行を前面に打ち出したのは，内閣総理大臣の諮問機関として設置された臨時教育審議会（1984年8月設置；以下，臨教審）の一連の答申である。

　生涯にわたる学習を支援する生涯学習体系は，学校教育や社会教育などの多様な教育や学習機能を分担する諸機関の連携・協力によってのみ可能となる。このように生涯学習体系構築の必要性が指摘され，めざすべき目標として学習社会がクローズアップされてきているが，学習社会とは「①生涯にわたって，あらゆる機会に，あらゆる場所において学習することができ，②学習成果が評価されるなど適切に生かすことができるという二つの特色を持つ社会のこと」（佐藤，2013）であるといえよう。近年「生涯学習推進体制」の構築がさかんに取り上げられているが，その目的は学習社会の実現にほかならない[2]。

(2) 生涯学習政策・行政の視点

　今日人々の多様な学習活動に対する期待がますます高まりつつあるなかで，学習者の立場に立ち生涯学習を支える学習条件を整備し，学習機会拡充を保障する政策が望まれている。「教育は未来を意図的につくりだそうとする作業であり，教育政策は，その教育をつくりだすためのビジョンを具体化したものである」（熊谷，1998）とするなら，生涯学習行政はそのビジョン実現のための計画や方針をふまえて人々の生涯にわたる学習の機会を保障し，学習社会の構築をめざして行われるものである。それゆえ，生涯学習政策・行政は人々に生涯にわたる諸能力開発の機会を提供し，生活の質の向上をめざして策定・実施さ

れなければならない。もちろんそのためには，教育政策だけの独力ではなく，社会労働政策をはじめとする教育以外の政策の協力が必要であることはいうまでもない。このことは，今後の生涯学習を考えるうえで留意すべきことである。

　この点をふまえ，生涯学習行政においては学習者の支援・援助という観点から社会のあらゆる教育・学習機会と機能を有機的に関連づけ，総合的に整備・充実していくことが重要な課題となる。生涯学習振興の体制整備をめざした初めての法律である「生涯学習の振興のための施策の推進体制等の整備に関する法律」(1990：以下，生涯学習振興法)の制定以降，生涯学習の推進がいっそう加速化され生涯学習政策・行政に大きな役割が期待されている。

　今日，生涯学習はその内容をみると明らかであるが，前述したように教育政策のみならず経済・労働・社会政策などまで含んだ広範囲なものになっている。人々の学習要求が多様化・高度化するなかで，このような状況に対処するためには教育委員会のみでは不十分であるという考え方が出てきた。したがって多くの省庁，行政機関などが生涯学習政策に関与することになる。かつて，生涯学習政策や生涯学習の推進に大きな役割をはたしてきた社会教育行政は教育委員会が担ってきたが，今日それらを教育委員会以外の部局が担当する場合が増えている。つまり生涯学習政策・社会教育行政が一般部局において取り組まれているのである。換言すれば，近年生涯学習行政が教育委員会と首長部局を含めたネットワーク行政として展開されるようになってきている。ネットワークを組織することにより「学習資源の不足を複数の組織間で補い合ったり，複数の学習機会を調整することによって学習者の選択の幅を増やしたり，どの組織でも学習ニーズに対応できていないテーマを発見したりといったように，学習提供を効率化することができる」(津田，2011)という側面もあるからである。

(3) 生涯学習政策・社会教育行政の一般部局化

　教育基本法第3条で生涯学習の推進をうたい，生涯学習社会の実現を図ることが提言されている。社会教育法第2条は社会教育を定義し，同法第5条では市町村教育委員会の事務として「3　公民館の設置及び管理」や「4　図書館，博物館，青年の家その他の社会教育施設の設置及び管理」などをあげている。続

いて同法第6条では都道府県教育委員会の事務として「1　公民館及び図書館の設置及び管理に関し，必要な指導及び調査を行うこと」を規定し，同法第9条では「図書館及び博物館は，社会教育のための機関」であるとしている。さらに同法第5章に「公民館」が位置づけられ公民館，図書館，博物館，青年の家などの運営などは教育委員会の権限に属する事項と理解される。

　また，地方教育行政の組織及び運営に関する法律では，第21条に社会教育，スポーツ，文化財などは教育委員会の職務権限であることを明示している。このように，生涯学習の推進に対して大きな役割を果たす社会教育は教育委員会の所掌事務である。しかし前述したように，近年生涯学習・社会教育行政の一般部局化の進行が指摘されている（古市，2012；益川，2010）。たとえば同法23条は「地方公共団体は……条例の定めるところにより，当該地方公共団体の長が，次の各号に掲げる教育に関する事務のいずれか又は全てを管理し，及び執行することとすることができる」として，スポーツに関すること（学校における体育に関することを除く）と文化に関すること（文化財の保護に関することを除く）をあげている。このような規定からも生涯学習・社会教育行政の一般部局化の進行の一部が読み取れよう。一般部局化は生涯学習政策の振興に欠かせないという認識である。

　この実態を明らかにするために「都道府県における生涯学習・社会教育行政担当部課の設置状況」をみてみよう。文部科学省調査によると，2002年では「教育委員会のみに設置」が40都道府県であり「教育委員会と知事部局の両方に設置」が7府県である（2002年6月）[3]。ところが2017年では，この状況が大きく変わってくる。「教育委員会のみに設置」が19県，「教育委員会と知事部局の両方に設置」が28都道府県になっている（2017年5月）[4]。この設置数の変化からも，生涯学習・社会教育行政の一般部局化への流れを指摘することができる。このような生涯学習・社会教育行政の一般部局化の流れは，どのようなことに起因しているのであろうか。その背景を探るため，生涯学習の推進をめざして，1970年代以降の生涯学習政策・行政がどのように展開されてきたかを，概略的ではあるが教育関係の審議会答申などを中心にみていく[5]。

2. 審議会答申等にみる生涯学習政策

(1) 1970～80年代にみる答申と生涯学習

いうまでもなく，教育政策は社会的変化や時代的要請を受け策定される。したがって，教育政策の策定にはさまざまな要因が影響を与えているといえる。たとえば国家政策としての行財政改革は，教育改革に大きな影響を及ぼすことになる。1970年代以降，生涯教育・生涯学習政策は政策課題として注目されてくるのであるが，この生涯教育・生涯学習政策の展開も行財政改革の波の影響を受けていると考えられる[6]。

ところで生涯教育の政策化に大きな影響を与えたものの1つに，1971年4月の社会教育審議会（以下，社教審）答申「急激な社会構造の変化に対処する社会教育の在り方について」がある。同答申は社会構造の急激な変化に対処するため，「まえがき」の留意点のなかで「今後，生涯教育の観点に立って，学校教育を含めた教育の全体計画を立案すること」の必要性を述べ，「生涯教育において社会教育が今後果たすべき役割の重要性にかんがみ，社会教育行政の施策の充実展開を図るべきこと」を指摘している。

そして第2部の5の(2)の「(オ) 社会教育行政職員の拡充と関連行政職員との連携」の項目で，社会教育の振興に対して社会教育行政職員の任務の重要性を認めつつ，「生産についての知識・技術の振興に関する農林，通産などの行政，職業訓練・職業安定等に関する労働行政，保健衛生・社会福祉に関する厚生行政，保護・矯正・人権擁護に関する法務行政，経済生活に関する経済行政等が国民の生活とその学習に関与するところはきわめて大きいので，社会教育行政職員は，これらの行政職員との間に密接な連携を図る必要がある」とうたっている。この言葉が意味するところは，人々の日常生活や学習活動が多様な行政施策の関係のうえに成立しているということである。つまり教育行政部局と一般行政部局との連携・協力の必要性である。また第3部の2の「(7) 関連行政との連携強化」のなかでも「近時，労働行政，厚生行政など各種の行政において，教育的機能あるいは配慮を伴う分野がとみに増大しつつある」ので「社会教育と関連行政との密接な連携を図ること」の重要性を指摘している。すで

にこの時期において，教育行政と一般行政との緊密な連携・協力に関し言及がなされているのである。

　この社教審の答申以降，生涯学習や社会教育行政に関し教育委員会部局と首長部局の連携強化を提言した中教審の答申などがみられるようになる。1971年6月の中教審答申「今後における学校教育の総合的な拡充整備のための基本的施策について」は，第1編第1章の2「教育体系の総合的な再検討と学校教育の役割」のなかで，人間は一生を通じて「学校のような教育機関以外に，家庭・職場・地域社会における生活体験を通じて，また，マスコミや政治的・宗教的・文化的な諸活動の影響のもとに，いろいろなことを学習しつつある」と述べ社会の諸機関がかかわる生涯教育の立場から学校教育の改革について提案している。

　さらに1981年6月の中教審答申「生涯教育について」は第2章の(2)の「イ　生涯教育関係機関の連携・協力の促進」で，「特に地域社会において教育行政を担当する教育委員会は，生涯教育推進のための調整機能を十分に発揮するなど積極的な役割を果たすことが期待される」と述べ，生涯教育推進に対する関係機関との連絡・調整の役割を教育行政に求めている。

(2) 生涯学習体系化と臨教審

　内閣総理大臣直属の諮問機関として1984年8月に設置された臨教審は，教育改革に関し4次にわたる答申を出している。1985年6月に出された第1次答申の第1部第4節の6「生涯学習体系への移行」では，生涯学習社会への移行を実現するためには文部行政のみでは不可能であり，生涯学習（教育）政策は文部行政の枠を超えた多様な行政分野とのかかわりを要請している。

　1986年4月の第2次答申は，「生涯学習体系への移行を主軸とする教育体系の総合的再編成」をねらったものである。第2部第1章第2節「生涯学習のための家庭・学校・社会の連携」のなかで，「生涯学習，とりわけ社会教育関係に関しては，関係行政機関が」各種の施策を実施しているが，「これらの事業の内容は，類似しているものが多いにもかかわらず，行政目的が異なっているという理由により関係行政機関がそれぞれ異なった判断や方法により事業を行っ

ている」と施策の重複を指摘している。さらに「市町村や都道府県など事業の実施者にとって合理的・効果的な選択が可能となるよう総合的な観点から関係省庁間の連携が十分図られる必要がある」として，教育委員会部局と首長部局の連携・協力の必要性が論じられている。

　第3次答申は1987年4月に出された。第1章「生涯学習体系への移行」第2節「生涯学習の基盤整備」の「(2) 教育・研究・文化・スポーツ施設のインテリジェント化」では，「オ. 社会の公共財として施設の有効活用を推進するため，施設の管理・運営の在り方を見直」し，「(エ) 複数の施設を一元的に管理することなどを考える」ことが提案されている。

　1987年8月の第4次答申の第4章「文教行政，入学時期に関する提言」の第1節「文教行政」の「4 教育委員会の活性化」のなかで，「(2) これからの教育委員会の行政は，生涯学習体系への移行に積極的に対応し，……地域における教育行政として，知事部局等とも連携しつつ，公共部門とそれらの一体的・総合的な展開を図る必要がある」として，関係省庁・機関の連携・協力の必要性を強調している。

　これらの答申を受け，文部大臣を本部長とする文部省教育改革実施本部が設置され，10月には教育改革推進大綱が閣議決定された。そのなかの「教育改革に関する当面の具体的方策について」では，「6 教育行財政の改革」の項目の中で「(4) 教育改革の推進に当たっては，教育，学術，文化，スポーツの各分野が総合的，有機的に関連していることにかんがみ，これらの施設の一体的推進を図る必要がある」[7]として臨教審答申の進展を後押ししている。

(3) 1990年代以降の中央教育審議会・生涯学習審議会答申と生涯学習

　1990年1月に中教審は「生涯学習の基盤整備について」を答申した。答申の「第2 生涯学習の推進体制について」のなかで，「今日，国・都道府県・市町村の行政機関等では，それぞれの行政目的に従って，教育・スポーツ・文化，健康，職業能力開発等の学習機会を提供したり，学習の場を整備するなどの施策を行っている」が「生涯学習を総合的に推進していくためには，それぞれの施策を充実するとともに，相互の連携・協力を図ることが重要である」として

いる。

　この答申を受けて，1990年6月に生涯学習振興法が制定された。そして，この法律制定により生涯学習審議会（以下，生涯審）が設置された（1990年8月）。

　1992年7月生涯審は「今後の社会の動向に対応した生涯学習の振興方策について」を答申した（1992年7月）。その答申の第4部の「(5) 本審議会は国民各層に，生涯学習社会の建設に向けて，生涯学習の意義と大切さを訴え，理解と協力を求めるものである」において，「行政へ」として「この提言の実現のためには，文部省はじめ各省庁，教育委員会，知事・市町村部局等行政各機関それぞれの，生涯学習に対する深い理解と相互の連携・協力が重要である」と指摘し，行政間の連携・協力を提唱している。さらに1996年4月の同審議会答申「地域における生涯学習機会の充実方策について」では，「3．地域住民のニーズにこたえる社会教育・文化・スポーツ施設」において「地域住民の学習ニーズの高まりに応じて，首長部局及び関連施設での学習機会提供も盛んに行われるようになっている」ので，このような「学習に関係する行政部局・施設の協力・支援を得ることが必要であり，その観点からも，教育委員会と他の行政部局間の連携・調整を図る必要がある」と述べている。

　生涯審答申「社会の変化に対応した今後の社会教育行政の在り方について」（1998年9月）では，「第3章 社会教育行政の今後の展開」の第3節の「4 首長部局との連携」のなかで，「地域の人材育成に責任を負う教育委員会と地域づくりに広範な責務を負う首長部局とが連携して初めて生涯学習，社会教育，スポーツ，文化活動を通じた地域づくりと地域の教育力の再活性化が可能となる」としながら，これらの活動推進がうまくいっていないのは「問題があるとすれば，同種の事業が様々な部局で相互に連携されずに行われていることである」と首長部局との連携・協力不足を指摘している。

　2007年3月の中教審答申「教育基本法の改正を受けて緊急に必要とされる教育制度の改革について」においては，第2部の3の(1)の「③ 教育における地方分権の推進」のなかで「教育委員会の所掌事務のうち，文化（文化財保護を除く。），スポーツ（学校における体育を除く。）に関する事務は地方公共団体

の判断により，首長が担当できるものとすること」と述べ，首長部局の担当を認めている。さらに 2008 年 2 月の中教審答申「新しい時代を切り拓く生涯学習の振興方策について～知の循環型社会の構築を目指して～」においては，第 2 部 2 の「(5) 地方公共団体における体制について—教育委員会と首長との関係等」のなかで，生涯学習振興行政の固有の領域は「生涯学習の理念を実現させるため，社会教育行政や学校教育行政等の個別に実施される教育に関わる施策や，その他首長において実施される生涯学習に資する施策等について，その全体を総合的に調和・統合させるための行政である」としつつ，「地方公共団体の長と教育委員会との関係については，教育委員会の自主性と職務権限の独立性を侵害しない限度において地方公共団体の事務の能率的処理などを促進する補助執行等の仕組みが既に存在しており，弾力的な事務の執行を行うことは可能となっている」と述べ補助執行を認めている[8]。このように生涯学習行政に関しては，教育行政と一般行政との連携・協力を推し進める傾向にある。

3. 生涯学習政策の動向

(1) 多様な生涯学習領域と生涯学習政策・行政

　生涯学習に関する答申などを中心に，生涯学習政策・行政が教育委員会部局のみならず，首長部局でも展開されている動向を概観した。とりわけ 1990 年代以降生涯学習政策・行政は絶え間ない変化を求められてきた。近年，社会の諸条件や環境の変化等をふまえながら，「人々の生活の質の向上」をめざした生涯学習社会を実現するための生涯学習政策が展開されてきている。たとえば人間の「発達と自立の適切な支援」「『公共』の課題に対する学習の支援」「学校・家庭・地域をつなぐ役割」「学習機会の総合的な提供・支援」「学習活動を支援する人材の育成」(田中，2008) などが考えられる。これらの具体的内容やその展開の方法は，社会的要請などをふまえるなかでさらに詳細に検討されなければならない[9]。そこでは，社会に存在する多様な教育資源を活用することによってまちづくりや地域社会の創造，環境問題，国際問題，人権問題，青少年問題，高齢者問題，学校と地域のかかわりをめぐる問題など，現代の諸課題を

理解し解決するための基盤形成や人材育成の役割が期待されているのである。

かつて本学会が編集した著作のなかで「生涯学習の基本は国民の自己主導性にある。……生涯学習の振興は国民サイドの自律的経営の展開にも支えられている」（日本教育経営学会，2000）と指摘されたが，これからの生涯学習政策・行政はこのように学習者の視点に重きをおき，生涯学習を推進していく人々の主体的活動をいかに支援・援助していくかが大きな課題となろう。情報化社会が進展している今日，生涯学習政策はまさに多方面から取り組まれ内容も多岐にわたっているのであり，学習機会の提供には行政機関はいうまでもなく，高等教育機関やNPO，ボランティア団体やさまざまな民間機関などがかかわっていく必要がある。これらの諸機関の連携・協力なくしては，効果的な生涯学習活動が期待できない。生涯学習行政はこれら諸機関が行う学習活動が効果的・効率的に行われるためにコーディネーター的役割を果たすことが期待される。

(2) 学校教育と生涯学習政策

第2期教育振興基本計画（2013-17年度）は，教育行政の基本的方向性の1つとして「絆づくりと活力あるコミュニティの形成」を掲げている。このような考え方は「学校・家庭・地域社会の連携・協働」をベースにした，学校のコミュニティ・スクール化による学校教育の活性化と地域社会の絆づくりなどに連結しているといえよう。[10] コミュニティ・スクールは，学校と地域社会の協働による「学び」の創造である。それは地域社会の資源を活用しての生涯学習の基礎を築くための学校教育の充実・改善の取り組みであると同時に，学校が地域社会の学習ニーズに対応しつつ地域社会が学校とのかかわりを通して，地域社会自体を再構築し，地方創生につながる側面を有しているといえる。

2015年12月の中教審答申「新しい時代の教育や地方創生の実現に向けた学校と地域の連携・協働の在り方と今後の推進方策について」では，第3章「地域の教育力の向上と地域における学校との協働の在り方について」の第5節「国，都道府県，市町村による推進方策」の「2 都道府県・市町村の役割と推進方策」のなかで，子どもたちの成長を支える「地域学校協働活動を推進していくためには，都道府県，市町村における社会教育部局と学校教育部局の連

携・協働の強化が不可欠であり，両者の連携・協働による取組が必要となるとともに，総合教育会議の活用等を通じた地域振興，社会福祉，医療，防災等を担当する首長部局とのパートナーシップを構築していくことも重要である」と述べ，学校運営においても首長部局との連携・協働をうたっている。地域の人々と目標やビジョンを共有し，「社会に開かれた教育課程」を通して「地域とともにある学校づくり」が強調されている。つまり「学校と地域を含めた総合まちづくり政策と教育戦略が不可欠」(玉井，2016)という認識に立ち，生涯学習政策が展開されてきている。このように生涯学習政策は，従来のように教育・学習＝文部科学省・教育委員会の担当という論理が通じなくなってきている。[11]

(3) 総合行政としての生涯学習行政

　たしかに，生涯学習政策・行政においては「総合調整機能」がより多く求められる。したがって，従来の教育政策・行政観と異なり労働，福祉，保健，農林水産といった教育行政以外の分野も範囲に含める必要がある。たとえば中央省庁の生涯学習事業をみても家庭教育，青少年教育，成人教育，高齢者教育などのいずれの分野も各省庁の行政目的に関連する多様な活動の展開をみることができる。換言すれば，それぞれの省庁が観点を異にしながら，個別的に生涯学習政策に取り組んでいるのである。

　さまざまな機関が実施する学習プログラムの多さは，学習活動の活発化を想起させる。しかし対象や内容において類似したものが多く，学習者にとっては活発さの現実的意味合いが無意味なものになってしまう可能性がある。そこで国や市町村レベルにおいても，各部局の実施する生涯学習事業の連携・統合が望まれるのである。また行政ならびに財政の効率化という観点からも，総合行政の展望は欠かせないといえよう。今後生涯学習政策の振興は，これまで以上に総合行政の観点から論究される必要があるように思われる。今後の生涯学習政策の展開は総合行政を念頭におき相互の役割と責任をふまえ，国民のさまざまな「活動の振興を基本に据え，そのうえで重点的に取り組む施策を選択する，『総合』と『選択』の両方の観点を備えた展開が必要」(稲葉，2016)であろう。その際，一般行政から独立的立場にある教育行政の政治的中立性の問題も含

め,「総合行政の社会統制機能が行き過ぎる危険性についても」(赤尾, 2012) 十分に注意が払われねばならない。同時に「経済的な貧困が教育機会の不平等を再生産する」ことがないよう「誰もが貧富に関係なく教育を受けられる公教育を充実させる必要がある」という視点も重要である。[12]　　　　　(山崎清男)

注
1) 生涯学習を支援・援助したり,振興を図り基盤を整備するといった作用が生涯教育であると受け止められている。
2) 日本学習社会学会創立10周年記念出版編集委員会が編集した『学習社会への展望』(明石書店, 2016年)において,「学習社会」に関し多方面から論述されている。
3) 中央教育審議会生涯学習分科会 (27回) －配布資料6。http://www.mext.go.jp/b_menu/shingi/chukyo/chukyo2/siryou/03120801/006/005.htm (2017年3月20日確認)。
4) 文部科学省 http://www.mext.go.jp/component/a_menu/education/detail1/_icsFilcs/afieldfile/2017/03/15/1377352_2.pdf (2017年12月18日確認)。指定都市も同様の傾向を示している。2017年において20指定都市中,市長部局のみに設置は1市,ほかの19市は教育委員会と市長部局の両方に設置されていた。なお2017年3月には,文部科学省に電話で調査を行った。
5) 1970年代以降の生涯学習政策に関しては,国祐が問題点を含め批判的観点から簡潔に整理している(国祐道広「生涯学習政策の展開」佐々木正治編著『21世紀の生涯学習』福村出版 2000年,175-193頁)。なお国祐および古市 (2012) から多くの示唆を得た。
6) 古市によると,今日の教育改革に影響を与えた要因の1つは「行政改革」や「地方分権」であるが,それらの要因を形成する背景は「臨時行政調査会」の答申等から始まる一連の行財政改革の存在である(古市, 2012)。
7) 文部省『我が国の文教施策(平成3年度)』大蔵省印刷局, 1991年, 209頁。
なお「1 生涯学習体制の整備」に関しては7項目あげられている。
8) スポーツ・文化・社会教育等を首長部局に移管できるという法的根拠として,地方自治法第180条7の「補助執行」規定があげられる。
9) 日本教育経営学会編『生涯学習社会における教育経営』(2000年) は,教育経営という視点から生涯学習の領域や内容,政策,方法などを幅広く論じている。今後の政策展開を考えるうえでは多くの示唆をえることができる。
10) コミュニティ・スクールに関する代表的な研究として,以下の著作がある。佐藤晴雄『コミュニティ・スクールの成果と展望』ミネルヴァ書房, 2017年。大林正史『学校運営協議会の導入による学校教育の改善過程に関する研究』2015年,大学教育出版。
11) 地方公共団体においても,教育委員会と首長部局の連携・協働の必要性をうたった多くの政策提言がなされている。たとえば大分県社会教育委員会議建議「『協育』ネットワークの充実を図るための社会教育行政の推進」(2015年1月)。山崎清男・曽根崎靖・

石井圭一郎「教育効果を高める『協育』ネットワークの構築―地域教育経営と『協育』ネットワーク」『大分大学高等教育開発センター紀要』第 8 号，2016 年。
12) 玉井，2016 年，135 頁。経済的問題のみならず，さまざまな格差是正の観点から生涯学習政策・行政を考えていくことが今後きわめて重要になると思われる。

文献・参考資料

赤尾勝己『新しい生涯学習概論』ミネルヴァ書房，2012 年
稲葉隆「教育改革と社会教育行政の位置」鈴木眞理・稲葉隆・藤原文雄編著『社会教育の公共性論』学文社，2016 年，21-42 頁
岡東壽隆他「まえがき」日本教育経営学会編『生涯学習社会における教育経営』(シリーズ教育の経営 4) 玉川大学出版，2000 年，3-4 頁
熊谷一乗「21 世紀教育政策への視座」熊谷一乗・国祐道広・嶺井正也編『転換期の教育政策』八月書館，1998 年，9-38 頁
佐藤晴雄「生涯学習と学習社会」佐藤晴雄・望月厚志・柴田彩千子著『生涯学習と学習社会の創造』学文社，2013 年，8-15 頁
田中雅文「生涯学習とは何か」田中雅文・坂口緑・柴田彩千子・宮地孝宜『生涯学習―学びがつむぐ新しい社会』学文社，2008 年，1-14 頁
玉井康之「日本における地域・家庭・学校をつなぐ社会教育行政の展開」日本教育行政学会編『教育行政学研究と教育行政改革の軌跡と展望』2016 年，131-138 頁
津田英二「社会教育の役割」鈴木眞理・永井健夫・梨本雄太郎編著『新版 生涯学習の基礎』学文社，2011 年，35-46 頁
古市勝也「生涯学習振興における一般行政と教育行政―役割の明確化と連携・協働体制の確立」日本生涯教育学会編『日本生涯教育学会年報』33 号，2012 年，91-106 頁
益川浩一「地方自治体における地方自治法『委任』規定による社会教育・生涯学習行政の首長部局移管に関する一考察」日本学習社会学会編『学習社会と地域主権』(学習社会学研究第 1 号) 学事出版，2010 年，167-178 頁

第3部
諸外国における教育改革と教育経営の動向

第13章　　州知事主導による教育改革―アメリカ―

　州知事および市長などの首長主導による教育改革というテーマは，アメリカ合衆国（以下，米国）に限らず，日本においても論争的なテーマである。その理由は，端的には教育の責任の所在はどこにあるのかに尽きるといえよう。

　周知のとおり，日本では第二次世界大戦終結直後の教育改革において，米国に倣い教育委員会制度を導入し，教育委員会の首長からの相対的独立を近年まで維持してきた。2011（平成23）年の大津市のいじめ事件，そして2012（平成24）年の大阪府と大阪市における「大阪府（市）教育行政基本条例」などの制定に端を発した教育委員会改革は，2014（平成26）年6月の地方教育行政の組織及び運営に関する法律（以下，地教行法）の改正に至り，同法は2015（平成27）年度から施行されている。改正後は，教育行政の責任の明確化という観点から，教育長については，首長が議会の同意を得て，直接任命・罷免を行うことになった。また，総合教育会議の設置，大綱の策定が規定されたが，その主語はともに首長である。もちろん，「政治的中立性，継続性・安定性を確保するため，教育委員会を引き続き執行機関とし，職務権限は従来どおりとする」とはされているが，[1] 教育委員会制度が堅守してきた教育委員会の首長からの相対的独立の維持が困難というのは，多くの教育行政学者が指摘するところである。

　日本教育経営学会においても，『紀要』第57号（2015年）において「特集：教育経営の独立性」が組まれ，堀内は特集論文のなかで地教行法改正後の地方教育行政への首長の関与などについて「（前略）教育委員会を残しながら，地方教育行政に対する首長の関与，権限を増大させる『新教育委員会』の発足に至ったが，それは教育委員長の廃止とそれを兼ねる『新教育長』の設置，首長の関与，権限の明確化，強化を特徴とするものとなった」と指摘する。[2]

　また，近接の学会動向を概観すれば，たとえば，2011年の関西教育行政学会シンポジウム「戦後教育行政の基本原則の再検討―『専門的指導性』と『民衆統制』の今日的位相」，2012年の日本教育行政学会シンポジウムⅠ「首長主導教育改革と教育委員会制度―大阪府・大阪市の動向と全国的含意」，シンポジウムⅡ「首長主導教育改革と教育委員会制度―首長の教育行政に対する影響力の検討」が企画されてきた。とくに本章のテーマ（「州知事主導の教育改革（米

国）」）とかかわっては，関西教育行政学会の上記シンポジウムにおける湯藤（2012）「アメリカ合衆国における教育委員会の一般行政からの相対的独立に関する研究─オレゴン州教育委員会制度改革（2011）を事例として」において，オレゴン州知事キッズハーバー（Kitzhaber, J.）主導による州教育委員会制度改革を概観し，以下の私見を示した。

「『政治にあまり性急な問題解決を期待しないこと』や『独裁を生み出すものが民主主義だと国民が気づくかどうかにかかっている』という意見に基づけば，民主性と専門的指導性の予定調和を前提としない丁寧な議論を重ねていくことでしか『教育行政の一般行政からの相対的独立』を担保できないと考える。[3]」

また，日本教育行政学会シンポジウムⅡ「首長主導教育改革と教育委員会制度─首長の教育行政に対する影響力の検討」においては，小松が「アメリカの首長による教育行政のtakeover」というタイトルで，米国の市長によるtakeoverの効果（シカゴの場合）について言及し，以下の結論を示している。

「市長に責任が一元化されることでアカウンタビリティシステムの透明性を確保できたとしても，その実効性はあくまで市長の教育への持続的な高い関心に委ねられているし，政治の変動に教育が翻弄されるリスクはつきまとっている。さらに，政治が優先されることで専門性の確保が弱体化する懸念も表明されている。[4]」

既述したように日本においては大阪府・市，およびナショナルレベルにおいて，また地方分権の伝統を強く残す米国においては複数の州や大規模都市において，教育委員会制度改革が展開中である。近年における日本教育経営学会および近接学会の知見から，首長の地方教育行政への関与や権限の強化が制度化された日本の現行教育委員会制度においては，首長の教育への持続的な高い関心を条件としつつ，首長と教育委員会（教育長を含む）との丁寧な議論の必要性が指摘できる。

以上の内容をふまえて，本章ではまず，米国における教育行政の歴史的な展開を概観し，次に米国の州レベルの教育改革として，ミネソタ州とオレゴン州

を取り上げて，両州における州知事主導による教育改革の展開を概観することから示唆を得ることを目的とする。

ミネソタ州を取り上げたのは，同州はチャータースクール（Charter Schools；以下，CS）を含めた学校選択制度を他州に先駆け制度化したが，その教育改革をけん引したのは，ミネソタ州知事だったことを理由とする。また，オレゴン州を取り上げた理由は，2011年以降に展開された州知事主導による同州の教育改革が，後述するように教育委員会制度改革を伴った教育改革だったことによる。

1．アメリカ合衆国における教育行政の歴史的展開
(1) アメリカ合衆国における教育委員会制度の多様性

米国憲法修正10条，すなわち「本憲法によって合衆国に委任されず，また州に対して禁止されなかった権限は，それぞれの州又は人民に留保される」という規定に基づき，歴史的に米国の教育は州の専権事項とされてきた。したがって，教育行政の実態は州ごとに多様である。ゆえに教育行政に限らず，教育全般に関して米国を一般化して説明することはきわめて困難であり，これまでなされてきた多くの先行研究が州や地域を限定して論じてきたのも，米国における地方分権的な教育行政および教育の多様性について可能なかぎり正確に言及しようとした結果である。

ところで米国の教育委員会制度は，教育の民衆統制と専門家の専門的指導性とを調和させることを制度理念として発足したが[5]，既述した米国憲法修正10条に則り，各州の教育委員会制度も一様ではない。類型化するとすれば，州教育委員会に関して大別すると以下の4つに大別できる[6]。

① 知事が教育委員会を任命，教育委員会が州教育長を任命する（13州）。
② 有権者が州知事・教育委員を選出，教育委員会が州教育長を任命する（7州）。
③ 有権者が州知事・教育長を選出，州知事が教育委員を任命する（11州）。
④ 有権者が州知事を選出，州知事が教育委員と州教育長を任命する（9州）。

加えて，上記4類型に当てはまらない州も11州（コロンビア特別区を含む）ある。

(2) 1980年代から現在に至る米国全体における教育改革の系譜

既述したように，米国の教育は州の専権事項であるが，実質的には各州における公立学校の管理・運営は，各学区の教育委員会（学区教委）によって行われてきた歴史を有する。この伝統的な仕組みに大きな変化を与えたのは，連邦政府教育長官ベル（Bell, T.H.）の諮問機関である，「優れた教育に関する審議会（National Commission on Excellence in Education）」によって1983年に提出された報告書『危機に立つ国家―教育改革への至上命令（A Nation at Risk：The Imperative for Education Reform）』であった。同報告提出以降は，後述するように，州の行政当局や連邦政府よる公立学校への関与が強まることになった。

その関与の強化を時系列に概観すると，1980年代から2000年ごろまでに大きく3つの流れがあった。[7]同報告書を直接の契機として始まった，米国の経済的な競争力の低下を危機として始まった第一の波である「エクセレンス」運動では，高等学校卒業要件の厳格さの強化や年間通学日数の増加などの改革が各州主導によって敢行された。また，1986年から始まった第二の波では，現場教員に権限を委譲したり，教員の専門性を高めるための政策，あるいは保護者に公立学校を選択する権利を付与する，学校選択制度が州レベルにおいて制度化されることになった。さらに同報告書の影響により，全米知事会（National Governors Association）は，1986年にすべての知事が参加して作成した，教育改革に焦点化した報告書を公表した。[8] 1983年以降，各州知事がリーダーシップを発揮して州の教育改革を牽引する動向がみられるようになった。1990年以降は，端的にいえば，上記の第一，第二の波による改革が不十分だったとして，州による共通のカリキュラム作成が展開された。これが3つ目の流れになる。

続いて上記の流れを継承しながら2000年以降は，連邦政府による公立学校への関与が強化され，2002年の初等中等教育法の改正「一人の子どもも置き去りにしない法（No Child Left Behind：以下，NCLB法）」が法制化された。こ

れまで抑制的であった連邦政府による公立学校への管理は，NCLB法制定により大幅に強まった。2014年終了までにすべての子どもたちの学力を大きく引き上げることを目標として掲げた法改正ではあったが，必ずしも十分な成果をあげることができなかった。その後，NCLB法の修正法である「全児童・生徒学業達成法（Every Student Succeeds Act：ESSA）」が2015年12月に成立し，現在に至っている。

2．ミネソタ州知事主導による教育改革

(1) ミネソタ州知事主導による1980年代における教育改革

上記したように，教育行政のあり方が，とくに1983年の『危機に立つ国家』を契機として大きく変化した。つまり，1980年代中期以降は，それまでと比較して，教育政策に関して州知事による影響力が高まった。以下では，教育の分野において先導的な州として知られているミネソタ州を取り上げて[9]，1980年代中期以降における州知事主導による教育改革の一端を概観する。

ミネソタ州知事パーピッチ（Perpich, R.）を事例として取り上げたのは，『危機に立つ国家』直後の全米的な傾向として，ほとんどの州では履修コースの増加や高校卒業要件の強化などのいわゆる規制強化の教育改革を知事主導で行おうとしていたのに対して，パーピッチは異なる教育改革を主導したことを理由とする[10]。彼の改革デザインの構成要素は，学習者の学習成果，州内統一テスト，芸術教育に特化したマグネットスクール，教職員の職能開発のための予算確保，教育予算の増額，そして学校選択制度であった。とくにミネソタ州においても最も論争的であったのが学校選択制度であった。パーピッチが政策課題として学校選択制度を掲げた際に，同州内の4つの教育団体，すなわちミネソタ州教育委員会協会（the Minnesota School Board Association），ミネソタ州学校管理者協会（the Minnesota Association of School Administrators），全米教育協会ミネソタ州支部（the Minnesota Education Association），アメリカ教員連盟ミネソタ州支部（the Minnesota Federation of Teachers）が，学校選択制度に反対した。日本でもこれまでみられてきた，いわゆる右派と左派の政治的な対立図式

がミネソタ州でも同様にみられたが，民主党系知事のパーピッチが両党の支持を取りつけ，さらに経済界と保護者などの支持を獲得することに成功した。より詳細にいえば，パーピッチと同州教育長官ランドル（Randall, R.）は，民主党系上院議員ネルソン（Nelson, T.）や共和党系下院議員レヴィ（Levi, C.）の支持を取りつけ，政治的に優位な状況を獲得した。さらに，the Minnesota Business Partners, Citizens League などの団体，またミネソタ初等中等学校長協会（the Minnesota Secondary School Principals and Elementary School Principals Association）などの教育団体からの支持を得ることにも成功した。さらに，多くの保護者や生徒の支持を得た。上記のような支持を獲得できた理由はさまざまあるが，大きな理由の１つは，多くの支持を得るために，パーピッチは同州内を丁寧に訪問し，多くの時間を割いたことをあげることができる。[11] もう１つの理由としては，学校選択制度の提案を行った時期も指摘することができる。従来，公立学校を管理運営してきた学区教委や教員組合などの教育団体にとっては，『危機に立つ国家』が示す米国の子どもたちの学力低下のデータに対して，これまでの自分たちの教育成果を主張することは困難であり，州知事による提案である学校選択制度を世論が支持したことは容易に想像できる。[12]

結果としてパーピッチによる学校選択の提案については，1985 年にまずは中等後教育選択法案[13]（Post-Secondary Enrollment Option）が州議会を通過，成立した。また，1988 年には学校選択制度案[14]（Open Enrollment）も州議会を通過し，成立した。両法案とも他州に先駆け，ミネソタ州が学校選択に関する法制度を整備し，他州のモデル的な州となったのは，提案した時期の適切さも含めて上記したようなパーピッチによる政治的手腕によるところが大きい。さらにもう１つの重要な要素は，ミネソタ州教育長官ランドルが州知事の提案を支持し，政治的リーダーとしての首長と専門的指導性をもつ教育長官との協働が機能していたのである。

(2) 1990 年代以降における学校選択制度のその後

パーピッチ主導により Post-Secondary Enrollment Option（1985 年）と Open Enrollment（1988 年）をミネソタ州が他州に先駆けて制度化させたことが，ミ

ネソタ州におけるさらなる学校選択制度改革を誘発した。それが次の州知事カールソン（Carlson, A.）の署名により成立したCS法であった。同州州議会でのCS法制定が実現したのは，民主党上院議員レイチゴット（Reichgott, E.J.）と民主党下院議員ケルソー（Kelso, B.）などの影響が大きかった。穏健な共和党派であったカールソンは1991～98年まで州知事を務め，8年間一貫してCSを支持したことは，その後の複数回に及ぶCS法の改正にも影響を与えている。[15]

ところでCSとは，「学区もしくはその他の非営利組織の認可を受けて学区から相対的に独立し，学校経営における自律性を保持すると同時に，各州によるCS法に基づき，教育諸目標を達成することを義務づけられ，アカウンタビリティ（Accountability）を問われる認可契約更新型公立学校」と定義される。[16]
CSは，Open Enrollmentやマグネットスクールと比較しても，より多くの権限が公立学校現場に移譲される制度である。ただし，CS法は州法であることから，州の事情に大きく左右される。たとえば，2016年2月時点において米国全体では43州およびワシントン特別区においてCSの法制化がなされている一方で，CS法が立法化されていない州も依然として7州存在する。CSの普及に関しては6800校以上のCSにおいておよそ300万人の児童生徒が在籍している。[17]

実質的には，米国では学区教委による公立学校管理が一般的ではあるが，一方で州法による教育改革は，現場に大きな影響を与えることも事実である。さらには，上記のミネソタ州知事パーピッチらによる学校選択制度に関する一連の制度改革は，ミネソタ州に限らず，他州にも大きな影響を与えることになった。とくにCS法による教育改革は，学区教委の管理運営を超えての州全体の教育改革を実現しており，学区教委による公立学校管理にも大きな影響を与えている。学区教委による公立学校の伝統的な管理運営の行き詰まりを解消する改革手法の1つとして，CS法による教育改革は米国内の注目を集めている[18]が，その源流は，パーピッチによる学校選択制度に関する教育改革によるところが大きいことは既述したとおりである。その意味で，州知事による教育改革は，その後の州内外の影響を考えても，きわめて大きいことは改めて強調して

おきたい。

3. オレゴン州知事主導による教育改革
(1) オレゴン州における州知事主導による教育委員会制度改革

　1995～2003年の8年間オレゴン州知事を務めたキッズハーバー（Kizhaber, J.）は，2011年に再度州知事となり，早々に教育改革に着手した。

　まずキッズハーバーは州知事就任の翌月の2011年2月に行政命令を出し，自らを議長として，また議長が任命する13名で構成される計14名のOregon Education Investment Team（OEIT）を創設した[19]。OEITに与えられている役割は，州知事に対して教育政策に関する助言を行うことであった。OEITは「州知事への報告：生まれてから20歳までの子どもたちを対象とした革新的な教授と学習を支援する，結果に基づく総合的な教育システムへの進歩（Report to the Governor: Progress Toward a Unified, Outcome-based 0-20 Education System That Supports Innovative Teaching and Learning）」という報告書を同年中に示した。同報告書では，同州では2000年ごろは第8学年の成績が米国において上位だったにもかかわらず，2009年には中位に低下したことなどをあげて，同州の子どもたちの学力低下の実情について言及した。また同報告書では，後述するオレゴン州の教育ビジョン40/40/20が示された[20]。

　キッズハーバーが行った大きな教育改革の1つは，教育委員会制度改革である。オレゴン州では，知事・教育長ともに州民による選挙により選出される制度であったが，それを法案552（2011）によって，州知事が教育長を指名できるように変更した[21]。この改革により，2003，2007，2011年の州教育長選挙によって選出されていたカスティリオ（Castillio, S.）は2012年6月に職を解かれ，キッズハーバーによって指名された新たな州教育長としてサクストン（Saxton, R.）が着任した[22]。オレゴン州の教育委員会制度改革において，州教育長を州知事の指名により選出することになった。これは第1節(1)に示した教育委員会の4つの類型でみれば，③の有権者が州知事・教育長を選出から④の有権者が知事を選出，知事が教育長を任命（オレゴン州の場合は，指名は知事で，任命は州議会）

に変更したことを意味する。このことにより，州知事の意向が州教育長を通してより直接的に教育政策に反映されることになった。オレゴン州では1870年代初頭以降，州民が選挙で州教育長を選出する制度を導入していた。140年以上続いていた教育委員会制度を就任後2年足らずで上記の改革を実現させたことは，州知事による教育改革の実効性の高さを指摘できる。

(2) 州知事主導による高等教育機関の無償化政策

　キッズハーバーによる教育改革の大きな功績の1つは，オレゴン・コミュニティ・カレッジの授業料無償化である。2011年にキッズハーバーの意向により提案された法律909 (2011) によって The Oregon Education Investment Board（以下，OEIB）が法的手続きに基づいて創設された。OEIBの目的は，オレゴン州内の公立学校のすべての子どもたちが州によって設定される教育水準を達成することである。そして法律253 (2011) において，設定される教育水準が示された。それが教育ビジョン40/40/20である。その内容とは，2025年までに40％のオレゴン州民が学士号もしくはそれ以上の学歴を取得，40％が短大などの準学士号を取得，そして20％が高等学校卒業の資格を取得することである。当時の州民の学位等の取得状況は，学士以上取得が30％，準学士取得が18％，高等学校卒業が42％，高等学校卒業以下が10％であったことから，この目標が低くないことがわかる。

　2014年時点のオレゴン・コミュニティ・カレッジの授業料は，年間およそ4000ドルであった。この授業料が上記の教育ビジョン40/40/20を達成するためのハードルであったことから，2014年2月に法案1524はオレゴン州議会を通過し，同年3月11日にキッズハーバーの署名によって，法案1524は立法化されるに至った[23]。2016年度入学生からが対象ということで，コミュニティ・カレッジの無償化制度の教育効果については，早計に評価すべきではないが，州知事就任直後にOEITを組織し教育ビジョン40/40/20を提示し，2014年3月に法制化させたことは，州知事の功績の1つである。

　教育委員会制度発祥の地である米国において，米国憲法修正10条に則り，州毎で，あるいは州内においても制度上の多様性に富むとはいえ，多くの州に

おいては教育と政治との距離を保つという共通点を有する教育委員会制度は堅持されてきた。一方で，1983年の『危機に立つ国家』以降の州知事主導による各州の教育改革については，今回取り上げた2つの州の知事による教育改革において言及したように，州知事が教育に強い関心をもち，一定の明確な方向性を示しつつ，強いリーダーシップを発揮して，ミネソタ州知事パーピッチの場合は学校選択制度，オレゴン州知事キッズハーバーの場合は，教育委員会制度改革と高等教育機関の無償化を知事任期中に実現させた。

本章では州知事主導による教育改革の光の部分を中心に言及したが，この2つの事例をもって，州知事主導による教育改革がすぐれていて，これまでの教育委員会を中心とした教育改革が時代遅れと判断することも早計であると考える。なぜならば，教育改革にとって重要な1つの要素は，安定性・継続性があげられるが，州知事主導による教育改革の最大の脆さは，4年ごとの選挙によって，教育の安定性・継続性が必ずしも確保できない点にある。

今回の事例は，安定性・継続性よりも変革を求めた州知事，また州知事を選挙によって選んだ州民の民意によって，実現した教育改革の一端を示したが，上記の2つの州知事主導による教育改革からわれわれが学びとることのできる示唆は，端的には以下の3つである。

1つ目は，教育改革の実現性の高さと速さである。教育は保守的な性格を有するといわれてきた。一般的には教育は急激な変化を好まない。米国の伝統的な地方分権に基づく教育のあり方は，変化よりも安定を，あるいは変化するにしても時間をかけて変化を積み重ねてきた。しかし，従来の教育委員会主導による教育改革と比較して，州知事主導による教育改革は，州知事の教育への高い関心があることを条件として，政治的リーダーシップが機能した場合は，比較的迅速に教育改革が実現される可能性が高いことが指摘できる。

2つ目は，知事などの首長選挙（あるいは議員選挙も含めて）は，教育改革という観点からも非常に重要であることをわれわれ有権者一人ひとりが理解することが必要である。

3つ目に，首長主導による教育改革か，教育委員会主導による教育改革かと

いう対立軸ではなく，まずは自分たちがおかれた状況をできるかぎり正確に把握し，教育改革を実現していく際に，どのアプローチがより適当なのかについて当事者意識をもって，自分がかかわれる場所で議論を継続していくことが求められているのである。　　　　　　　　　　　　　　　　　（湯藤定宗）

注
1) http://www.mext.go.jp/component/b_menu/other/__icsFiles/afieldfile/2014/06/30/1349283_01.pdf (2017年4月7日確認)。
2) 堀内孜「教育委員会制度改変と学校経営の自律性」日本教育経営学会編『日本教育経営学会紀要』第57号，第一法規，2015年，3頁。
3) 湯藤定宗「アメリカ合衆国における教育委員会の一般行政からの相対的独立に関する研究-オレゴン州教育委員会制度改革(2011)を事例として」関西教育行政学会編『教育行財政研究』第39号，2012年，39頁。
4) 小松茂久「アメリカの首長による教育行政のtakeover」日本教育行政学会編『日本教育行政学会年報』第39号，2013年，197頁。
5) 黒崎勲『教育行政学』岩波書店，1999年，59頁。
6) 湯藤，前掲，36頁。
7) Chapman, J.D. & Boyd, W.L., Lander, R., Reynolds, D., *The Reconstruction of Education*, (Eds.), Continuum Intl Pub Group, 1996, p.9.
8) 今村令子『教育は「国家」を救えるか』東信堂，1987年，169頁。
9) Montano, J., Choice comes to Minnesota, Nathan, J. (ed.), *Public Schools By Choice*, The Institute for Learning and Teaching, 1989, pp.165-180.
10) http://www.edweek.org/ew/articles/1988/10/19/08430044.h08.html (20017年4月8日確認)。
11) Montano, J., *op. cit.*, p.167.
12) 『危機に立つ国家』の詳細については，たとえば，橋爪貞雄『2000年のアメリカ―教育戦略』(黎明書房，1992年)を参照にされたい。
13) Post-Secondary Enrollment Optionとは，第11，第12学年(日本でいうところの高等学校2，3年生)が大学等の高等教育機関において，単位を修得し，大学等進学後に修得単位として認められる制度である。
14) Open Enrollmentとは，公立学校選択制度のことをさし，同州内の公立学校であれば，学区を越えて，学校を選択できる制度のことである。
15) ミネソタ州のCS法改正の詳細は，湯藤定宗「米国チャータースクールによる公教育体制再構築に資する基礎的研究―ミネソタ州のCS法を中心に」(『チャータースクールによる公教育体制再構築に資するオーソライザー・モデル開発の研究(科研基盤研究(C)最終報告書』玉川大学，2016年，1-7頁)を参照されたい。

16）湯藤定宗「チャータースクール」アメリカ教育学会編『現代アメリカ教育ハンドブック』東信堂，2010 年，160 頁。
17）https://www.edreform.com/issues/choice-charter-schools/facts/（2017 年 4 月 10 日確認）。
18）湯藤定宗「米国チャータースクールによる教育行政改革と学校改善」日本教育経営学会国際交流委員会編『学校改善の支援に関する国際比較研究』2015 年，101-109 頁。
19）http://www.oregon.gov/Gov/OEIT/docs/oeit-eo-1102.pdf（2011 年 12 月 2 日確認）。
20）湯藤定宗「米国教育委員会制度における一般行政からの相対的独立に関する研究—オレゴン州教育委員会制度改革（2011）を事例として」第 27 回関西教育行政学会シンポジウム発表資料，2011 年。
21）http://gov.oregonlive.com/bill/2011/SB552（2017 年 4 月 8 日確認）。
22）http://www.oregonlive.com/politics/index.ssf/2012/06/oregons_schools_superintendent.html（2017 年 4 月 10 日確認）。
23）http://gov.oregonlive.com/bill/2014/SB1524/（2017 年 4 月 8 日確認）。

第14章　学校主導による教育改革と教育経営──イギリス──

1. 自律的学校経営から自己改善型学校システムへの政策転換

(1) 自律的学校経営から自己改善型学校システムへ

　1988年教育改革法（Education Reform Act 1988）によって導入された自律的学校経営（Local Management of Schools：LMS）[1]により，イギリスの公立学校で[2]は，地方当局（Local Authority：LA）[3]から各学校へ人事，予算などを含めた学校経営にかかわる権限が移譲されるとともに，地方当局の権限縮小が進められ，学校経営をとりまく環境は大きな変化を遂げた。

　さらに，2010年に保守党と自由民主党の連立政権は，教育白書『教育の重視（The importance of teaching）』（2010年）において，教師の専門性を重視した教員の資質能力が教育システムにおいて最も重要であるとして，教員の資質能力向上を重視した改革が提言された。[4]同白書では，中央政府が主導権をもつことは，学校が自己改善する能力を減退させるとして，学校がより効果的な自己改善型になるように支援することが必要であること，そして最もすぐれた学校やスクールリーダーが学校システム全体に対して改善を先導する責任を担えるような幅広いシステムの設計が必要であること，教員やスクールリーダーに権限を与え，学校にさらなる自律性を与えることで学校システムの改善能力が高まることなどが改革の方向性として提示された。このような方向性に基づいて，自律的な学校改善を促進される新たなシステムとして，複数の学校によって運営されるアカデミー（Academy）やティーチングスクール（Teaching Schools），それらを支えるスクールリーダー育成プログラムとしてのNLEs（National Leaders of Educations）やLLEs（Local Leaders of Educations）などの施策が提示された。

　そこで本章では，自律的な学校改善の新たなシステムの代表的な取り組みとしてアカデミーとティーチングスクールを事例として取り上げる。そして，これらの新しいシステムがどのような組織原理によって実現されたのかについて自己改善型学校システム（self-improving school system）に着目して分析する。そのうえで，これらの新たな学校システムがイギリスの教育経営にどのような変容をもたらしたのかについて考察する。

(2) 自己改善型学校システム

アカデミーやティーチングスクールとして具体化されている学校が自律的に学校改善に取り組むための新しい学校システムの組織原理として，デービット・ハーグリーブス（David Hargreaves）によって提示された概念が自己改善型学校システムである[5]。彼は，学校改善にはすぐれたリーダーシップが必要であり，その実現は中央集権的な取り組みではできないと指摘したうえで，イギリスの現状を鑑みたときに，スクール・リーダシップが改善され，かつ学校間連携が促進されてきており，新たな方向性を模索すべき時期がきているとしてこの概念を提示した。

自己改善型学校システムとは，各学校に学校経営に関する自由裁量権を与えた上で，教育活動の運営に責任をもたせることを意図したものである。これは，学校に権限を与えて学校の自己改善を促すという点では，1988年教育改革法において提示された自律的学校経営に類似する側面がある。しかし，自律的学校経営とのちがいは，単体の学校での学校改善やその取り組みの総和ではなく，学校群全体として自己改善への責任をもつ学校がシステムの構成要素となることである[6]。このような仕組みにより，単体の学校と地方当局の間に新たに仲介する存在（組織）が創造され，それが中央政府と学校の間の中間層（middle tier）となる教育経営の仕組みが構築されることとなる[7]。

彼は，自己改善型学校システムの構成要素として，①学校群の利点を生かすこと，②解決策として地域密着型の手法を用いること，③学校間の協働的な関係を構築すること，④システムリーダーシップという考え方が普及されることの4点を整理している[8]。

2. 自己改善型学校システムによる教育経営

(1) 公営学校のアカデミー化

イギリスにおいて，公費で営まれている学校を公費維持学校（state funded school）という。公費維持学校には，公立学校（community school）と公営学校（public funded school）[9]がある。2010年以降は，そこに新たに公営独立学校

（public funded independent school）というカテゴリーが設定され，このなかにアカデミーが位置づけられた。[10]

アカデミーとは，地方当局から離脱し，中央政府から直接予算配分を受け，通常の公立および公営学校よりも，教育課程および教員雇用などに関する自由裁量権を有する学校である。公立学校とアカデミーのちがいについて整理すると表14.1となる。なお，アカデミーはチャリティー（charity）および企業のステータスを有している。

アカデミーという学校形態自体は，労働党政権下の2002年に，教育水準向上を図る手段として，社会経済的に不利な地域の中等学校に限定して導入されたものである。その当時は，民間や慈善団体などがスポンサーとして学校建設資金（200万ポンド）を提供し，学校改革が行われ，学校改善や学力向上を実現することがめざされていた。そして多くの学校が成果を上げていた。

連立政権は，その成果に着目し，同政権がめざしていた学校の自由裁量権を与え自律的に学校経営を行うことにより学校改善が促進させるという方針とも

表14.1 公立学校とアカデミーのちがい

	公立学校	アカデミー（Academy）
設置者	地方当局	学校設立委員会（トラスト） ＊既存学校の地位変更
維持管理	地方当局から学校規模等により配分 授業料無償 土地管理は地方当局 管理運営は学校理事会	当該地域の公立学校と同等の補助金を国から直接配分 授業料無償 土地管理はトラスト 管理運営はトラスト
雇用者	地方当局（任命者）	学校（トラスト）
勤務条件・給与	政府の定める「教員給与及び勤務条件に関する文書」に従う 正規教員資格の取得が義務 校長は正規校長資格の取得が義務	政府の定める「教員給与及び勤務条件に関する文書」に従う義務無し 正規教員資格の取得が義務なし（しかし多くの学校が正規教員資格の教員を採用） Academyへの地位変更に際しては現行の勤務条件を維持すること（TUPEの規定により）
教育課程	全国共通教育課程に準拠	全国共通教育課程の準拠義務はなし
入学方針	国が定める「入学実践要綱」を遵守 原則，非選抜 透明性の高い入学手続き 地方当局の調整に従う	国が定める「入学実践要綱」を遵守 原則，非選抜 公立学校と同様の当該地域の入学手続きに従う
停学退学措置	懲戒措置としての停学，退学は国の定める手続きに従う	公立学校と同様の手続き
学校監査	教育水準監査院の監査を受け，結果は公表 結果などは学校別に情報を公開	公立学校と同様に教育水準監査院の監査を受け，結果は公表する 試験成績などは学校別に情報公開される
地方当局との関係	管理・規制を受ける	地方当局のコントロールなし

出所：著者作成

合致することから，アカデミーという学校経営の形態を拡大することとした。

2010年に「アカデミー法（Academy Act 2010）」を制定し，地域や学校種の制限を撤廃した。そして，「2011年教育法（Education Act 2011）」により，義務教育終了後の継続教育機関や適応指導教室などでも設置が可能にするなどの規制緩和を行った。その結果，アカデミーの数が拡大している。2017年1月現在，公費維持学校の約29％を占めている（初等学校：約22％，中等学校：約68％）[11]。2015年に発足した保守党政権は当初，すべての公費維持学校をアカデミー化することを政策目標したがその後撤廃されたものの，新設校はすべてアカデミーかフリースクールとして開校されていることから，今後もアカデミー化を促進させることが予想される。また，2014年に地域学校コミッショナー（Regional Schools Commissioner：RSC）を全国8地域に一人ずつ配置した。彼らは，地域内のアカデミーの質管理とともに，公費維持学校のアカデミー化を推進する役割をもっており，彼らが地方当局と連携・協働しながら，公費維持学校の改善方策の1つとしてアカデミー化を図ることが期待されている。

2010年以降のアカデミーには2つの種類がある。1つ目は転換型アカデミー（converter academy）である。これは，学校監査の結果が最も高い評価（outstanding）を受けた学校のみが選択できる学校形態で，スポンサーが関与することが義務でない学校である。2つ目はスポンサー型アカデミー（sponsored academy）である。これは従来のようにスポンサーを配置することが義務づけられている学校である。学校監査の結果が，悪い学校（required improvement, inadequate）が指定されるもので，学校改善を促進させる手段として活用されている。なおスポンサーとは，教育省よりスポンサーとしての認可を受けた企業や慈善団体，大学，地方当局，学校などである。[12]

アカデミーの運営形態には単立型と複数の学校から構成されるものがある。[13]そのなかで最も多く[14]，また当該政権も推進している形態がマルチアカデミートラスト（Multi-Academy Trust：MAT）である。

マルチアカデミートラストとは，複数の学校から構成させる学校群で，理事会（Board of Directors）が運営を行うものである。理事会の構成員は8～12名

で，構成員の種類は各マルチアカデミートラストの運営方針により異なる。理事会は，教育，財務，人事などに関する責任を有している。各学校に設置されている学校理事会は，理事会の下部委員会という位置づけとなる。たとえば，ミルトンキーンズ市にある Milton Keynes Education Trust（MKET）の組織図は図 14.1 のとおりである。

　マルチアカデミートラストでは，トラストを構成する複数校を 1 つの学校群としてガバナンスする。そのためマルチアカデミートラストにおいては，各学校ではなく，学校のまとまりとしてのマルチアカデミートラスト，つまり理事会に意思決定権が集約されている。そこで，理事会をマネジメントするマルチアカデミートラストの経営責任者としての Chief Education Officer（CEO）の機能が重要である。一般的に，CEO は各学校の経営管理を行うべきかを判断して，その下に所属しているすべての学校がよい経営状況におかれるようにガバナンスを行うことが期待されている。各学校長は，CEO の指示の下で各学校の経営を行っている。イギリスでは，NLEs や LLEs という優秀な学校管理職を地域や全国レベルでのリーダーとして育成するプログラムを実施してきた。そのプログラムにより NLEs や LLEs として認定された校長が CEO として適確な

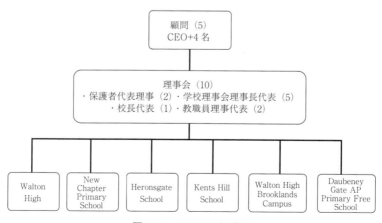

図 14.1　MKET の組織図

出所：MKET ウェブサイトより作成

役割を果たすことが期待されている。

(2) 学校間ネットワークによる学校改革

　地方当局の学校改善支援の機能が縮小される一方で，拡大され，重視されているのが学校間ネットワークによる取り組みである。これは，学校同士が連携しあうこと，つまり優秀な校長を核にして学校同士が連携しあい，各学校の学校改善能力を高めて各学校が自律的に学校改革に取り組んで行くというものである。この仕組みの中心となっている取り組みがティーチングスクールである。

　ティーチングスクールとは，学校監査結果の最も高い（outstanding）学校が，ほかの学校や関係機関などと連合を組み，教員研修や学校改善支援などの活動を提供し，近隣の学校の学校改善を促進させ，教育水準を向上させる取り組みである。ティーチングスクールの目的は，学校が協働的なネットワークを構築することにより，①児童生徒の成績を向上させ，②成果の低い学校を減少させ，③学校監査におけるgoodおよびoutstandingと評価される学校を増加させ，④自己改善機能を有しかつ持続可能な仕組みを構築することである。そのためにティーチングスクールには，"Big 6"といわれる次の6つの機能を有することが求められている。

　① 学校主導の教員養成研修（Initial Teacher Training：ITT）を実施すること
　② 継続的な職能開発を実施すること
　③ ほかの学校を支援すること
　④ リーダーシップの可能性を発見し，開発すること
　⑤ 特定教科や特定領域の指導をすること（SLEs）
　⑥ 研究開発を行うこと

　ティーチングスクールとは，ティーチングスクールとしてNCTLから認証[15]を受けた主導学校（Leading School）と，サービスを提供する機関である戦略的パートナー（Strategic Partner）[16]と，サービス提供を受ける学校（Alliance Member）が連合（Alliance）を構成してつくり上げるものである[17]。

　連合のなかでは，上記の"Big 6"の活動を提供するために，所属する学校間で契約が結ばれる。契約には，主導学校と戦略的パートナーの役割と責任，

"Big 6"の項目の基準を達成するための責任分担，運営規約などが盛り込まれる。

ティーチングスクールには，1年目（6万ポンド）から4年目まで，段階的に予算を減らしながら，国から学校に対して直接予算が配分される。5年目以降，特別な予算は配分されない。

ティーチングスクールでは，学校間同士で教員養成や教員研修，学校改善支援などの活動を行いながら，成果を上げている学校が支援者となり，各学校が自律的に自己改善を行えるようなシステムの構築がめざされている。

3．学校主導による教育改革を支える教育経営の特徴

自己改善型学校経営システムの理念の下で，学校への権限と責任を委譲し，学校主導による教育改革に取り組んできたことにより生じた教育経営における変容は，以下に述べる(1)〜(3)の3点に整理することができる。

(1) 学校経営から地域学校経営という発想

マルチアカデミートラストもティーチングスクールも学校間のネットワークを活用した学校経営システムである。そしてネットワークを構築する基盤を地域においているという特徴がある。保守党が政権について以降，2010年の教育白書などにおいて「地域基盤型課題解決（Local Solution）」として地域内での課題解決が重視されている。ここでいう"地域"とは，地理的な関係での地域および，問題関心や目標が同じ組織が協働しあう関係をもった地域の両方の意味を帯びている。

これらの取り組みにおいては，地域内における複数の学校を1つの学校群として経営していくことが求められる。その意味において，単体の学校の学校経営から，地域に基盤をおいた地域学校経営という発想への転換ということができる。単体の学校から複数の学校の連合組織に権限や責任が集約されることにより，単体の学校だけでは解決しきれない課題などの解決も容易となり，その結果として，各学校の教育水準向上とともに地域全体の教育水準を上げていく可能性も高まる。このように，学校間でネットワークを構築し，協働していく

ための基盤としての学校群という組織体を創造するということは重要な教育改革の手法であると考えられる。

(2) 中間組織の機能転換

マルチアカデミートラストやティーチングスクールは，新たな学校ガバナンスの形態としての学校群という新たな中間組織を生み出した。その結果として，地方当局の役割の見直しが図られた。2010年および2016年の教育白書において地方当局の役割は，「保護者，家庭，若者のための強力で戦略的なチャンピオン（champions）である」[18]や，「（すべての学校がアカデミーになった場合は）地方当局は，戦略的なコミッショナー（strategic commissioners）として活動すべきである」[19]と提言されている。

1970年代以降，自律的学校経営などにより学校の自律性が増していくなかで，地方当局の役割は縮小してきた。1997年の労働党政権の発足以降では，地方当局には「辛口の友人（critical freinds）」として，学校に支援とプレッシャーを与えるパートナーとしての役割が与えられてきていた。そこでは，中央政府と各学校との間に位置する中間組織としての機能を地方当局が果たし，各学校の教育水準向上を支援し，地域全体の教育水準向上の責任を負う役割が求められてきていたといえる。

しかし，マルチアカデミートラストやティーチングスクールなどが拡大し，学校間同士での学校改善支援が行われていくなかで，地方当局は学校への直接的な関与から，学校間をつなぎ，各学校が必要としている支援を得るための戦略を立てる役割や，地域住民や保護者の思いやニーズを把握し学校などに届ける代弁者としての役割に変容しているといえる。

英国議会下院や全国子どもサービス長協会（Association of Directors of Children's Services：ADCS）などが地方当局の役割変容について調査研究を行っている。それらをまとめると，学校と地方当局は新しいパートナーシップ関係を構築し，そこには2つの側面があると指摘されている[20]。その2つの側面とは，第一にスイッチを入れる役割[21]，第二に戦略的なビジョンを掲げる役割[22]である。スイッチを入れるとは，学校がかかえる課題などを解決するための環境整備を

地方当局が行い，学校および学校群が自律的に学校改善に取り組むことができるようにする役割である。戦略的ビジョンとは，地域の状況や保護者などのニーズを把握して長期的なビジョンを掲げて，学校群が活動することを支援することである。

　また，このようなパートナーシップを成立させるうえでの地方当局の機能としては，第一にパートナーシップの主催者，第二に効果的な依頼の形成者，第三に子ども，保護者，地域の代弁者であることが重要だと指摘されている[23]。

　これまでも中間組織としての地方当局の機能は指摘されてきている。しかし，ティーチングスクールなどが，これまで地方当局が担ってきた学校改善における支援の役割を担うことにより，中央－地方当局－学校という関係のなかで，学校改善の支援者としての中間組織であった地方当局の機能が変容してきているといえる。すなわち，直接的に学校にかかわるのではなく，地域や保護者のニーズを把握しながら，全体を俯瞰的に把握して，自治体全体のビジョンを設計したうえで，学校同士のニーズや支援を有効活用できるように，媒介者またはコーディネーターとして学校にかかわっていくという機能へと変容したと捉えることができる。このように地方当局には，新しい媒介的な中間組織としての役割が期待されているのである。

(3) リーダーシップモデルの開発

　マルチアカデミートラストやティーチングスクールのように学校および学校群に自律性を与え自己責任において学校改革に取り組む仕組みを機能させていくためには，すぐれたスクールリーダーの育成が必要不可欠である。その意味においてイギリスではNLEsやLLEsなどのスクールリーダー育成のプログラムにより人材を育成してきたことが，このような仕組みを構築することを可能にしたといえる。

　このように複数の学校を1つの学校群として経営していくためには，1つの学校を経営するのとは異なる資質能力が必要となる。その資質能力の基盤となるリーダーシップモデルとして重視されているものがシステムリーダーシップである。ハーグリーブスも自己改善型学校システムにおいてもシステムリーダー

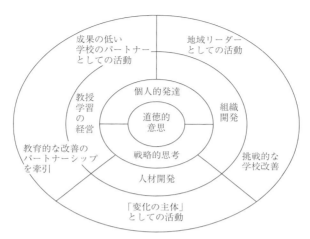

図 14.2　システムリーダーシップの要素
出所：David Hopkins and Rob Higham, System Leadership: mapping the landscape, *School Leadership and Management*, Vol.27 No.2, April 2007, Routledge, p.160 より作成

シップをもったシステムリーダーを重要な1つの要素として位置づけている。彼はシステムリーダーとは，第一に自校だけでなく関連するすべての学校と児童生徒のために努力する者，第二に他校の成功を支援するために貢献する者，第三に教育界全体の利益のために自己の役割を理解している者と定義している[24]。また，デービット・ポプキンズ（David Hopkins）は，システムリーダーシップの要素を図14.2のように整理している。

　このようなリーダーシップをもった人材が地域のリーダーとして活動することにより，地域内のネットワークの構築が促進され，学校間の連携協働のなかで，各学校が学校改善に取り組み，地域全体の教育水準向上が図られるために必要な制度設計がなされていくことが期待できる。学校に権限や責任を委譲していくためには，単体の学校の経営能力を高めるスクールリーダーの育成とともに，地域の核として地域学校経営を担うスクールリーダーの育成も視野に入れたリーダーシップモデルの開発と，人材育成のための仕組みの構築が重要である。

（植田みどり）

注
1) 自律的学校経営については，Brian Fidler, *Effective Local Management of Schools*, Longman, 1989，Gwen Wallace, *Local Management of Schools*, Multilingual Matters LTD, 1992, Rosalind Levacic, *Local Management of Schools –analysis and practice*, Open University Press, 1995 などに制度の概要や導入の背景，導入後のインパクトなどがまとめられている。
2) イギリスでは地域ごとに教育制度などが異なるため，本章ではイングランドに限定して記述する。
3) 1988年教育改革法当時は，地方教育当局（Local Education Authority：LEA）であった。しかし，「2004年教育法（The Education Act 2004）」において，子どもにかかわる業務の一元化を図るための組織的協働も規定されたことを受けて，地方自治体においても，教育行政および学校教育にかかわる機能は子どもサービス行政に一元化が図られ，地方教育当局の名称は地方当局（Local Authority）と改称された。本章では2010年以降の教育改革を中心に扱うため，便宜上，「地方当局」で統一する。
4) DfE, *The Importance of Teaching*, 2010.
5) ハーグリーブスらが中心となってNational College for School Leadership（NCSL，当時。現在はNational College for Teaching and Learning に改組。イギリスにおいて管理職および教職員の資質能力向上に関する研修や理論およびシステム開発を行う国立の機関）において取りまとめた下記の報告書において概念が整理されている。D.H.Hargreaves, *Creating a Self-Improving School System*, NCSL, 2010. ／ D.H.Hargreaves, *Leading a Self-Improving School System*, NCSL, 2011. ／ D.H.Hargreaves, *A Self-Improving School System in International Context*, NCSL, 2012. ／ D.H.Hargreaves, *A Self-Improving School System : Toward Maturity*, NCSL, 2012.
6) D.H.Hargreaves, *Creating a Self-Improving School System*, NCSL, 2010, p.5.
7) 同上。
8) 同上。
9) 公営学校とは，有志団体立管理学校（Voluntary Controlled School），有志団体立補助学校（Voluntary Aided School）と地方補助学校（Foundation School）がある。設立母体の関与や度合いや行政機関との関係性の強弱によって学校が有する権限と責任が異なる。
10) 公営独立学校には，アカデミーのほかにフリースクール（Free School）がある。フリースクールは，アカデミーと同等の自由裁量権を有するが，既存の学校から転換されるアカデミーとは異なり，新設される学校である。保護者，教育関係者，宗教関係者などが教育大臣に申請し，認可された場合に開校される学校である。
11) DfE, *Schools, pupils and their characteristics : January 2017*, June 2017.
12) 2014年7月現在，最も多いスポンサーは転換型アカデミー（約54％）である。一方，労働党政権時代に中心であった慈善団体は約14％，民間企業は約5％となっている（DfE, Academy Annual Report Academi year : 2014 to 2015, Novemnber 2016.）。
13) 複数の学校から構成されるものには，傘型トラスト（Umbrella Trust），マルチアカデ

ミートラスト（Multi-Academy Trust：MAT），協働パートナーシップ型（Collaborative Partnership）などがある。
14) アカデミー数72％を占めている（DfE, *Schools, pupils and their characteristics: January 2017*, June 2017）。
15) 学校経営が良好であること，すぐれたミドルリーダーがいること，校長自身がすぐれた経営能力があること，すぐれた学校理事会機能があることなど６項目にわたる認定基準が設定されている。
16) 学校（Teaching School の認証を受ける基準には満たないが特定の分野にすぐれている学校），大学，アカデミー，地方当局，教区，民間企業などである。
17) 連合の形としては，次の３つがある。①単独連合（single alliance）：１つの Teaching School が１つの連合を運営する場合，②業務分担連合（job-share alliance）：２つの小規模あるいは特別支援学校が協同で１つの連合を運営する場合，③複数連合（multiple alliance）：２つ以上の Teaching School が１つの連合を運営する場合。
18) DfE, *The Importance of Teaching*, 2010.
19) DfE, *Educational Excellence Everywhere*, 2106.
20) Richard Hatcher, Local authorities and the school system：The new authority-wide partnership, *Educational Management Administration & Leadership*, Vol.42（3），2014, pp.355-371.
21) House of Commons Education Committee, *School Partnerships and Cooperation. Fourth Report of Session 2013-14. Volume 1：Report, together with formal minutes, oral and written evidence*, 2013.
Crossely-Holland J., *The Future Role of the Local Authority in Education*, ADCS 2012.
22) Aston H, Easton C, Sims D. *et al, What Works in Enabling School Improvement? The Role of the Middle Tier*, NFER, 2013.
23) Parish N., Baxter A. & Sandales L., *Action research into the evolving role of the local authority in education, The final report for the Ministerial Advisory Group*, DfE, 2012.
24) D.H.Hargreaves, *Creating a Self-Improving School System*, NCSL, 2010, p.11.

文献・参考資料
末松裕基「イギリスにおける『自己改善型学校システム（self-improving school system）の展開と課題』」『教育学研究年報』第34号，東京学芸大学，2015年，33-48頁
Dame Pat Collabone and Professor John West-Burnham, *Understanding Systems Leadership：Securing Excellence and Equity in Education*, network continuum, 2008
David Hopkins and Rob Higham, System Leadership：mapping the landscape, *School Leadership and Management*, Vol.27 No.2, April 2007, pp.147-166

第15章　集権化と学校の自律性による教育改革と教育経営—ドイツ—

　今日のドイツにおける教育改革の端緒は，2001年に起こった「PISAショック」である。PISA2000年調査におけるドイツの成績は，数学が31国中20位（ドイツ平均490点，日本1位557点），科学（理科）が31国中20位，読解力が31国中21位という結果であった（国立教育政策研究所，2002）。ドイツは1995年のTIMSS調査結果を受けて，1990年代後半からデータに基づいた教育改革を進める必要性を認識し，その準備を進めていた。

　本章は，まずドイツ全体における教育改革の動向を概観したうえで（第1節），2005年と2010年に政権交替の起こったノルトライン・ヴェストファーレン州を事例として，教育改革を進めるにあたり，どのような論争点があったのかを明らかにする（第2節）。そのうえで，教育改革によって教育経営がどのように変容していったのかを分析する（第3節）。こうした作業を通じて，日本の教育改革との共通点および相違点を明らかにしていく。

1. ドイツにおける教育改革の概要

(1) 教育改革の背景

　第二次世界大戦以降のドイツにおいて，教育改革の必要性が重要視された時代は，2つある。第一の教育改革の時代は，1960年代後半から1970年代前半にSPD（ドイツ社会民主党）が連邦政府に加わっていた時代であり，第二の教育改革の時代は，1990年代以降の「新制御（neue Steuerung）」の時代である。

　1990年代以降，ドイツの教育改革は新制御の時代に入る。日本におけるドイツの新制御に関する主な研究として，南部（2010a，2010b，2012），坂野（2016，2017）などがあげられる。南部（2010a）は新制御の考え方がイギリスやオランダなどの影響を受けたと指摘しているが，これに加えて，オーストリアやスイスといったドイツ語圏からの理論的影響を受けている。また，2001年のPISAショック前に，すでにNPM（New Public Management）理論が紹介されていたのである。

　実際に1990年代後半からの教育改革を推し進めることとなった主な要因はいくつか指摘できる。第一に1990年に旧東ドイツを編入するかたちで東西ド

イツの統一が行われたことである。単線型学校体系をもつ旧東ドイツと，3分岐型学校制度の旧西ドイツ諸州との間で，学校制度の共通の枠組みが議論された。第二に，経済の変化である。東西ドイツの統一により，旧東ドイツへの社会資本投資が行われ，ドイツの財政状況は厳しいものとなった。このため，ドイツ版NPMである新制御理論が普及しやすい状況にあった。第三に少子化である。学齢期の児童生徒の減少は，学校規模の縮小を生み，厳しい財政事情下における学校統廃合圧力となる。とりわけ，分岐型学校制度は，中等教育段階の学校費用の負担を増大させる。このため，中等教育段階の多課程化，総合化による学校の集約が検討されることとなった。

(2) 教育改革の状況

　ドイツは16州からなる連邦国家であり，教育に関する事項は州の所管である。このため，BLK（連邦・州・教育計画及び研究促進のための委員会）が教育政策を議論する場として，一定の役割を担った[1]。また，ドイツ全体での教育政策における共通枠組み（最低基準）は，KMK（常設各州文部大臣会議）における議論と協定によって把握することができる。

　2001年のPISAショックに対して，KMKは「7つの行動プログラム[2]」を2001年12月に公表した。また，教育フォーラム（Forum Bildung, 事務局はBLK）は2002年に最終の会議を行い，4冊の最終報告書を公表した[3]。KMKと教育フォーラムの教育改革への提案は，多くの共通点を指摘できる。第一に就学前教育の拡充である。すでに1992年には3歳以上の子どもをもつ保護者には，保育施設における保育請求権が社会法典第8典（通称：児童青少年支援法）に規定されていた。その後2008年の改正によって，満1歳以上の子どもの保護者に保育施設または個人保育における保育請求権が規定され，2013年8月から実施されている[4]。就学前教育が格段に普及していったのである。

　第二に，社会的弱者，とりわけ移民の背景をもつ子どもへの手厚い支援である。これは基礎学校入学前に学校で必要とされるドイツ語の習得状況を判定し，習得が不十分な子どもにドイツ語コースを提供するという政策で実現された。KMKと連邦教育研究省が資金援助を行い，『教育報告書（Bildung in Deutschland）』

が2006年以降2年に一度公表されている。その最新版である2016年の教育報告書によれば，16州のうち，15州が就学前の子どもを対象に，ドイツ語の診断（テスト，観察など）を行い，14州がドイツ語支援を提供している（Autorengruppe Bildungsberichterstattung, 2016, 252頁）。

　第三に，教員の資質能力の向上である。このうち，教員養成改革は，ボローニャ・プロセスにおけるヨーロッパ全体における高等教育の学修課程をバチェラー（BA）およびマスター（MA）を標準化する動向と関連しつつ，ドイツでは大学における教員養成の長期化と養成段階からの実習の重視という方向性となって現れている（坂野，2017，第5章参照）。また，これまでドイツでは比較的手薄であった教員研修の充実が進められている（榊原・辻野，2014）。

　こうしたKMKおよび教育フォーラムの提案は，各州の教育政策へと反映されるのだが，州の教育政策となると，学校教育がその中心的課題となる。以下，ノルトライン・ヴェストファーレン州を例に，教育改革の実際を追ってみよう。

2. 教育改革の実際—ノルトライン・ヴェストファーレン州を事例として—

(1) ノルトライン・ヴェストファーレン州における教育改革

　PISAショック当時，ノルトライン・ヴェストファーレン州（以下，NW州）はSPD（ドイツ社会民主党，労働組合を支持母体とする政党）と緑の党の連立政権であった。NW州では，すでに2001年11月27日に法改正によって，学校の自律性を強化する実験を開始するとともに，2003年には学校プログラムと学校自己評価の導入を進めていった。2003年7月8日には第1・2学年を混合とする学校導入段階（Schuleingangsphase）の導入，学校教育活動の質的改善および質保証を学校および学校監督当局に義務づけること，教員研修の義務化といった改革を行った[5]。また，学校外部評価について，2001年秋にはオランダとの共同プロジェクトを開始し，2003年12月には最終報告書を作成し，導入の準備を進めていった[6]。こうした動きからすると，のちに述べるように，新制御による教育改革は，PISAショック前からSPD首班の政権で進められていたことが確認できる。その特色は，学校の自律性強化，学校プログラム（教育目標）

の導入と学校評価、といった「インプット－プロセス－アウトプット」というかたちでの教育改革が進められていたことがわかる。

2005年6月、州議会選挙の結果、リュトガスを首班とするCDU（キリスト教民主同盟、保守党）とFDP（自由民主党、中道、自由主義政党）の連立政権が誕生する。同政権は、学校法を2006年に改正し、2006-07年度以降新たな教育改革を実施することとなった。その後、2010年の州議会選挙の結果、SPDと緑の党によるクラフト連立政権が発足した。この時点では、SPDおよび緑の党の連立政権は、少数与党であったが、2012年の州議会選挙で過半数を獲得する。SPDと緑の党連立政権の成立によって、学校法は修正を加えられていく。

(2) 政権交替による教育改革の断絶性と継続性

CDU政権と、SPD政権との教育政策に対する立場の相違を確認していこう[7]。第一に、学校選択の決定者である。2005年のSPD政権における学校法制定時には、保護者であったが、2006年のCDU政権の改正によって、最終的には試験授業により学校側が決定することになった（第11条）。2010年12月21日の学校法改正によって、基礎学校から中等教育段階へ進学する際の学校選択は再び保護者に委ねられた。これはCDUが中等教育段階の学校入学の適格性を重視したのに対して、SPDは保護者の意向を優先することを支持しているといえる。

第二に、学校会議の構成である。2005年の学校法制定時の中等教育段階Ⅰの学校会議の委員の割合は、「教員代表：保護者代表：生徒代表」が「1：1：1」であったが、2006年の改正で「3：2：1」となった。2010年12月21日の学校法改正によって、再度「1：1：1」へと変更した。CDUは教員代表をすべての学校段階で半数となるように改正したが、SPDは保護者および生徒の学校参加を重視しているといえる。

第三に、8月に始まる年度への基礎学校入学年齢である（第35条）。2005年の学校法成立時（SPD政権）は、6月30日までに満6歳となる者と規定した。2006年の改正（CDU政権）は、12月31日までに満6歳となる者とした。2011年4月5日の学校法改正（SPD政権）は、9月30日までに満6歳となる者とした。

これは，CDU が早期入学を支持しているのに対して，SPD は家庭環境に左右されにくいように子どもの成熟を重視する立場にあるといえる。

第四に，2011 年 10 月 25 日の学校法改正によって，中等学校 (Sekundarschule) が規定された (学校法第 17 条 a)。これは 2011 年 7 月 19 日の CDU，SPD および緑の党の 3 党による「学校合意 (Schulkonsens)」を受けての改正である。学校合意のポイントは，①児童生徒の多様性が授業原理となること，②中等教育段階の学校は児童生徒の多様性に公平なものであること，③児童生徒数の減少と保護者の選択行動の変化は，学校文化の変化を余儀なくしていること，④ NW 州の学校は，基礎学校，ギムナジウム，実科学校，ハウプトシューレ，中等学校 (Sekundarschule)，総合制学校，職業コレーク，継続教育コレーク，特別支援学校で構成されるべきことなどが合意されている[8]。ここで留意すべきは，児童生徒数の減少によって，中等教育段階の学校を柔軟なものとすることは不可避と考えられていることである。

第五に，学校規模と統廃合についてである。2005 年の SPD 政権時には，基礎学校の最低基準が 1 学年 1 学級とされていた。これが 2006 年の CDU 政権によって 1 学年 2 学級としたが，SPD 政権は 2011 年および 2012 年の改正で，分校形式を導入した。CDU は学校の適正規模を大きめに設定して統廃合を推進し，学校経費の効率化を重視したのに対して，SPD 政権は基礎学校を地域において存続させることを重視したといえる。

第六に，学校選択と通学区域についてである。2005 年の SPD 政権時には公立の基礎学校および職業学校には通学区域 (Schulbezirk) が設定されていた (第 84 条)。2006 年の CDU 政権の学校法改正によって，2008 年度からは基礎学校の通学区域は廃止され，学校選択が可能となった。ただし，特別支援学校や職業学校に対しては県が通学区域を設定することが可能とされた。これが 2010 年 12 月 21 日の SPD 政権による改正によって，すべての公立学校は，学校設置者の定める規定により，通学区域 (Schuleinzugsbereich) を設定することができるとされた。このため，NW 州では基礎学校に通学区域を設定している自治体と設定していない自治体とがある。

第七に，2012年11月13日の学校法改正によって，基礎学校第3・4学年においても学年を解体して授業を行うことが可能となった（学校法第11条）。このほかに宗派別学校に関する規定の改正等があるが，ここではふれないこととする。

　一方，CDU政権とSPD政権において共通する教育政策として継続的に進められたのが，新制御による教育政策である。事前規制型から事後チェック型への転換である。具体的には，学校の自律性強化と学校プログラム（教育目標）の設定，学校自己評価および学校外部評価といった一連の改革である。こうした新制御の理論と教育改革の関係について，以下考察していく。

3.「新制御」による教育改革と教育経営
(1) ドイツ版NPMとしての「新制御」

　ドイツ版NPMとされる新制御（neue Steuerung）の考え方は，1990年代から自治体関係者のなかにて普及していった（南部，2010a）が，アルトリヒター／マーク・メルキは，この新制御（彼らは単に「制御」という言葉を使用している）の考え方は，1960年代には行政レベルでは「計画（Planung）」として使用された概念とほぼ同様であることを指摘している（Altrichter und Maag-Merki, 2010b, 16頁）。これが2001年のPISAショックによって，教育政策の分析のみならず，教育政策関係者にも共有される考え方となっていく。この制御モデルの考え方は，以下の4つの特色をもっている。①複合的関心による多くの制御関係者，②独自の論理と動きによる関係者とシステム，③自律化と交わり（直接の制御ではなく，具体的な伝達過程による間接的影響），④部分的に相互意識的な結果による意識形成（同上，17-19頁）。この特色は第2版でも継続されている（Altrichter und Maag-Merki, 2016, 3-6頁）。

　制御の考え方は，1960年代の計画経済から発展してきたものであるのに対し，「ガバナンス（Governance, 統治）」は，1980年代以降に主に政治社会学で用いられるようになった考え方である。このガバナンスと制御の特色は，かなりの部分で共通している。ここで教育システムとの関係で着目すべきは，多数な関

係者による意思形成である。従来は教育政策における多くの関係者による意思形成は，国（州）レベルが中心として位置づけられてきた。いわゆるインプット段階を国が重視し，それに従って学校や教師が活動を行うという，トップダウン（上意下達）が基本的なスタイルであった。しかし1990年代以降，国（州）のマクロレベルのみならず，メゾレベル（学校）やミクロレベル（授業における教師と児童生徒）が教育政策においても重要視されるようになってきた。教育システムを分析する場合，近年ではマクロレベル，メゾレベル，ミクロレベルの3つのレベルに区分して分析することが多い（同上，10頁）。

(2) 教育改革と教育経営

　学校教育の権限は，大きくは州と学校設置者に区分できる。学校監督当局である州と学校設置者との事務区分は，いわゆる「内外区分論」として整理される。州の権限に属する内的事項とは，授業と教育活動，学習指導要領と方法，試験と成績証明書などである。外的事項とは，学校施設の設置と維持，教材の調達と用意などである（Avenaius, 2010, 7頁）。学校設置者は，公立学校では多くが市町村および郡である。

　州は学校監督の権限として3つの権限を有している。第一は教育内容にかかわる専門監督，第二は原則として州職員である公立学校教員等の勤務監督，そして第三は学校設置者への法的監督である。また，公立学校教員（事務職員等は含まれない）の人的費用は，一般に州が負担する。郡や特別市レベルでは，州の学校監督職員（日本の指導主事に相当）と郡や特別市の職員が共同で学務課を構成することもあるが（Avenarius, 同上，190頁），郡や特別市は教育の内的事項についての権限をもたない。

　では，マクロレベルである州レベルにおける権限について，教育ではどのような変化がみられるのか。州の学校監督の変化について，第一に教育内容を規定する学習指導要領の大綱化，第二に学校の質保証の検証，第三に学校への権限委譲に整理してみよう。

　第一の教育内容に関する事項は，ドイツ全体ではKMKが2001年のPISAショック後に公表した7つの行動プログラムで示したように，2003年以降に

KMKが教育スタンダードを作成した。各州は，この教育スタンダードに適合するように学習指導要領を改訂していった。たとえば，2015年から実施に移されているバイエルン州の学習指導要領（Lehrplan PULS）は，規定する各教科の内容量は，38週の授業のなかで26-28週に相当する量にとどめ，残りは学校で教員が実態に合わせて設定することが記載されている[9]。また，多くの州では，学習指導要領を最低基準として設定しており，発展的な学習は，学校の裁量に委ねられている[10]。また，学習指導要領には，獲得がめざされるコンピテンシーが記載されるようになっている。これはKMKの教育スタンダードがコンピテンシーを規定しているためであり，学校教育の成果として，学習内容の知識量から，コンピテンシーへと移行していることがわかる。

　第二の学校の質保証については従来の州の権限としては十分に実施されてこなかった領域といえよう。州間学力比較調査（VERA）やPISA，TIMSS，PIRLSといった国際比較学力調査は，ドイツの教育成果を測定するための手段として位置づけられた。また，ドイツでは中等教育段階の修了証が異なるが，より上位の修了証をどの程度の生徒が取得しているのかが評価指標となっている（Autorengruppe Bildungsberichterstattung, 2016, 96頁）。各学校における多様な修了試験から統一修了試験への移行は，こうした観点からすると必要な措置であると考えられる。こうした出口における成果の測定は，学校側からすると，新たな負担として受け取られている。

　また，学校教育の質保証として，学校外部評価（学校査察）がすべての州で実施されるようになった。学校外部評価のあとに，学校と学校設置者は目標協定（Vereinbarung）を結ぶ。学校でできることは学校で，学校だけではできないことは，学校設置者と協議のうえで，学校改革を進めるという枠組みが形成されている。しかし，学校外部評価には，多くの費用が必要であるため，費用対効果という点が課題となっている。そのため，学校外部評価を廃止する州も出てきた[11]。

　第三の学校への権限委譲について。これはマクロレベル（州）とメゾレベル（学校）の関係という位置づけにもなる。学校の変化として，上記の教育内容の裁

量拡大に加え，学校プログラムの作成をあげることができよう。各学校における教育の質を高めるために，各学校が学校プログラムを作成し，学校教育目標を教員，保護者，そして児童生徒の間で共有するという方法がとられている。したがって，学校プログラムの決定に至る過程で，多くの関係者が関与する必要がある。学校プログラムは，一般に教員代表，保護者代表および生徒代表で構成される学校会議（Schulkonferenz）で決定される。

(3) 学校設置者としての郡および市町村と学校

一方，郡や市町村は公立学校の設置者としての権限と責任をもつ。学校設置者の責務は，公立学校の教員以外の人件費，学校の維持管理，通学区域の設定などである。たとえばNW州学校法では，学校設置者の責務として，授業に必要な校地，校舎，施設，教材の準備，必要な職員の確保，学校配置計画の作成，学校の設置および廃止，通学区域の設定の有無，関係者による学校委員会の設置などを規定している（第78-85条）。

今日，自治体の教育政策で重視されているのが，就学前教育と学校の接続・連携，ならびに午後の保育および教育を学校で行う終日学校（Ganztagsschule）政策による福祉教育関係者との連携である。とりわけ，終日学校は，2003年から連邦政府が補助金により政策誘導を行い，多くの学校で実施されるようになった（坂野，2017，第2章参照）。午後の保育および教育の多くは，自治体が福祉団体と学校ごとに契約し，その運営は福祉教育関係者（福祉教育士（Sozialpaedagoge／in）や児童教育士（Erzieher／in）およびボランティアなど）が行っている。学校は福祉教育関係者との密なる連携が必要とされる。学校は子どもの学習の場であるとともに生活の場として位置づけられている（Bildungskommission NRW，1995）。

以上，ドイツの教育改革と，教育経営および学校の変化をみてきた。ドイツではマクロレベルである州の教育改革により，メゾレベルである学校への変革が促されていることが理解できる。日本の教育改革は，国主導で実施している点ではドイツと同様である。

ドイツの教育政策と異なる点は，第一に日本は教育投資を行わず，GDP比

の教育費は低いままであるのに対し，ドイツは教育政策に投資し，学力向上に成功した。教育の公的支出は，ドイツが4％台，日本は3％台である（OECD 2016, 230頁）。

　第二に，日本は学校への権限委譲なしに，学校が特色をだし，改革を進めることが求められている。ドイツの学校は，学校会議，校長，教員会議の権限や役割の分担が学校法などによって規定されている。1990年代から生じた学校の自律性強化は，学校関係者が自分たちで決定し，その結果を検証することにより，質的開発や質保証を行うことを求められる。また，学習指導要領の大綱化が進んでいる。学校予算も設置者による中央管理型から，学校ごとに予算を管理することによって学校の裁量幅を広げる規定が増えている（Avenarius, 2010, 261頁）。

　ドイツの学校における自律性強化は，校長の立場からすると，多くの裁量権をもち，やりがいがある一方，結果責任が問われる。校長は関係者の理解と協力を得るために多くの調整を行う必要が生じている。そのためには学校運営の組織化が不可欠である。中等教育段階の学校では，日本と類似した校務分掌システムを整える学校が一般的となってきた。しかし小規模な基礎学校では校長に校務が集中している学校も少なくない。一部の州では，基礎学校を中心に校長のポストが埋まらないという事態が発生している[12]。

　現在のドイツの学校は，終日学校の普及によって，教員と福祉教育関係者との連携協力が不可欠になっている。学校は子どもたちの学習，そして生活にかかわる多機能な場であり，多様な関係者によって担われる場となっている。

　ミクロレベル（教師と児童生徒関係）について詳細に述べる紙幅はないが，児童生徒の多様性に対応した授業方法と生徒指導が必要になってきている（原田, 2016）。いくつかの州では，教員研修を義務化し，教員の能力開発に力を入れ始めている。

（坂野慎二）

注
1）2006年8月28日のドイツ基本法の改正によって，連邦は教育計画に関する協働的立法

に関する権限がなくなった。このため，BLK も 2007 年末に廃止された。坂野（2017）参照。
2）KMK（20011205）Sieben Handlungsfelder stehen zunächst im Zentrum（https://www.kmk.org/presse/pressearchiv/mitteilung/kultusministerkonferenz-erzielt-einigung-mit-lehrerverbaenden-ueber-konsequenzen-aus-der-pisa-studie.html（2017 年 4 月 8 日確認，以下同様）），坂野，2017，19-20・54 頁参照。
3）教育フォーラムの中間報告書および最終報告書については，BLK ウェブサイト（http://www.blk-bonn.de/forum-bildung-archiv.htm）参照。
4）坂野「ドイツにおける就学前教育の現状と課題」玉川大学教育学部『論叢』第 27 号所収参照，2017 年，19-47 頁。
5）Gesetz- und Verordnungsblatt（GV. NRW.）Ausgabe 2003 Nr. 35 vom 23.7.2003 Seite 409，bis 418. https://recht.nrw.de/lmi/owa/br_vbl_detail_text?anw_nr=6&vd_id=3009&vd_back=N413&sg=0&menu=1.
6）Qualitäet und Kwaliteit. Abschlussbericht Kooperationsprojekt Inspectie van het onderwijs –Ministerium füer Schule，Jugend und Kinder Nordrhein-Westfalen，2003.
7）Gesetz- und Verordnungs blatt（GV. NRW.）Ausgabe 2006 Nr. 16 vom 7.7.2006 Seite 277 bis 294. Gesetz- und Verordnungsblatt（GV. NRW.）Ausgabe 2010 Nr. 38 vom 28.12.2010 Seite 685 bis 698. Gesetz- und Verordnungsblatt（GV. NRW.）Ausgabe 2011 Nr. 8 vom 15.4.2011 Seite 201 bis 216．Gesetz- und Verordnungsblatt（GV. NRW.）Ausgabe 2011 Nr. 24 vom 21.11.2011 Seite 535 bis 556. Gesetz- und Verordnungsblatt（GV. NRW.）Ausgabe 2012 Nr. 28 vom 21.11.2012 Seite 507 bis 522.
8）Schulpolitischer Konsens für Nordrhein-Westfalen. Gemeinsame Leitlinien von CDU，SPD und Bündnis 90/DIE GRÜNEN für die Gestaltung des Schulsystems in Nordrhein-Westfalen. Düsseldorf，19. Juli 2011，https://www. schulministerium.nrw.de/docs/Schulsystem/Schulformen/Sekundarschule/Schulkonsens_Eckpunkte.pdf.
9）Bayerisches Staatsministerium für Bildung und Kultus，Wissenschaft und Kunst，LehrplanPLUS Grundschule. Lehrplan für die bayerische Grundschule，2014，S.27. ギムナジウムについては，http://www.lehrplanplus.bayern.de/seite/faq_gym を参照。
10）教育スタンダードを最低基準あるいは標準基準として扱うべきかどうかについては，BMBF（2007）参照。
11）ラインラント・プファルツ州では，2015 年に実質的な学校外部評価を終了した。坂野（2017）第 4 章注 2 を参照されたい。
12）校長会雑誌「Beruf：Schulleitung」2008 年第 2 号では，特集テーマが「経営なき学校－なぜ校長になる教員が減っているのか」を設定しているが，ドイツ全体で少なくとも 823 校で校長を探し求めていることが報じられている。http://www.beruf-schulleitung.de/flash_active_content/BSL-03/bsl_03.html（2017 年 4 月 12 日確認）。

文献・参考資料

遠藤孝夫『管理から自律へ—戦後ドイツの学校改革』勁草書房，2004年
経済協力開発機構（OECD）『図表でみる教育　OECDインディケータ』(2016年版）明石書店，2016年
国立教育政策研究所『生きるための知識と技能』ぎょうせい，2002年
榊原禎宏・辻野けんま「ドイツにおける教員研修の制度と運用—バイエルン州にみる人的開発からの示唆」『京都教育大学紀要』No.124，2014年，1-12頁
坂野慎二『統一ドイツ教育の多様性と質保証』東信堂，2017年
南部初世「ドイツにおける教育の『新制御』—その構造と特質」名古屋大学大学院教育発達科学研究科紀要『教育科学』57 (1)，2010年 a，15-28頁
——「ドイツにおける外部評価システムの現状と課題」同上，2010年 b，29-51頁
——「ドイツにおける学校監督の機能変容」同上 59 (1)，2012年，1-15頁
原田信之『ドイツの協同学習と汎用的能力の育成』あいり出版，2016年
柳澤良明『ドイツ学校経営の研究』亜紀書房，1996年
Altrichter, H.und Maag-Merki, K.M.(Hr.sg.) Handbuch Neue Steuerung im Schulsystem. Wiesbaden, Springer VS, (2016 2.Aufl.)
——, Handbuch Neue Steuerung im Schulsystem. VS Verlag für Sozialwissenschaften, 2010a
——, Steuerung der Entwicklung des Schulwesens, 2010b. In：Altrichter und Merki 2010a, p.15
Autorengruppe Bildungsberichterstattung, Bildung in Deutschland 2016. W. Bertelsmann Verlag, Bielefeld, 2016
Avenarius, H., Schulrecht. Carl Link, Koeln/Kronach, 2010.8.Aful
BASS（Bereinigte Amtliche Sammlung der Schulvorschriften NRW）各年版 Ritterbach Verlag, Erftstad
Bildungskommission NRW, Zikunft der Bildung Schule der Zukunft. Luchterhand, Neuwied, 1995
BMBF（Bundesministerium für BildungundForschung）Zur Entwicklung nationaler Bildungsstandards. Bildungsforschung Band1. Bonn/Berlin, 2007
Deutshces PISA-Konsortium（Hrsg.）PISA2000 - Die Laender der Bundesrepublik Deutschland im Vergleich. Leske+budrich, Opladen, 2002
OECD Educaiton at a Glance 2016: OECD Indicators. Paris, 2016
Statistisches Bundesamt Fachserie 11 Reihe 1.1 Bildung und Kultur Private Schulen Schuljahr 2015/2016, 2016
—— Fachserie 11 Reihe 1.1 Bildung und Kultur Private Schulen Schuljahr 2005/2006, 2006

第16章　目標・成果管理による教育改革と教育経営—フランス—

1．伝統的な行政・管理様式からの脱却

　地方分権化の進展と成果主義の浸透により，現在先進諸国では，学校レベルでいかに教育成果を上げるかが重要な関心事となっているが，その実現方策は国によって異なる。これをNPM（New Public Management）理論の適用状況に基づいて比較すると，競争原理の徹底を志向するアングロサクソン諸国では学校間競争を前提とした学校のパフォーマンス向上がめざされ，対して内部組織改革を志向する大陸ヨーロッパ諸国では，学校の成果向上を学校の自律的営みによっていかに達成していくか，そのプロセスや組織改変のあり様に政策の重点がおかれる，という対比が可能である（藤井，2003）。

　中央集権的な教育行政制度を敷いてきたフランスは，1980年代後半以降，国全体の地方分権化の流れを受けて，学校の自律性確立がめざされてきた。しかし，国主導の管理・運営システムの影響力は相当強く，このままでは学校の自律化が望めないことに加え，学校を基盤とした成果向上の実現はむずかしいとの判断の下，「学校基本計画法（フィヨン法）」（2005年）が，一層の分権化方針をベースに，個々の学校が成果を上げるための改善方策を示した。

　長年の伝統を打ち破る新たなガバナンスの仕組みがここに投入されたのであるが，その背景には，2001年8月に成立した「予算組織法」（LOLF）の存在があった。本法により，全行政分野が予算編成の段階で各事業区分の目的とその業績達成度を測る指標を設定し，それらすべてが国会において費用対効果，効率性の観点から徹底的に審議されることとなった。この新しいシステムの下で，公共政策は全領域にわたって業績達成度評価型の政策評価を受けることとなり，公共経営は，従来の〈規範とルールによる管理〉から〈目標と成果による管理〉への完全移行が図られたのである（藤井，2007）。教育界にも成果主義と目標管理の手法が正式に導入されることになり，「学校基本計画法」は，〈すべての子どもに基礎学力を保障する〉という政策目標達成のために学校をその推進主体として前面に押し出し，全学校に策定が義務づけられている学校教育計画（projet d'établissement）の改善と，LOLFが導入した「目標契約（contrat d'objectif）」という仕組みの導入を通して，成果主義時代にふさわしいガバナンス体制構築

を試みた。そこには同時に，教師の職務のあり様に変革を迫る重要な提案も含まれており，新しい教授・学習スタイルへの転換を方向づける画期的な改革構想となっている。

2.「学校基本計画法」による新しいガバナンスの様相

(1) 実効性ある学校教育計画への転換

　Projet d'établissement（組織計画）は組織のマネジメントツールであり，その効果的活用による業務改善や成果向上が，組織経営においては重要なポイントとなる。初等・中等教育機関でも，1989年「新教育基本法」がすべての学校に学校教育計画の策定を義務づけて，学校の自律的経営の柱に据えた。

　教育法典L.401-1条は，その定義を次のように定めている。

① 公立の幼稚園，小学校及び中等学校においては，教育共同体の代表者は，学校教育計画を立案する。この計画は，幼稚園及び小学校にあっては学校委員会が，中等学校にあっては管理委員会が，3年から5年までの期間について採択するものとし，その学習指導に関わる部分に関しては，幼稚園及び小学校にあっては学習指導チームの，中等学校にあっては学習指導委員会の提案に基づいて採択する。

② 学校教育計画は，国の教育目標及び教育課程基準に関する各校個別の実行方法を定め，かつ，これに寄与する学校教育活動及び学校外教育活動を定める。

　学校教育計画に盛り込まれている，現状診断→基本方針の決定→アクションプログラムの策定→実践→評価という自己評価を組み込んだマネジメントサイクルの実行により，学校が教育の質的向上という今日的任務を達成しうる自律的責任組織に変貌することが期待された。もともと，1989年にこれが全学校で義務化されたのは，同年2月にロカール首相が断行した行政の現代化政策（modernisation, いわゆるNPM型行政改革）が背景にあり，このとき学校は，教育の成果・質の向上という意味での「効率性」(effectiveness)を追求する組織として再定義された（藤井，2002）。

そしてこの効率性実現においては，国民の側の意向や要求に可能なかぎり応えていくという需要者重視が強調され，市民＝利用者との十分な協議をふまえ，彼らの意向に沿った行政サービスを提供することが企図された。ここから，学校教育計画の策定は当該学校にかかわる教育共同体のメンバーの合意が必要とされ，計画の最終決定は学校の最高意思決定機関である学校／管理委員会とされている[1]。

　学校教育計画は，行政機構の末端としての位置づけしか与えてこなかった学校に自主性・自律性を認め，各学校が主体的に目標を定めて教育活動に取り組むことを初めて公式に制度化した。ところが，実際にはこれは現場でうまく機能せず，教育の質の向上に貢献するとの理想には程遠い現状であった。教師は基本的に学校教育計画には無関心であり，学校内では管理職が作成する単なる書類と化していたのである[2]。その大きな理由の１つが，フランス独特の教師文化を形成している「教授の自由（liberté pédagogique）」の原則である。すなわち，教師は自分の教授活動にのみ専心し，学校運営には関心がなく，さらには教師同士が共同して教育活動を行う習慣がなかった。したがって学校教育計画の共同決定への参画が制度化されたものの，教職に関する個人主義とエリート意識を強くもつ教師たちにとってそれは余計な仕事であり，導入当初から理想の実現はかなり疑問視されていた[3]。

　学校教育計画政策は，この教員文化の伝統には手をつけることなく導入されたため，結果的に学校自治を停滞させ，さらにマネジメントを学校で機能させることもできなくなっていた。英米の教師が，学校自治を専門性発揮の機会と捉えるのに対し，フランスの教師は，校長への従属の危機＝脅威と捉える，との指摘は，フランスの教師の学校における位置をよく示している[4]。この閉塞状況の打開は重要な政策課題となっていたが，長年の教員文化を変えることは教員自身の抵抗が強すぎて容易ではなかった。ここにメスを入れたのが，成果主義を打ち出した LOLF の制定である。

　まず，学校基本計画法が，学校教育計画の定義に次のような文言を加えた。
　② …（前掲）…この計画は，すべての児童生徒の成功の保障のために及びそ

のための父母の参加のために実行される方策ならびに手段を定める。この計画は，同じく，達した<u>成果の評価方法</u>を定める。」（下線筆者）

　さらに，翌2006年の通達では，学習指導チーム／委員会が省察，学校の診断，評価，提言を行うことが規定され，これまで定着してこなかったマネジメントサイクルを機能させるための主体が明記された。とくに評価に関しては，誰がどのように行うかについて明確な規定がなく，それゆえに十分に行われてこなかった現状を反省し，成果の評価方法を計画に書き込ませることで，PDCAサイクルの確実な実施を求めたのである。

（2）目標契約による成果コントロール

　目標契約とは，国が定めたプログラムの目標達成に向けて当局と事業単位（UO）が契約を締結して，その契約に業績指標と経費分析を盛り込んだ3～5年の計画のことであり，LOLFによって全公共活動に取り入れられることになった。教育界では，高等教育分野で1980年代後半以降，契約政策が進められており，各高等教育機関がprojet d'établissementを策定して国民教育省と契約を交わし，予算措置を受けるという仕組みが実行されていた[5]。そのねらいは，上位の行政当局が定めた目標に対して，各機関がその目標や環境を考慮しつつ独自の達成計画を立て，主体的にその目標を達成することである。中央が方針を決定して末端の機関はそれに沿って事業を行うという従来型の中央集権的手法ではなく，各組織の自律的経営努力に委ね，しかもその計画立案に組織構成員の参画を得ることで組織的取り組みの効果を上げることが企図されており，組織の自律性向上をもねらっている。

　「学校基本計画法」は新たに次の規定を盛り込み，これを中等学校の管理評議会の新たな権限とした。

　「学校と大学区当局（中央：国民教育省の地方出先機関；筆者注）との間で締結する目標契約について，関係地方公共団体に通知した後に決定する。」（教育法典L.421-4条）

　加えて付属報告書は，〈教育制度運営の新たな状況〉と題して，国，大学区，学校の役割を再定義している。すなわち国民教育省は教育政策の全国的な一貫

性を保つための基本目標の制定と教職員定数および予算配分，ならびにその検査および評価を担い，大学区は全国目標および国民教育大臣が承認する大学区目標に従って，裁量権を与えられた支出項目の予算を編成する役割を，そして学校は，大学区当局が定める目標および学校教育計画に従って，学校予算の使途および配分を定める役割を担うこととした。そして，こうした制度を運営するためには，設定された目標の妥当性，執行された予算の適合性および得られた成果の質を，各行政段階において評価するための仕組みが必要であるとした。

これらは目標管理手法の典型であり，2005年9月30日付通達がそのことを規定した。すなわち，LOLFで導入された各分野の年次成果計画（PAP）に記載されるプログラム（事業区分）[6]とその各々の目標に関する各校個別の実行方法を定め，学校教育計画に記載することを義務づけた。国の目標と事業実施機関である学校の目標の連鎖，ならびに各レベルにおける評価の徹底によって確実な目標達成をめざすという目標管理手法が正式に導入されたのである。

国と学校の間には大学区が介在し，大学区当局が定める目標と学校目標が直接連鎖する。この場合，大学区当局が定める目標は複数あるので，学校はそのなかから，自校の実態や状況に合わせて，また学校教育計画との関連をふまえていくつかの目標を選択して契約を交わし，それぞれの目標を達成するためのアクションプラン（実行計画）と成果を測定する指標を設定して達成をめざすことになる。このように目標契約とは，目標，アクションプログラム，指標，大学区当局との対話という4つの要素から成り立っている。

ここで注目すべきは，学校は国と大学区当局の方針に沿いながらも，その実行方法や指標は各学校が独自に設定する点である。学校にとっては，まず学校教育計画が先行して存在し，そこに位置づくかたちで大学区が設定した目標の選択が行われるのであり，ここに各学校の自律性尊重の姿勢が強く貫かれている。2007年の通達では，これに関して，目標契約は，管理委員会が採択した学校教育計画と一貫性を保つことが強調された。

また，確実な目標達成をめざすためにも，目標は生徒に関する成果（resultat）にかかわるものを3〜5つに限定して設定することとされた。契約期間は，コ

レージュ（前期中等教育機関）は4年，リセ（後期中等教育機関）は3年が標準とされた。[7]

　なお，目標契約制度は成果測定が重要なポイントになる。これに関しては，内部と外部の両評価が想定されているが，学校については，教員自らの自己評価が最も重要とされている。しかしながら，これまで有効な自己評価はほとんどなされず，逆にこのことが学校へのマネジメントサイクル導入を拒む最大のネックになっていた。評価を忌避する伝統的な教員文化を変革することは，フランスにおいては乗り越えがたい難問であるが，この点にまでメスを入れて学校のガバナンスを再構築しなければならないとの認識は識者の間では共有されており，その議論が国会でもなされるようになった。

3. 協働的学校運営と学校評価への期待

(1)『ピラミッドからネットワークへ：学校のための新しい構造』(2011)[8]

　この報告書は，上院の与党第一党である国民運動連合（UMP：中道右派）の呼びかけで設けられた「教育システム改革に関する検討委員会」が提出した報告書である。同委員会設置のきっかけとなったのは，会計検査院，教育高等審議会，国民教育総視学局，OECD（とくにPISAに関する結果分析）などの重要な機関・組織が近年同時期に行ったフランスの学校システムの組織と成果に関する現状診断であった。いずれも教育システムが今日首尾よく機能しておらず，「学校基本計画法」が定めた，すべての子どもを成功に導くという目標が達成されていないと指摘していた。そこで同委員会は，教育システムの仕組みをネットワーク型に変革することを訴えたのである。

　報告書は計15の提案を行っており，予算管理と評価の徹底という，LOLF型の目標・成果管理の考え方が貫かれているが，同時に国の関与の縮減と地方公共団体への主導権の移行，ならびに関係者との協働が明確に打ち出されている。そして，国家目標である「すべての生徒の成功」のためには，最終的には事業単位である個々の学校の努力に待たねばならないという考えの下，そのための具体策を提言している。方針3「生徒の成功における学校のチーム（équipe）

の集団的責任（responsabilité collective）を確実なものにする」がそれである。
（2）生徒の成功を導く協働的学校運営

　学校のチームへの期待は，近年急速に教育界で湧き起っていた。上述のように，フランスの教員の個人主義は学校の組織的取り組みの阻害要件として長年問題視されており，ポシャール委員会報告書『教師の職務の発展に向けた緑書』（2008年）は，教師の職務に関して抜本的に改善すべき3つの問題の1つにこれをあげ，「集団での仕事（travail collectif）のダイナミズムを推進する」ことを提言した。教師の教授の自由は大事な原則だが，今日ではそれは教師の孤独や苦痛のもととなっているし，さらに知識教授や生徒のニーズへの対応という面で非効率的である。これからは教師のチームでの仕事を増やすことにより，現在ほとんど存在しない「学校の効果（l'effet d'établissement）」をもたらすようにすべきだと提言している。[9]

　報告書では，これに関して，第二部B「学校を＜学業推進＞の核心に据える」の「1．学校の効果に賭ける」において同様の認識を示している。すなわち，これまで教育システムの基礎単位は学校ではなくクラスにあると考えられており，それは，管理責任と教育責任の過剰な分離ならびに教員の個人主義に由来していたとする。そのうえで今後は個々の教師に任せるのではなく教授チームが中心となり，教師は集団で省察し実践を高めていくようにすべきだという。そして，教師の孤立を招き，視学官の査察がその強化に作用するような「教授の自由」の原則を絶ち，学校における集団での仕事を推進すべきであり，このことが，思慮深く豊かな職務遂行の必要条件になるという。そのためには，学校内の教員同士の同僚性（collégialité）の確立が不可欠であると述べ，「教員会（collectifs d'enseignants）」の創設を提案する。そこでは，教員同士，教員と校長，教員と親が対話をする。さらに，教員の個人の自由から，学校内の「集団自治」に力点を移すべきだが，これは教員文化の変革を意味する一大事業であり，校長の役割がきわめて重要となるとも指摘している。

　次いで，この学校の集団的自治の進め方について提言している。生徒の現状を詳細に把握し，明確な年度目標を定めなければならないが，現下の学校教育

計画は必要な最終評価を行っておらず，単なる資料と化していると指摘する。

(3) 実効性ある学校評価を―教員が主役の「省察的自己評価」―

　NPM 型行政改革においては，評価がきわめて重要な位置を占め，学校評価も多くの先進諸国で優先的政策として取り組まれている。しかしフランスでは学校の管理は重要な関心事であったが，「経営」の必要性はほとんど論じられることがなく，また教師の教授の自由の原則の根強さもあり，学校の内部評価は発達してこなかった。学校教育計画の導入はこの伝統にメスを入れ，PDCAサイクルをきちんと回すことで自律的経営の確立をめざしたのであるが，それが予想外に進まず停滞していたことは先に述べたとおりである。

　報告書はこれらの実態から，まず外部評価の変革が必要だという。伝統的に視学官の学校視察（inspection）が事実上外部評価としての機能を担ってきたのであるが，査察の対象は個々の教員であり学校ではなかった。しかも査察の基準はあいまいで，その活用に関しても明確な規定は存在しなかった。これを改め，学校の評価をしっかり行ってその結果を保護者・地域に公表すべきであると述べる。マスコミが発表する学校ランクは人々を翻弄し，公立学校の評判を下げるなどのマイナスの効果を発揮しているが，今後は行政が責任をもって的確な評価を行い，国民の信頼を回復することが急務であるとも述べる。

　さらに強調されているのが内部評価である。報告書は自己評価（autoévalutaion）という用語を使用し，これが重要であることには変化ないが，今後はさらに教授学習チームの省察としての評価（évalutaions réflexives）が行われるべきであり，学校教育計画ならびに目標契約をベースに，教師たちの実践を長期的に見守るような評価が望ましいという。こうすることが，クラスの壁ならびに教科間の壁をなくして「教授集団（collectif pédagogique）」をつくっていくのに最善の道であると指摘する。ただし，自己評価とはいっても専門家の介入をまったく否定するのではなく，むしろ必要な助言はあるべきで，この点スコットランドのように大学区や視学官の指導・助言を組織的に行えるように，職務内容を規定していくべきであろうとも指摘している。[10]

　学校自己評価への注目は，自律的学校経営の確立において必須であるからだ

けでなく，教授学習活動を個人ベースからチームでの指導へという教師の仕事のあり方の変革の契機をそこに見いだしていることによる。上からの指示どおりに教育活動を行うことに終始して評価とそれに基づく改善をほとんど意識しなかった学校において，現場のアクターが主役かつ責任者となって活動を振り返りながら不断の質的向上を図っていくという新しい様式に対しては，「わが国の教育システムのパフォーマンス全体を改善する鍵となる」との高い期待が寄せられている。

　しかし，学校の主体性にのみ依存することについては前々から疑義が唱えられており，たとえば2004年に出された国民教育総視学・国民教育行政総視学報告書[11]は，学校評価は教職員や地域住民などの当事者が主人公となり，教職員が自らの実践を振り返ることを奨励して教育の質改善の媒介物となるようにしていくことが重要であると指摘しつつ，同時に外部評価との相互補完性が重要だとし，ヨーロッパ委員会が推奨している「支援付自己評価」(auto-évaluation accompagnées)が理想的であるとしている。支援とは，この場合地方視学官によるものであり，とくに大学区レベルにおいて視学官が，評価を司る校長の養成と教員の意識づけを担当し，自己評価の質向上のための積極的な働きをすることが課題だとしている。

　また国民教育総視学局の2007年次報告書は，評価の「文化革命」が必要だとして，そのあり方を次のように述べている[12]。

　　今こそ共通の書式に基づいた「統制された」自己評価（auto-évaluation〈contrôlée〉）が必要であるが，評価文化がいまだに定着せず，とりわけ生徒の学業成績や落第率などを一元的に評価されることを嫌う学校で普及させるのはむずかしい。そこで学校内部のダイナミズムに望みを託して，ヨーロッパ委員会のいう「支援付自己評価」の推奨を進めていくしかない。それは国の総視学局が評価プロセスを上からと下からの両面から統制して十分な統計資料を供与し，地方の視学官が支援と質的な統制を行うというものである。

　以上のような考え方を取り入れたのが，2005年ごろから研究者の間で開発された参加型監査（Audit à Visée Participative：AVP）である。これは，大学区

職員（視学官，他校校長，大学区職員）が評価者となって学校を評価し現状にみあった改善策を提案する一方，評価項目や指標の決定プロセスに校長・教師が参加するとともに評価者と被評価者の間で十分な意見交換を行う点に特徴がある。評価の要請，評価結果の活用も学校の自由に任されており，学校の自律性や責任が尊重されている。[13]

　しかし，パイロット地区として2005年から120校近く実施したボルドー大学区では，より成果のみえやすいシステムへの転換を図るために本制度を廃止するなど，全国的な普及はいまだみられていない。またボルドーでの実践では，教師の協働や省察の機会を本制度が十分保証しえてないことも報告されている（佐々木，2016）。教師の実践の質向上やそれを支える協働や省察と，目に見えるかたちでの成果向上はどのように両立しうるのか，むずかしい問題に直面している。

　このように，フランスでは今日，教員のチームとしての仕事の重要性に着目し，そこが主体となって成果向上に邁進する学校を理想型とし，その成否の鍵として教員同士の同僚性や省察的自己評価を重要な要素に位置づけている。日本でも近年同様の主張がなされているが[14]，これは，両国とも，成果向上を教授学習活動の質を高めることによってもたらすべきと考え，そのためには個々の教員の努力のみならずチームとして支えあい高めあう関係を築いていくことが不可欠であると捉えていることを示している。

　成果主義・目標管理は，この国における強固な教育行政・学校管理運営の伝統を根本から覆す契機となった。一般に成果主義は，目先の目標達成に追われ，日々の実践の振り返りや自らの行為の質を反省的に捉えるまなざしを弱くする危険性を伴うが，フランスの場合，これまで欠落していたアクター自身の省察的評価の習慣を新たに根付かせようとしており，成果主義のマイナス面への意識が高い。そしてこの新たな仕組みは，すべての子どもの成功を保証するという国家目標を国，地方，学校の各レベルで連鎖させ，かつそれを一線での担い手である教員同士の協働的取り組みによって実現させようとしている点に斬新性がある。教員が個別に生徒に対応するこれまでのやり方ではなく，教員のチー

ムとしての教授学習活動の質を上げていく，そしてそれを，教員集団の省察的自己評価，行政当局の専門的な評価と支援，そしてそれらをとりまくパートナーとの連携協力による教育活動の組織化という三層が調和的に機能していくことで完成させようとの壮大な構図が描かれているのである。

　いずれもフランス教育界にとっては未知の領域である。協働と省察に基礎を置く新たな教員文化の構築がいかに着実な成果向上に結びついていくのか，そして，その両者の関係をどのような枠組みで捉え，検討していけばよいのかなど，経緯を見守っていく必要があろう。　　　　　　　　　　　（藤井佐知子）

注
1) 小学校は学校委員会（conseil d'école），中等学校は管理委員会（conseil d'administration）。学校委員会の構成メンバーは，校長，教員全員，父母と地域住民の代表，市町村長，県視学官である。管理委員会は三者代表制を採っており，①学校管理者・設置者・有識者代表（10名），②教職員代表（10名），③生徒及び父母代表（10人）である。
2) Inspection générale d'Administration de l'Education Nationale, *Rapport 1998, Rapport 1999*. La Documentaiton française,1998,1999.
3) Denis Meuret, Sylvain Broccolichi, Marie Duru-Bellat, "Autonomie et choix des établissements scolaire: finalités, modalitiés, effets", *Les Cahires de l'irédu*, Fév.2001.
4) Ibid.
5) 大場淳「フランスの契約政策と全国大学評価委員会（CNE）―日本の国立大学法人化と大学評価との比較」『日仏教育学会年報』第12号，2005年，18-36頁。
6) 国民教育省管轄のプログラムの目標と成果指標は，学校基本計画法が掲げた教育方針に則ってつくられている。すなわち，目標はすべての生徒の学業成功を導くことであり，具体的には，すべての者に「共通基礎知識技能（socle commun）」を身につけさせることである。
7) Circulaire No. 2005-156 du septembre 2005.
8) "De la pyramide aux réseaux : une nouvelle architecture pour l'école (rapport)", Rapport d'information, *SENAT*, No.649, 21juin 2011.
9) *Livre vert sur l'evolution du métier d'enseignant*, fev. 2008, pp.237-243.
10) 近年，フランスではスコットランドの学校評価に注目しており，学校の自主性を育てながら専門的な指導助言を行っている視学官のあり方から学ぼうとしている。詳しくは，藤井佐知子「自律的学校改善を支える学校評価システム―フランスとスコットランド」（『学校評価システムの展開に関する実証的研究』平成19-22年度科学研究費補助金基盤研究（B）研究成果報告書，2011年，221-232頁）および，久保木匡介「現代スコットランドにおける学校評価：教師の専門性向上を軸とした学校自己評価と学校査察」（『長野

大学紀要』36（2），2014 年，65-79 頁）を参照されたい．
11）*L'évaluation des collèges et des lycées en France:bilan critique et perspectives en 2004*, IGEN-IGAENR, juillet 2004.
12）*Rapport annuel des Inspections générales 2007*. IGEN-IGAENR, La Documentaiton française，2008，pp.68-69.
13）今日のフランスの学校評価の全体像は，次の文献に詳しい．佐々木織恵「フランスの学校第三者評価」『学校の第三者評価に関する国内外の最新動向と今後の課題に関する調査研究』平成 26 年度文部科学省委託研究「学校の総合マネジメント力の強化に関する調査研究」研究報告書，2015 年 3 月，132-151 頁．
14）中教審「教員の資質能力向上特別部会審議経過報告」（2011 年 1 月）は，「これからの学校教育は，一斉指導を行うだけでなく，個別化や創造的・協働的な学習活動を重視し，地域の力も活用し，学びの転換と教育の質の向上が求められており，これまでの答申で述べられていることに加え，教員は，こうした教育に対応した資質能力や他の同僚とチームとして対応する力を身に付けることが必要である」と述べている．

文献・参考資料

佐々木織恵「参加型学校評価による教師の協同的省察の可能性とその条件―フランス，ボルドー大学区における実践事例の検討を通して」『フランス教育学会紀要』第 28 号，2016 年，53-66 頁
藤井佐知子「フランスにおける教育への NPM 理論適用の現況」『教育行財政におけるニュー・パブリック・マネジメントの理論と実践に関する比較研究』平成 13-15 年度文部科学省科学研究費補助金基盤研究（B）中間報告書，2003 年，77-81 頁
――「フランスにおける新政策評価制度下の教育行政―学校の自律性拡大による成果向上」『フランスの複雑化する教育病理現象の分析と実効性ある対策プログラムに関する調査研究』平成 16-18 年度科学研究費補助金基盤研究（B）研究成果報告書，2007 年，105-119 頁
――「フランスの教育改革の潮流と課題―＜現代化＞による教育と教育行政の刷新」『アソシエ』第 8 号，御茶ノ水書房，2002 年，62-73 頁

第17章　教育格差の解消をめざす教育改革と教育経営—中国—

　1990年代から中国においてはマクロ経済体制と国有企業を重点とする経済改革が行われてきた。2000年以降，経済のグローバル化により，国家と地域間の協力と競争が増えつつあるなかで，中国は「科学・教育興国」「人材強国」の発展戦略を確立し，経済の高度成長が促された。

　一方で，都市経済が急成長すると同時に農村経済は相対的低迷に陥り，経済成長の速い東部沿海都市と経済成長の遅れている中西部地域との経済格差は増幅した。さらに，公共事業における市場原理の導入によって教育のような基本的人権にかかわる分野でも機会不均等が拡大した。激しい受験競争や公立学校間の著しい格差など，教育・人材育成と結びついた社会問題はますます深刻化し，社会不安の要素となっている。社会の安定と発展を求め，「和諧（わかい）」社会（調和する社会）をつくるために，近年中国政府は教育格差の解消をめざして基礎教育制度と高等教育制度の改革を推進してきた。[1]

　本章では1990年代以降の中国における基礎教育改革と高等教育改革の主な内容をめぐって，中央政府が公布した法令とその実施状況を分析したうえで，基礎教育と高等教育の改革動向および特徴について考察する。

1. 学校間格差の解消をねらいとする基礎教育課程の改革

(1) 教育理念の大転換—受験教育から資質教育へ—

　1990年代，中国では市場経済が導入され，市場規律と競争意識が社会に浸透しはじめた。親はわが子に強い競争力をもたせるために，子どもが小学校に入る前から受験準備に力を注ぎ，必死になって名門大学に進学させようとする。都市部を中心に基礎教育は激しい受験競争に対応し，知識の詰め込みに重点をおく受験教育（中国語原語：「応試教育」）へと傾斜した。進学率が教員と学校を評価する唯一の基準となり，テストの成績だけによる児童生徒の評価，教員間と学校間における過度の競争による学校格差の拡大などが社会問題になった。

　子どもたちの学業負担を軽減し，すべての教育資源が進学率の高い学校のみに集中する教育格差を是正して多様な人材を育成するために，政府は教育改革を唱えた。1993年，共産党第14次全国代表大会は「中国教育改革と発展綱

要」(以下，綱要)を策定し，「成績の弱い学校に教育資源を公平に分配すること」と「徳育，知育と体育の総合教育を重視し，児童生徒の個性を引き出す資質教育(中国語原語:「素質教育」)を実施すること」と述べた。

1990年代後半以降，受験教育から資質教育への転換が教育機会の平等化，国民教育の質，国民全体の資質水準を定める重要な課題と見なされ，その推進にあたり，次のような改革のポイントが指摘された。

第一は，教育思想の転換である。知育偏重と学歴主義を排除し，地方政府から学校に対してテスト成績と進学率だけ重視した施策を取りやめる。校長は教育規則に則って公務を進め，児童生徒の徳・知・体の総合的成長を目的とする方針を貫き，教員は正しい人材観，教育観をもち，児童生徒との関係を改善する。

第二は，教材，教育内容と方法の改革である。教材・授業づくりを行い，児童生徒の力を引き出す有意義な教育，楽しく学ぶ教育を施す。授業に職業的知識・スキルなどを取り入れ，子どもたちの労働観と職業意識を養う。農村の中学校では職業教育班を設置し，子どもたちに就職準備を行わせる。

第三は，教育評価の内容，方法と基準の改革である。従来，テスト成績が児童生徒評価，教員評価，学校評価の唯一の基準であったが，それを多面的で総合的，ダイナミックなものに転換させる。たとえば，児童生徒は知識，人格，能力，身体の成長を総合的に評価し，学校は進学率ではなく学校の文化・環境，教員と児童生徒の満足度について総合的に評価する。

(2) 21世紀の新教育課程―特色ある地域・学校課程の実施―

2001年，教育部は資質教育の推進を促すために，「基礎教育課程改革綱要(試行)」を公布し，基礎教育課程の改革に着手した。そこには次の6つの具体的な目標が示された。

第一に，全国統一の課程管理制度を見直し，国，地方，学校の3段階の課程管理を施し，地域，学校，子どもに適応した課程を実施する。第二に，知識伝達重視型課程を改善して子どもに自主的な学習意識を培わせ，知識技能のみならず，正しい学習習慣・価値観を理解させる。第三に，科目数が多く，整合性

に乏しい課程を改革し，義務教育全体を見通して科目数と授業時間数の割合を定める。総合実践科目のほか，地域の発展や子どものニーズに応じた新課程を設ける。第四に，子どもの経験と関心を重視し，日常生活や最新の社会・科学技術を新課程に反映させ，生涯学習に必要な基礎知識・技能を身につけさせる。第五に，子どものエンパワーメントを重視し，情報収集・処理能力，新知識の獲得力，問題の分析・解決力，協働力とコミュニケーション能力を育てる。第六に，成績主義の課程評価を改革し，子どもの成長と教員の学びを促す効果をもつような評価を行う。

改革当時，38県・区が義務教育段階の課程改革の国家実験地域として選ばれた。その後，実験地域は拡大され，2010年，中国全土にわたって義務教育の課程改革が行われた。なお，25省（西部地域のある省を除く）では高等学校における新課程が実施されるようになった。

2012年の秋，現職教員と教育専門家の意見に基づいて修正された新しい「義務教育課程標準（2011版）」（科目ごとの国家課程標準であり，日本の「学習指導要領」に相当する）が小中学校において実施された。高等学校における各科目用の新課程標準の改定案は2016年に専門家への意見公募を終え，現在最終修正が加えられている。同時に，各地域ではそれぞれの地域，学校，子どものニーズに応じて，国家課程と異なる地域の人材需要に応じた特色のある地方課程と学校の特色に基づく学校課程を実施している。なお，学校は地域と連携して地方課程を開発するため，地方政府から特色ある地域・学校課程の実施を支援するための教育資源が分配される。

(3) 大都市部における教育機会均等の模索―「教育集団化」施策―

1980年代，中国政府は限られた教育資源を効率的に分配するために，「重点学校」を設け，エリート教育を実施した。1990年代後半以降，「重点学校」制度は廃止されたが，都市部を中心に学校間の過度の競争によって学校格差は拡大し，同じ地域の公立小中学校の間で名門校とそれ以外の学校のちがいは明白である。経済力のある親は転居や学校への寄付金などの手段で子どもを名門校に入学させるが，「農民工」と呼ばれる都市部への出稼ぎ労働者や経済的に恵

まれない家庭の子どもたちは名門校には入れない実態がある。中国では学校の独立性が高く，教員人事異動制度がないため，優秀な教員は名門校に集まる傾向が強い。いっぽう，経済的に低い階層の家庭が多い地区の学校は人的・財的・物的な諸条件にも恵まれず，学校間格差は拡大している。

　学校間格差の拡大を生み出す要因の1つに学校選択制があり，とりわけ大都市ではそれが大きな社会問題とされてきた。その解決を狙って，浙江省杭州市は豊かな教育資源をもつ名門校と資源の脆弱な学校を連携させることによって学校の教育力の均衡を図る施策に取り組んできた。2002年，同市では，公立義務教育機関にかかわる「求是教育集団」がはじめて創設された。そして，2004年，杭州市政府は教育集団化方式による教育格差の解消などを目的とした名門校教育集団化戦略を正式的に打ち出した。

　2007年，杭州市は「名校集団化戦略の更なる推進にかかる意見」を公布し，公立小中高等学校のみならず，幼児教育機関を含む教育集団化政策がつくられた。市政府は「教育集団の管理運営」「集団学校の教育レベルと効果」「教育環境と学校文化」「校長と教職員の資質向上」「特色と創造性」の5つの項目から教育集団を評価し，教育集団化発展補助金を負担している。

　2009年，中国全土で実施された「主要都市教育満足度調査」で，杭州市は「小中高等学校の学校選択問題の改善状況」という項目で全国1位の満足度を獲得した。同年，「教育集団化」の実践は教育条件の均衡化を推進する先進事例として「国家教育改革創新賞」を受賞し，同施策は地方のイニシアティブで実施されている教育格差是正策の成功例として中国全土に広められた。現在，成都市，北京市，深圳市などで「教育集団化」施策が進められている。

2. 基礎教育における地域間格差の解消をめざす改革

(1) 教育管理・財政体制をめぐる改革

　従来，中国では高度な中央集権とトップダウンの教育行政体制がつくられ，[2]教育管理権限は中央政府に集中し，学校が教育行政の最下部に位置づけられていた。1990年代，教育管理体制の規制緩和が行われ，国家責任管理制から，

中央政府のマクロ的な指導のもとでの地方責任・分級管理制に切り換えられた。2000年代，中央政府は「2003～2007年教育振興行動計画」（以下，行動計画），「中華人民共和国義務教育法」（2006年改訂；以下，義務教育法）などを打ち出し，教育管理・財政体制の改革を進めた。

　義務教育の実施，管理，監督については，国務院の監督・指導のもとで，省政府が教育事業の企画・実施に責任を負い，県政府が主に管理を行い，中央・省・市・県においては教育監督機構が設置され，義務教育の質と発展状況を監督し，結果を教育行政部門に報告する。教育経費については，予算内の教育経費の割合を引き上げ，中央と地方が一定比率で分担する。ただし，管理者負担を原則とするため，県の分担額が多くなる。学校管理と評価については，政府の職務範囲と管理権限を明確化し，行政審査の項目を減らすと同時に，トップダウンの管理方式を改善し，法律，計画，基準，情報提供，財政などの多様な方法で学校への間接的な管理を施す。

　こうして，基礎教育についての中央・省・市・県の管理権限と責任は従来より明確化された。だが，県政府は学校管理の主体であると同時に教育経費の主な負担者にもなり，基礎教育における地域格差の拡大に拍車がかかった。なぜなら，県ごとの財政状況に大きな差があるからである。したがって，県ごとの「経済格差→教育経費の格差→基礎教育の格差」という現象が生じやすい。

　近年，県による基礎教育の格差は著しくなった。2010年，国務院は「国家中長期教育改革と発展企画綱要（2010～2020年）」（以下，教育企画綱要）を公布し，政府職能の転換と規制緩和・権限調整を改革の中心とし，各級政府の責任と権限を明確にした。「教育企画綱要」では「省政府の教育権限と責任を強め，省から県への財政移転（補助金）を増やし，省における教育総合改革を施す」ことと「有識者を入れて教育諮問委員会を設け，教育格差の縮小を促す意見を募集する」ことなど新たな政策が提示された。

　2013年，「全面深化改革若干重大問題に関する決定」（以下，改革決定）が公布され，教育領域における総合改革の強化が示された。「改革決定」は「教育資源の適切な分配，公立学校施設の標準化，校長と教員の定期的な人事異動な

どによって地域間，都市と農村間，学校間の教育格差を縮小させる」ことと「学校管理・学校評価・学校づくりの一体化改革を推進し，省政府の管理権限と学校の自主運営権限を拡大する」ことを示した。

2016年，都市と農村における統一的な義務教育経費保障制度がつくられ，義務教育経費が国によって保障され，また地域格差を是正するために明確な経費分担率も定められた。たとえば，私立の農民工子弟学校を含むすべての小中学校の授業料・雑費が免除され，中央政府は無償で教科書を提供する。政府は小中学校に教育経費補助金を提供する[3]。その場合，中央政府と省政府の負担率は，「西部と西部大開発政策を実施している一部の中部地域」「他の中部」「東部」という３つのエリアに分け，それぞれ「８：２」「６：４」「５：５」とする。また，中央政府と地方政府は「５：５」の比率で寮生活の農民工子弟学校やほかの公立小中学校の児童生徒に生活補助金を出す。

(2) 小・中・高等学校の学校経営をめぐる改革と課題

1980年代，「学校管理システムにおいては教育行政の指導のもとで，校長が全面的に責任を持ち，党支部による監督と教職員による民主管理が構想された」[4]。構想は1990年代に本格的に実施され，「綱要」はその代表的な法令として，「中等教育段階以下の各学校においては校長責任制を実施する。校長は国の教育方針と政策を全面的に貫徹し，教職員に協力してもらい，学校づくりを行う」ことを記載している。

2000年代を通じて，学校経営に関する改革は絶えず行われた。「行動計画」第34条では「学校による自主管理・自主発展・自我約束と社会による監督評価の状態を形成させる。校務公開制度を作り，児童生徒・保護者・地域住民の学校運営への参与と監督を促す」ことが明記されている。「義務教育法」第26条では「学校は校長責任制を実施する。校長が県政府の教育行政機関に招聘され，国家規定の校長職資格を持たなければならない」ことが示されている。

こうした改革を経て，学校施設の使用・管理，教育課程の設置，学校経費の使用，学生管理，教員の招聘（教育行政機関の許可のもとで）などの権限が校長に委譲され，校長責任制のもとで学校経営が行われることになった。一方で，

地域によって学校の自主運営権の確保および学校裁量権の拡大状況は大きく異なっている。蒲（2009）は「評価の主体が不明確な状態で，一部の学校では校長の権限が大きすぎ，校長責任制が校長の専権制となり，校長による職権の濫用・誤用または汚職の事件が発生している」[5]と指摘した。

　また，一部の地方政府は教育の公平性確保と校長の汚職防止の観点から学校に対する統制を強め，結果として校長責任制の形骸化，学校の自律性の抑圧，教師を主体とする教職員代表大会の機能不全，特色ある学校づくりと学校改善の停滞が生じた。これは多くの有識者に「学校教育を再生させるための根本的な問題として解決しなければならない課題である」[6]と指摘された。

　こうした課題の解決とすべての学校における教育の質的保障をねらいとして，「教育企画綱要」は「学校経営の標準化」を打ち出した。その後，「改革決定」は「各学校による学校づくりの自主権を拡大し，学校内部の運営システムを改善する…教育評価を社会に委託する」ことを決めた。一連の改革策によって，「法律に基づき，各学校における学校経営の自主権を明確にして保障する」ことと「学校責任者，教員，児童生徒，保護者代表，地域代表によって構成された校務委員会を作る」ことが唱えられている。

3. 高等教育における地域間格差の是正をめざす改革

(1) 管理運営体制をめぐる改革―中央集権から教育ガバナンスへ―

　1990年代後半以降，「小さな政府」をめざして，中央教育行政の過大な権限は次第に削減され，高等教育機関への規制緩和と競争原理の導入が進められた。当時，高等教育機関の管理運営をめぐって主に次の2つの改革策が実施された。

　第一に，中央各部庁所管の高等教育機関の管轄は教育部あるいは地方政府の教育行政部門に移譲された[7]。1993年，国務院は「国家教育委員会による普通高等教育の改革と発展を加速させる意見」を公布し，高等教育管理体制については「中央と省からなる二重管理体制への転換」とし，大学と中央各部庁との従属関係を転換すること，中央政府が地方政府と協力して大学を運営すること，また大学と地域社会を連携させることなど5つの形態を示した[8]。

1995年施行の「教育法」は「高等教育は国務院及び省人民政府が管理すること」と規定した。これを受けて，1999年には中央政府が「共同建設，調整，協力，合併」を打ち出し，中央各部庁に属する大学は教育部所管の大学と統合・再編されて地方政府へ移管された[9]。2000年以降，地方政府を中心とする新たな大学設立・管理体制の枠組みが確立された。

　第二に，管理運営の権限は行政機関から各高等教育機関へ委譲された。1999年施行の「中華人民共和国高等教育法」（以下，高等教育法）には設置認可を受けた高等教育機関が法人格を有し，大学の校長（日本の学長に相当する）が高等教育機関の法定代表人であると明記され，学生募集，専攻の設置・調整，教育計画と教学活動などの7項目について，大学の自主裁量が認められた。こうして，大学は自主的に教育課程の編成，教育活動の組織・実践，学生募集を行うことが可能になり，大学は独立した運営主体へと変化した[10]。

　近年，大学の自主権はさらに拡大され，教育ガバナンス導入の動きがうかがえる。2017年，教育部などは「高等教育における権限移譲，自主管理に関する意見」を打ち出した。そこでは「大学は民主管理制を実施し，事務手続きを簡略化し，学術的な自由と規範を守りながら研究者に対する評価基準と学術成果への評価システムを作る。政府は従来の職能と管理方式を改め，大学に協力して大学の発展をサポートし，多様な方法を用いて事後監督を行う。大学は第三者からの評価を受け，国家秘密・個人情報などの特殊情報以外の全ての情報を社会に公開し，社会からの監督を受ける」ことが明記された。

　こうして，大学をはじめとする高等教育機関の管理運営においては政府の職能が限定化・相対化される一方で，社会の役割が強調され，従来の地方政府管理から政府，大学，社会の三者連携による大学ガバナンスへの変化が大きな転換である。将来，高等教育機関の管理運営は多様な参加者による相互作用と意思決定によって行われることが期待されている。

(2) 財政体制をめぐる改革と高等教育規模の拡大

　規制緩和のもとで，各高等教育機関には，健全な経営を支える資金確保の自助努力が強く求められた。こうして，財政体制をめぐる改革が行われた。

その1つ目は，地方政府が地方所管大学の教育経費の配分主体になったことである。1990年代から高等教育に対する財政配分制度が改革され，学生の数を基準として予算額とその配分先が決定されることになった。また，地方の高等教育の財政権は地方政府に委譲され，独自の運営が可能になった。[11]

　2つ目は，高等教育機関に独立採算制が導入され，国・地方・大学独自・社会・個人など多元的な資金調達体制が確立された。[12] 1992年，「受益者負担」が適用され，大学生に対する授業料徴収制が決定された。その後，「高等教育法」は公財政を主としながら多様な財源で高等教育費を補う体制を規定した。一方で，高等教育の市場化と学歴主義の蔓延により，高等教育は個人財とされ，政府からの予算以外に，各大学は自主財源を確保しなければならなくなった。

　こうして，大学財源における「非国家財政による教育投資」が拡大し，とりわけ，授業料収入の増加は著しかった。1990年代以降，教育費に占める公的教育費の割合は80.9％から2000年代前半に62.9％まで低下した。一方で，学費・雑費の割合は7.7％から17.6％へと上昇した。[13] 改革によって，従来の国家

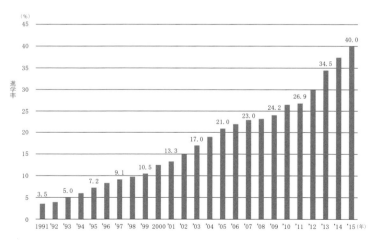

図17.1　中国における大学進学率（1991～2015年）
出所：中華人民共和国国家統計局編『中国統計年鑑2007年』中国統計出版社，2007年；中華人民共和国国家統計局「全国教育事業発展統計広報2007～2016年」電子版に基づき筆者作成

予算による単一型の財政体制は崩れ,授業料収入が大学の重要な財源となった。

1990年代以降,学生募集数の拡大により,図17.1のように高等教育進学率は急増した。2016年現在,普通高等教育機関数は2596校,在籍学生数は3699万人,大学1校当たりの在籍学生数平均は約1万4000人である。

(3) 高等教育における地域間格差の拡大とその対策

だが,既述の数字には地域によって大きな差が存在している。劉ら(2016)によれば,東部沿海都市にある大学の学生数は平均を大幅に上回る一方で,西部地域の大学の学生数は最も少ない。大学規模の拡大に伴い,学生募集をめぐって大学間の競争が激しくなり,経済発達地域の大都市では容易に学生定員を充足できるが,西部地域の大学では学生数の増員は非常に困難である。

このため,西部地域の大学の財政状況は厳しくなっている。2010年の時点で,東部地域の大学生1人当たりの教育経費は2万1474元であるのに対して,西部地域の大学生1人当たりの教育経費は1万4861元であった。西部地域の大学では教員数が削減されて学生募集数も縮小されており,西部地域から東沿海部への人材流出も増大している。

西部地域の高等教育の質を保障し,東部地域と西部地域の格差を是正するために,2012年,教育部は「中西部高等教育振興計画(2012-2020年)」を公布し,中西部地域にある100校の地方大学を支援する政策を打ち出した。具体的な措置としては,①中西部大学の基礎建設に関する項目:中央政府は中西部地域23省にある100校の大学の基礎建設を支援するために,100億元の教育経費を分配する,②中西部大学の総合的な実力を高める項目:中央政府は56億元を投資して,重点大学が設置されていない13省において14大学を選んで重点的に支援する,③西部大学を支援する項目:北京大学をはじめとする100校の東部地域の重点大学は西部地域の75地方大学を支援し,支援は学科専攻の設置・大学教員の育成・大学の管理運営に重点をおくというものである。

4. 考 察

1990年代以降,中国政府は競争原理を公教育に導入することで基礎教育と

高等教育の根本的な改革を図った。だが同時に，学校間と地域間の教育格差は急激に拡大して大きな社会問題になった。

　こうしたなかで，政府は基礎教育の教育理念の転換，教育課程の改革，学校管理・学校評価・学校づくりの一体化改革を次々と打ち出し，小・中・高等学校に対する財政的支援だけではなく，地域と社会を巻き込む教育改革を試みた。現在，各地域では学校経営自主権の確立・保障と保護者・地域住民の学校づくりへの参加が自律的な学校づくりの基盤と見做され，改革の重点になっている。また，学区を超えた学校間連携による「教育集団化」施策で，「強靭な学校」の教育資源を「脆弱な学校」にも共有させ，地域全体の教育力を高めようとしている。地域住民をはじめ，社会が教育に参加する機会を拡大することによって，地域間の教育格差を多元的な社会的資本で解決することが期待されている。

　一方，高等教育改革では，中央政府から地方政府・大学への権限委譲に基づく規制緩和と大学間の競争の導入が最大のポイントである。学生募集や専攻設置などに関連する大学の自主権は拡大された。しかし，性急な制度改革は，高等教育システムの構造を硬直化させ，とくに西部地域では高等教育の急速な衰退を招いている。その解決を意図する支援策は打ち出されたが，どのような効果が上がるかはまだ不透明である。　　　　　　　　　　　　　　　（張　　揚）

注
1) 中国では法令上，普通教育を施す小・中・高等学校の教育を含む12年間の教育をさす。本章では，「基礎教育」をその意味で用い，「義務教育法（2006年）」において規定された小・中学校段階の9年制義務教育を「義務教育」として表記する。
2) 教育部（中央）→教育庁（省・直轄市・自治区）→教育局（市）→教育委員会（区・県）→（教育委員室（郷）→）学校のような教育行政体制をさす。
3) 農村地域と都市部を区別せず，児童生徒1人当たりの経費補助金額は中西部地域小学生600元／人，中学生800元／人，東部地域小学生650元／人，中学生850元／人である。
4) 蒲蕊『政府と学校関係の再建―制度分析の視角』武漢大学出版社，2009年，129頁。
5) 同上，162頁。
6) 滿建宇「管辦評分離：現代学校制度建設的関係重構」『現代教育管理』第9期，2014年，26頁。
7) 胡建華／鮑威訳「高等教育管理体制の改革」黄福涛『1990年代以降の中国高等教育の

改革と課題』広島大学高等教育研究開発センター，2005 年，69 頁。
8）黄福涛「中国の高等教育システム構築―政策の視点から―」『COE 研究シリーズ』広島大学高等教育研究開発センター出版，2003 年，83-90 頁。
9）劉文君「中国における高等教育システムの分化と資金配分構造の転換」『大学財務経営研究』第 4 号，国立大学財務・経営センター，2007 年，151-167 頁。
10）胡／鮑訳，同上，73 頁。
11）郭仁天「中国における社会変化と高等教育政策に関する研究―高等教育財政の改革を中心として」『広島大学大学院教育学研究科紀要』第 3 部，第 52 号，2003 年，64 頁。
12）劉志業・何暁毅「中国における高等教育の現状と課題」山口大学・大学教育機構『大学教育』第 5 号，2008 年，5 頁。
13）南亮進・牧野文夫・羅歓鎮『中国の教育と経済発展』東洋経済新報社，2008 年，135 頁。
14）北京市，天津市，河北省，遼寧省，上海市，江蘇省，浙江省，福建省，山東省，広東省，海南省をさす。
15）四川省，重慶市，貴州省，雲南省，内モンゴル自治区，広西チワン族自治区，チベット自治区，陝西省，甘粛省，青海省，寧夏自治区，新疆ウイグル自治区をさす。
16）劉方成・呉孟桃「西部地区高校人力資源現状と発展予測」『重慶高教研究』第 4 巻第 2 期，2016 年，8 頁。
17）同上。

文献・参考資料
植村宏美『中国における「農民工子女」の教育機会に関する制度と実態』風間書房，2009 年
王珊・蘇君陽「走向現代教育治理的教育管理権力重構」『現代教育管理』第 5 期，2015 年，27-31 頁
呉德剛・曽天山・鄧友超「我国西部地区人材資源開発戦略研究」『教育研究』総第 423 期，2015 年，33-41 頁
蒋関軍「複雑性理論視野下的学校評価重建」『内モンゴル師範大学紀要』第 28 巻，第 6 期，2015 年，14-23 頁
張揚『現代中国の「大学における教員養成」への改革に関する研究』学文社，2014 年
仲田陽一『知られざる中国の教育改革―超格差社会の子ども・学校の実像』かもがわ出版，2014 年
任初明「西部高校専任教員隊伍建設成効研究」『広西師範大学学報：哲学社会科学版』第 51 巻，第 1 期，2015 年，137-145 頁
毛亜慶「論公平有質量的学校管理改進」『教育学報』第 9 巻，第 3 期，2013 年，28-34 頁

第18章　政治経済体制の転換に伴う教育改革と教育経営―ロシア連邦―

　本章では，1990年代後半以降のロシア連邦における教育改革の特色や教育経営上の課題を明らかにする試みとして，連邦レベルの教育課程行政について，学校の管理運営体制との連関に注目しながら考察する[1]。

1. 教育改革・制度の背景

　ロシア連邦では，ソビエト連邦（以下，ソ連）の崩壊以降，民主主義と市場経済を基軸とした国家づくりが志向され，教育制度の全体像を定めた「ロシア連邦教育法」（1992年）は，教育目標の1つに「全人類に普遍的な価値，個人の生活・健康並びに人格の自由な発達」を掲げた。これは，教育内容・方法の決定にかかる，国家の教育権力から国民の教育人権への法制上の転換を伴い，国民の意思に基づいた教育制度の構築が基本課題とされたことを意味している。

　この教育制度は，国際通貨基金，世界銀行，アメリカ国際開発庁などによる，いわゆるワシントン・コンセンサス[2]の影響を受けたものであった。ワシントン・コンセンサスは，1998年に顕在化したロシア財政危機などを契機に，市場原理を重視しつつも，政府による適度な介入やその国特有の制度的枠組みを重視する方向に改められた。しかし，「ロシア連邦教育法」には，カリキュラムの標準化や学校教育へのコミュニティの参加など，旧ソ連・東欧諸国の市場経済体制への移行に対する援助・支援の条件となる「政策パッケージ」をふまえた制度が規定され（福田，2012，12-13頁），その後の教育政策に直接的な影響を及ぼしたと指摘できる。

　たとえば，少子化に対応した学校の統廃合が，人口・民族構成や経済規模などといった地域の事情よりも，公財政支出の効率化を優先して進められている状況が認められる。実際，ロシア連邦では，ソ連時代より，4－5－2年制の初等中等普通教育を提供する学校として，初等学校（1－4学年），基礎学校（1－9学年：義務教育）および中等（完全）学校（1－11学年）が設置されているが，1990年代後半以降，より地域の事情の影響を受けやすい初等学校が，統廃合の主たる対象となっていることが明らかである（表18.1）。

表 18.1　初等中等普通教育を提供する公立学校数の変化

年	1993	1995	2000	2005	2010	2015*
公立学校総数	68,113	68,445	66,428	60,771	48,804	42,687
初等学校	17,231	17,124	14,916	10,449	3,104	1,334
基礎学校	14,145	13,757	12,722	11,282	9,224	7,542
中等（完全）学校	34,859	35,658	36,789	37,025	29,111	27,375
特別支援学校	1,878	1,906	2,001	2,015	2,035	1,807

注：2015年度の数値は私立学校を含む。
出所：Российский Статистический Ежегодник各年度版

2. 教育行財政制度の分権化

(1) 分権的な教育行政制度の構築

　ロシア連邦は，共和国，地方（クライ），州，連邦的意義を有する市，自治州および自治管区といった連邦構成主体からなる連邦制国家であり，連邦としての統一性を維持するための事項を除き，連邦構成主体に一定の権限が与えられている。「ロシア連邦教育法」は，教育政策の基本原則の1つとして，「文化と教育の領域において連邦としての統一性を保持する」と同時に，「教育制度の維持を通じて，多民族国家としての民族文化，地域の文化的伝統を継承・発展させる」ことを明記していた。そのため，連邦構成主体は，連邦と共同で国家としての権限と責任を有し，域内の社会・経済・文化・民族構成などの実情に応じた教育政策・制度，教育予算，法律などを独自に制定できるとされた。

　また，連邦構成主体の下には，国家の指揮・命令系統に属しない地方自治体（市や地区など）が新たに設けられ，主として当該地域の義務教育の保障に関する権限が与えられた。これは，個人や社会の多様なニーズに応える教育を実現するためには，教育にかかる一定の役割を地域住民の自治機関に伴わせる必要性が認識されたことをあらわしている[3]。

(2) 学校裁量権の拡大

　学校は，法令などが定める範囲で，「教育課程の実施，職員の選抜・配置，学術・財政・経営その他の活動において独立している」ことが定められた。学校の管理運営については，当初，当該校の選挙によって選出された学校会議

（совет образовательного учреждения）が「全般的な指導」にあたると明記された。これは，学校教育へのコミュニティの参加を意図したものであるが，「ロシア連邦教育法」には，学校会議の選出手続き，構成および校長との権限関係などが規定されていなかった。そのため，当時の学校会議では，教職員の人事や学校予算の運用などをめぐり，生徒，保護者および地域住民などの代表者と教職員の間で意見が対立することが多く，必要な案件を決定することができなくなるという混乱が頻繁に生じた（高瀬，2005，202頁）。

(3) 学校の管理運営体制の自由化

こうした状況をふまえ，1996年に改正された「ロシア連邦教育法」は，学校の管理運営について，「単独責任（единоначалие）と自主管理（самоуправление）の原則に基づいて行われる」と規定した。

単独責任の原則は，学校に与えられた権限の執行にかかる決定を校内の特定の職位または組織に集中させて行い，これに伴う責任の所在を明らかにするものである。自主管理の原則は，教職員，生徒および保護者などが，何らかのかたちで学校の意思決定にかかわることを通じ，行政機関や政治組織などに対する学校の自律性を確保しようとするものである。「ロシア連邦教育法」は，自主管理の形態として，学校会議，保護者会議（попечительский совет），学校総会（общее собрание），教職員会議（педагогический совет）などを例示し，その設置の要否，役割・構成，校長との権限関係などについては，各学校が定めるとしていた。

この法制の変化は，学校ごとに必要な自主管理組織を設置し，多様な管理運営体制の形態をとることを認めたものであるが，実際には，多くの学校で，校長を中心とした体制が確立していった。

3. 初等中等普通教育の多様性の確保

(1) 基本教科課程の大綱化

「ロシア連邦教育法」は，教育の基本的内容について，連邦が作成する「連邦要素」と連邦構成主体が作成する「民族－地域要素」を含む，国家教育スタ

ンダードで明らかにされると定めていた。その趣旨は，ロシア連邦で共通に履修すべき一定の教育内容を確保したうえで，民族的・地域的な特性を反映した学校教育の多様化を促進しようとすることにある。また，国家教育スタンダードは，10年に1回以上の頻度でコンクールを通じて作成・改訂されることに加え，義務教育段階（第1－9学年）のものについては，国会の承認が必要と規定された。このことは，国家・行政機関が学校の教育課程を過度に規制・管理できないような仕組みの下で，教育内容・方法を公開された民主的なプロセスによって決定する方針をあらわしている。

　国家教育スタンダードは，国会左派勢力の反対や財政負担の問題などのために制定作業が大幅に遅れたため，連邦レベルの暫定的な教育課程の基準として，ロシア連邦教育省によって，1993年6月に初等中等普通教育の基本教科課程が提示された[4]。基本教科課程は，必要最小限の学習量と選択授業を含めた児童生徒の最大学習量を教育内容・学年ごとの週当たり授業時数によって定めたものであり，不可変部門と可変部門から構成された。不可変部門は，「教育の領域において連邦としての統一的な空間を構築」し，「全人類に普遍的な価値と文化・伝統に立脚した人格形成」を図るもので，「連邦要素」と「民族－地域要素」が含まれた。可変部門は，「民族や地方・地域の社会的・文化的な特性並びに伝統」をふまえつつ，「児童生徒の個に対応した」教育を実現するものとされた。具体的には，学校が決定する「学校要素」であり，選択必修と自由選択・個別学習またはグループ学習の時間が設定された。

(2) 学校裁量権の拡大

　こうした教育課程の基準は，教育内容・方法の決定にかかる権限を連邦，連邦構成主体および学校に分配し，民族的・地域的な特性を反映した学校教育の多様化を意図していた。1993年の基本教科課程では，初等中等普通教育11年間の週間授業時間数が，「連邦構成要素」165時間（約47％），「民族－地域要素」93時間（約27％），「学校要素」90時間（約26％）であった。

　学校で行われる授業科目や配分時間数は，連邦構成主体が勧告的に作成する基準をふまえ，学校が決定するとされた。つまり，学校教育の多様性は，それ

ぞれ学校の間で顕著となることが意図されていた。また，当時の学校の管理運営は，学校の自主管理機関である学校会議を中心に行われるとされたことから，その構成メンバーである保護者・地域住民などに教育内容・方法の決定にかかる権限の一部が直接的に分配されていたと指摘できる。

1993年の基本教科課程は，ロシア連邦における統一的な教育空間の形成と学校教育の多様性の実現に一定の役割を果たしたと評価できる。その一方で，「民族－地域要素」や「学校要素」には，教育方法の裏づけが不十分な「科学的でないもの」，児童生徒の学力形成に役立たない「はやりの科目」，特定の高等教育機関への進学のみを志向した「極端に専門的な科目」などが設けられがちであった[5]。

(3) 改訂基本教科課程の特色

ロシア連邦教育省は，1998年2月，言語，数学，社会科，理科，芸術，体育およびテクノロジーの7つの教科領域それぞれに含まれるべき教育内容の諸分野を示した教科構造を掲げる基本教科課程の改訂を行った[6]。その際，数学の教科領域と物理ならびに化学の教科構造については，すべて「連邦要素」とされ，そのほかの教科領域・教科構造については，それぞれの週間授業時間数の10～15％を連邦構成主体が設定する「民族－地域要素」と定められた。「学校要素」の比率は，週6日制の学校が約20％，週5日制の学校では約11％とされた。

これにより，初等中等普通教育11年間の週間授業時数に占める「連邦要素」の比率が70％以上に増加したが，教育内容が教科領域・教科構造として提示され，実際の授業科目やその配分時間数を学校が決定する点に変更がなかった。一方，1996年の「ロシア連邦教育法」の改正により，学校会議がほかの校内組織とともに学校の自主管理の一形態とされ，学校裁量権の行使にかかる意思決定・執行権が，学校ごとに校長，教職員，生徒および保護者・地域住民の間で自由に配分される法制となった。しかし，多くの学校では，生徒や保護者・地域住民が学校の管理運営に直接参加することの有効性が疑問視されており，ほとんどの学校会議が廃止されるか，教職員を中心としたものに変更され，校長の権限が大幅に拡大していった（高瀬，2005，201-203頁）。

4. カリキュラムの標準化を図る教育スタンダードの制定
(1) 国家教育スタンダードの制定

「ロシア連邦教育法」は，1996年ならびに2002年の改正により，義務教育の国家教育スタンダードの国会承認やコンクールによる作成を義務づけた規定が削除された。これを受けて，ロシア連邦で初めての国家教育スタンダードが，2004年3月5日付で制定された。[7]その内容は，全体を概説した総則と，初等教育，基礎普通教育および後期中等普通教育の教育段階ごとに定められた，①教育目標や必修教科を明記した一般規定，②学習の成果として求められる生徒の知識（一般的な学習能力）やそれを生活に活用する実践的な態度・実践力（経験と活動の方法）の概要，③教科ごとの目標，最小限の学習内容および生徒に求められる態度・実践力から構成される。

連邦政府による政策文書である「2010年までのロシア教育の現代化基本構想」（2001年12月）[8]によれば，ロシア連邦の教育政策の課題は，「教育の基礎・基本（фундаментальность）を保持する」と同時に，「教育の質を現代化する」ことであった。教育の質の現代化については，「学習者に一定の知識を習得させるだけでなく，学習者の人間性や認識的・創造的な能力の発達」を図ることが必要とされ，普通教育において「普遍的な知識，技術及び経験を総体化」し，学習者が自己責任において自主的に活動できる能力を身につけさせることとしている。さらに，教育の構成要素に訓育が有機的に含まれるべきとの観点から，「市民としての責任と遵法意識，道徳性と倫理性，自主性，自律性，寛容性，社会的適応性，労働市場への積極的な適応性」の形成が必要とされている。

これに基づき，国家教育スタンダードは，実現が図られるべき施策・指針の1つとして「社会で直面する実践的な課題の解決に必要となる，生徒が学習した知識，技術及び活動方法を活用できる能力としてのキー・コンピテンシー（ключевые компетенции）を形成する」ことをあげた。[9]つまり，ソ連時代には1つの事柄について模範的・一義的な解釈が求められたのに対して，1つの事柄について他人とは異なる価値観に基づいた自分の意見を説明する「民主主義的」な能力の育成が志向されたと指摘できる。

国家教育スタンダードの制定をふまえた新しい基本教科課程は，教育内容が教科として示され，ロシア連邦のすべての児童生徒が共通に学習する最小限の内容と授業時間数がより明確にされた。配当される時間数については，初等・基礎普通教育において「民族－地域要素」と「学校要素」の合算で示されているが，「連邦要素」が75％以上，「民族－地域要素」が10％以上，「学校要素」が10％以上でなければならないとされた。

(2) 連邦国家教育スタンダードの制定

　国家教育スタンダードは，教育内容にかかわる根本的な変更やキー・コンピテンシーを育む具体的な手立てを示さなかったことから，「2007年に早くもスタンダードの改訂が決定」された（岩﨑，2012，21頁）。そのため，2007年末に改正された「ロシア連邦教育法」は，国家教育スタンダードを連邦国家教育スタンダードに改め，①初等教育から高等教育までを対象とすること，②連邦，民族－地域および学校の構成要素に関する規定を削除したこと，③連邦政府機関によって開発・承認されることなどの変更が施された。

　この連邦国家教育スタンダードは，初等教育用（1－4学年）が2009年10月に[11]，基礎教育用（5－9学年）が2010年12月に[12]，後期中等普通教育用（10－11学年）が2009年10月（2012年5月）に決定され[13]，2015年度までに初等中等普通教育のすべての学年で導入・実施される計画であった。

　そこでは，国民の基本的価値（伝統・文化など）や科学的知識の基礎を身につけるだけでなく，普遍的学習行為（универсальные учебные действия）を発達させることが重視されている。普遍的学習行為とは，「広い意味では，学習する能力であり，未知の社会的経験を意識的・能動的に獲得することによって自らを成長・向上させる主体としての力量」（А.Г.Асмолов，2008，27頁）と捉えられている。「より狭い（本来の心理学的な）意味では，新しい知識の主体的な習得や，そのプロセスの組織化を含めた能力の形成を保障する学習者による行為の方法（または，それらと関連した学習活動の習熟）の総体と定義できる」（同上）とされる。

　普遍的学習行為は，人格的（личностные），調整的（регулятивные），認識

的（познавательные）および伝達的（коммуникативные）な行為に区分され（同上，28-31頁），学習者が，他者や外的環境との相互作用を通じ，知識等を内化・獲得していく学習プロセスを示している。そのため，学校・教員には，学習者への知識伝達ではなく，学習対象への理解・活用に向けた支援が求められることになった。

　連邦国家教育スタンダードに基づく基本教科課程は，「連邦要素」「民族－地域要素」「学校要素」の構成区分が廃止され，ロシア語を教授言語とする学校，ロシア語を教授言語としつつ民族語を学習する学校または母語（非ロシア語）を教授言語とする学校を対象とした3種類が提示された。これは，教育内容・方法の決定にかかる連邦の関与を強化する一方で，「教育制度の維持を通じて，多民族国家としての民族文化，地域の文化的伝統を継承・発展させる」ことに配慮したものといえる。ただし，こうした変更は，それまで「民族－地域要素」を決定することで，「民族文化，地域の文化的伝統」に関する教育内容・方法に関与してきた連邦構成主体の権限が，3種類の基本教科課程のなかからいずれかを選択する学校へ実質的に移ったことを意味している。

5．教育課程行政の特色と課題

　ロシア連邦の教育課程行政は，カリキュラムの標準化を通じ，連邦全体で児童生徒に身につけさせる資質・能力の水準を明らかにし，それをふまえて，連邦構成主体，地方自治体および学校が，自らの教育行政または教育活動を独自に立案・遂行していくものとして制度化された。標準化されたカリキュラムの基準は，普通教育の修了を認定する統一国家試験の導入と連関して，当該地域や学校における教育の水準を客観的に評価し，公財政支出の増減や地域住民に対する説明責任の根拠として用いられることが想定されていた。そのため，1993年，1998年および2004年に示された基本教科課程は，連邦，連邦構成主体および学校の三者が決定する教育内容・方法の範囲を授業時間数であらわすことにより，その比率に対応した権限の行使を保障していたと捉えられる。

　ただし，地方自治体には，教育内容・方法の決定にかかる権限が分配されて

おらず，地方自治体が「中抜け」した構造となっている。これは，学校ごとに特色ある教育課程の編成を促進しつつも，地域住民の意思が教育内容・方法の決定に反映される機会を減じることから，国家（連邦と連邦構成主体）の教育課程に対する行政責任を結果的に高めることにもつながりうる。つまり，学校の権限拡大といった教育課程行政の分権化の一方で，教育内容・方法の決定にかかる国家関与の度合いがむしろ強化されていく可能性があると指摘できる。

とくに，「ロシア連邦教育法」の1996・2002年の改正により，国家教育スタンダードが連邦政府の内部手続きによって制定できるようになり，三者の権限関係について，連邦による恣意的な変更を可能とする法制になったことが留意される。実際，連邦が決定する比率が，1993年の47％から，1998・2004年には70〜75％に増加しており，教育内容・方法の決定にかかる権限が，相対的に，連邦に集権化されていった状況が認められる。

さらに，2009-2010年に示された連邦国家教育スタンダードでは，学校が3種類の基本教科課程から1つを選択する制度となり，ロシア連邦における教育課程行政が，連邦と学校の直接的な関係を基本とするものになった。この場合，学校に配分された教育内容・方法の決定にかかる権限は，それを行使する具体的な主体が，個々の学校の管理運営体制によって変化することになる。

「ロシア連邦教育法」の1996年改正では，それまで，保護者・地域住民等が参加する学校会議を中心とした管理運営体制が，学校が独自に定めることに変更され[14]，多くの学校で校長を中心としたものが一般化していった。学校の意思決定にかかる権限の主体が校長や教職員である場合，キー・コンピテンシーや普遍的学習行為の育成よりも，知識・技術の基礎・基本の習得を意図した「伝統的な教育が好まれる」傾向にあり，「教育方法の改善を通じた新しいタイプの教育課程が編成されにくい」状況が認められるとされる[15]。

ロシア連邦の教育改革・制度は，政治経済体制の転換に伴う国家の理念にかかわって，中央集権的か地方分権的かではなく，国家の教育権力から国民の教育人権への転換を実現する制度上の仕組みの適切性が問われる必要がある。したがって，教育課程行政においては，国民の教育人権としての教育内容・方法

の決定にかかる権限の保障について，いかに教育内容・方法の決定過程に多様な価値観を有する国民の意思を直接反映するかといった「民主主義的」な機会の確保に関する課題を内包している。　　　　　　　　　　　　（高瀬　淳）

注
1) ロシア連邦成立以降の教育改革に関する包括的な先行研究として，福田誠治（研究代表）平成23-25年度科学研究費補助金基盤研究（A）海外学術調査「体制転換後ロシア連邦20年の教育改革の展開と課題に関する総合研究」（課題番号：23252011）の「中間報告書（2011年度）」「中間報告書（2012年度）」「最終報告書（2013年度）」などがあげられる。
2) ワシントン・コンセンサスは，財政規律の確保，公共支出の改善，税制改革，金融の自由化，為替レートの自由化，貿易の自由化，外資の自由化，国営企業の民営化，規制緩和，財産権の保障など，経済の自由化を原則とした政策の実施を開発途上国に対する融資条件（コンディショナリティ）とするものであり，アメリカを中心とする対外経済戦略の基本的な方針として，国際機構や財団などが行う援助・支援に反映されていった。
3) ソ連時代には，各地に設けられた国営企業が，学校などの設置や維持を含む，生活インフラの整備や公共サービスの供給に大きな役割を果たしていた（В.Н.Лексин, А.Н.Швецов, Новые проблемы российских городов. Муниципализация социальных объектов: правовые и финансовые решения, 1999, стр. 28-29.）。
4) Приказ №237 Министерства образования РФ "Об утверждении базисного учебного плана общеобразовательных учреждений Российской Федерации" от 7 июня 1993.
5) Приказ №322 Министерства Общего и Профессионального образования РФ "Об утверждении федерального базисного учебного плана общеобразовательных учреждений Российской Федерации" от 9 февраля 1998.
6) там же.
7) Приказ №1089 Министерства образования РФ "Об утверждении федерального компонента государственных образовательных стандартов начальногообщего, основного общего и среднего (полного) образования" от 5 марта 2004.
8) Концепция модернизации российского образования на период до 2010 года. Концепция утверждена распоряжением Правительства РФ от 29 декабря 2001. No.1756-р (п.2).
9) 高瀬淳「ロシア連邦における児童生徒の資質・能力と『テクノロジー』教育」（家庭科・家政教育研究会『家庭科・家政教育研究』第5号，2010年，57-68頁）を参照のこと。
10) Приказ №1312 МОРФ "Об утверждении федерального базисного учебного плана и примерных учебных планов для образовательных учреждений Российской Федерации, реализующих программы общего образования" от 9 м

арта 2004.
11) Приказ Минобрнауки России №. 373 "Об утверждении и введении в действие федерального государственного образовательного стандарта начального общего образования" от 6 октября 2009 года.
12) Приказ Минобрнауки России №. 1897 "Об утверждении и введении в действие федерального государственного образовательного стандарта основного общего образования" от 17 декабря 2010 года.
13) Приказ Минобрнауки России №. 413 "Об утверждении и введении в действие федерального государственного образовательного стандарта среднего общего образования" от 6 октября 2009 года.
14) 2012年12月29日に全部改正された「ロシア連邦教育法」では，学校の管理運営が単独責任制と合議制（коллегиальности）に基づいて行われ，合議機関として，教職員総会（協議会）や教員会議などがおかれると定められている。
15) 筆者が極東国立人文大学教員養成機構長のВ.А.ダヴィヂェンコ（2016年2月29日）に対して行った聞き取り調査による。

文献・参考資料
岩﨑正吾「生涯に生きる学力の形成とロシア連邦のカリキュラム改革」『ロシア・ユーラシアの経済と社会』No.956, ユーラシア研究所, 2012年, 19-29頁
高瀬淳「ロシア連邦における学校の管理運営体制の法制と実態」『教育制度学研究』第12号, 2005年, 197-210頁
福田誠治「教育の貸与・借用理論，そのロシアへの波及」『ロシア・ユーラシアの経済と社会』No.956, ユーラシア研究所, 2012年, 9-18頁
А.Г.Асмолов, Г.В.Бурменская, И.А.Володарская и др. Как проектировать универсальные учебные действия в начальной школе: от действия к мысли, Просвещение, 2008

第19章　NPMを基軸とした教育改革と教育経営
　　　　　　―ニュージーランド―

1．NPM型教育改革の影響

　ニュージーランドは，1980年代後半に大規模な教育改革を断行する。それは，先行実施されていた行財政改革から派生したと捉えることができ，ニュー・パブリック・マネジメント（New Public Management：NPM）を基本原理とし，公的部門の規制緩和，政府経費の削減，行政の効率化・活性化などを企図した公的部門全体に及ぶ大改革であった。[1]

　「明日の学校」改革と称されるこの教育改革の主眼は[2]，中央集権体制から脱し，学校分権体制を実現することにあった。そのため，教育省の改組，地方教育行政を担っていた教育委員会や学校視学官の廃止を前提に，各学校に保護者や地域住民を中心に構成する学校理事会（Board of Trustees：BOT）を設置し，BOTを教育課程編成，人事運営，財務運営などに関する権限を有する学校経営主体として位置づけた。以降，BOTによる自律的学校経営が推進され，各学校の自律性を尊重した諸々の施策は，同国の特質として認識できる。

　新しい教育行政制度の特徴は以下の3点に集約できる。第一に，BOTによる教育活動を確認し，学校経営の透明性，アカウンタビリティを確保するために，第三者評価を専門に行う教育機関評価局（Education Review Office：ERO）が設置されたことである。これまでの学校視学官による査察にかわり，EROによる第三者評価が制度化された。第二に，教員管理施策を専門に扱う教育審議会（Education Council：EC）が設置されたことである。[3]学校視学官による等級づけ（grading）を通じた管理体制にかわり，教員登録制度が導入された。そして第三に，児童生徒の学習達成度を測る試験や修了資格などを一括管理する資格機構（Qualification Authority：QA）が設置されたことである。新しく学力試験が導入され，各教育段階の修了資格が体系化された。

　教育経営学者のワイリー（Wylie, C.）は，「明日の学校」改革の実相と改革の学校現場への影響を分析するなかで，1990年代は「制度の改革」であり，改革が導いた新しい制度の整備がなされ，2000年以降は「制度の改革」をもとに，教育の質の向上・充実を図るための「中身の改革」が展開されたと評している（Wylie, 2003）。すなわちそれは，1999年の政権交代を機に，1980年代後半か

ら続く改革の主眼に変更があったことを意味しており，BOT を中心とした学校ガバナンスの仕組みを基盤に，それを充実させていくための施策が実施されていったと理解できる。本章では，ワイリーによる分析枠組みを援用し，教育の質の向上・充実を企図した 2000 年以降の教育経営施策展開を主な検討の対象として設定し，BOT による自律的学校経営の展開を整理する[4]。

2. 第三者評価の展開

(1) 評価観の転換

　ERO は，BOT による学校経営を第三者の立場から客観的に評価する機関として設置された[5]。設置当初，ERO の主な役割機能は，チャーター（Charter）に示した教育目標などの達成状況および公費の使途について確認すること[6]，評価結果を大臣に報告すること，そして評価対象である学校の現状，政策の実施状況について意見を述べることなどに集約され[7]，投資に見合った教育成果と BOT のアカウンタビリティを確保することに重点がおかれた。また，コンプライアンスの観点からの評価も重視されていた。しかし，こうした評価は，管理的側面が強調されていたため，学校現場の実際が反映された評価になりにくく，学校からの反発も多かった。評価の有用性や効果に対して疑義が呈され，評価にかかる手間への不満も多く確認されている[8]。

　こうした状況を打開すべく，政府は ERO のあり方，第三者評価手法の見直しに着手し，評価観の転換を図る[9]。それは，コンプライアンスや管理・監査的色彩の強かった評価から，学校の自己評価の充実を図るための評価への転換である。ERO による第三者評価と学校の自己評価の関連を重視し，自己評価を基盤に，第三者評価を効果的に活用することで学校改善に結びつけることを主眼とした（State Service Commission, 1997；福本，2002）。個々の学校が自己評価力，自己改善力を高めるための手段として，第三者評価を位置づけたのである（ERO, 2011）。そのために，評価指標や評価プロセスなども変更し，「前回の評価での指摘にどのように対応したか」「前回の評価からいかに改善があったか」を重視するようになった。ERO から一方的に評価されるのではなく，

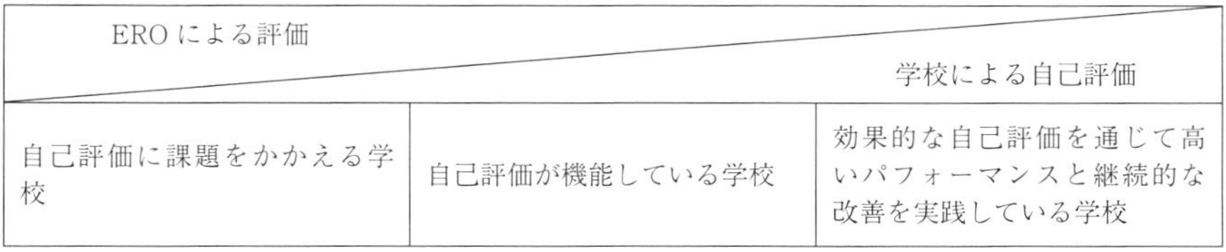

EROによる評価		学校による自己評価
自己評価に課題をかかえる学校	自己評価が機能している学校	効果的な自己評価を通じて高いパフォーマンスと継続的な改善を実践している学校

図19.1　第三者評価と自己評価の関係性
出所：Mark Evans, 2014 より筆者作成

　学校がEROとともにこれまでの実践について振り返り，学校づくりを行っていくことを指向したのである。
　一方，2009年より，これまで通常3年に1度実施されていた評価が，3カテゴリー（1～2年／3年／4～5年）に区分され，学校ごとに評価サイクルが異なることとなった[10]。それは，第三者評価を必要とする学校と必要としない学校を区別し，必要とする学校には短い周期での評価を通じて，自己評価力，自己改善力を高める契機や改善のための道筋を提供し，必要としない学校には，比較的長い周期での評価を通じてさらなる自己評価の充実と自己改善力の伸長を期待するようになったと理解できる。すなわち，自己評価に課題をかかえる学校については，EROによる評価が手厚く入ることとなり，評価回数も増え，1～2年サイクルと位置づけられるが，すでに効果的な自己評価システムを有しており，自己改善を進められる学校については，EROによる評価は減り，4～5年サイクルとなるのである（図19.1）。こうした変更の背景にも，EROによる第三者評価を通して学校の自己評価力，自己改善力の開発，発展を促すという姿勢を看取できる。

(2) 評価と支援の一体化

　第三者評価と学校の自己評価とを連動させた取り組みは，学校改善を図るための支援との結びつきを強めていく[11]。すなわち，評価によって学校課題を明確化・焦点化し，課題に対して適切な支援を提供することで，より効果的に学校改善を図っていこうとする指向である。EROは学校に対する支援機能は有しておらず，あくまで教育活動を評価することを役割機能として掲げていた。し

かし，ERO は直接の訪問を通じて学校実態を把握することのできる唯一の機関であるため，評価を通じて得られる情報は教育省にとっても重要であり，評価によって困難をかかえる学校と支援を必要とする点を明らかにし，改善に向けた効果的な支援を提供することが可能となる。評価と支援を一体化させることによって，ERO 評価の効果を高め，より学校改善に資する評価へと位置づけたと考えられる（福本，2013）。

　以上のように，自律的学校経営のもと，第三者評価を各学校の自己評価を充実させるために活用し，さらに評価と支援の一体化を図ることで，学校改善を導く仕組みを構築したといえる。

3. ナショナル・スタンダードのインパクト

　教育段階ごとに別個に設定されていたカリキュラムは，「明日の学校」改革を経て，初等教育から中等教育への児童生徒の学びの過程を重視し，一貫性，継続性を考慮したかたちへと整備され，ナショナル・カリキュラムとして公表された。しかし，ナショナル・カリキュラムで示されているのは，各教科において当該学年の児童生徒が身につけることが求められる能力や技術のみであり，それらの能力や技術を身につけさせるための具体的な内容や方法は，各学校に委ねられている。各学校は，ナショナル・カリキュラムをもとに，学校独自のカリキュラムを作成することが求められるため，必然的に学校ごとのカリキュラムは異なることとなる。自律的学校経営のもと，ナショナル・カリキュラムをどう解釈し，いかに発展させ，何をどのように教え，子どもたちに求められる能力や技術を習得させていくのか，教師の力量が問われることとなり，教師の専門職性が尊重されているといえる。

　一方，こうした状況は，多民族国家である同国において，とりわけヨーロッパ系と先住民族マオリなどのマイノリティの子どもとの学習達成度の差を生みだした。[12] PISA の国際学力調査においては比較的よい結果を収めているものの，学習達成度の低い児童の存在が多いこと，上位層と下位層の差が拡がりつつあることが指摘されている（Gordon, 2010）。また，5 人に 1 人の割合で，学校教

育において十分な知識・技能を習得することができず，無資格で学校を離れることとなっている現状が明らかにされている（MOE, 2009）。

2010年から段階的に導入されていったナショナル・スタンダード（National Standards：NS）について，当時首相であったキー（Key, J.）は，各学年の終わりまでにすべての児童が身につけることを期待される学習達成度を示し，ベンチマークにもなりうるものであり，児童の学習達成度の改善と向上に貢献するものであるとしている（Thrupp, 2010）。1～8年生（初等教育）を対象に，算数（mathematics），読み（reading），書き（writing）の3分野から構成され，各学年で児童が身につけるべき，あるいは達成すべき事項を明示し，カリキュラムと関連するかたちで提供されている。[13]

NSの導入によって以下の2点が期待されている。第一に，学校に対して，当該学年において児童が習得するべき事項をカリキュラムとの関連から明確にし，学びの過程や質の改善を促すことである。教師は，NSを判断基準とし，各児童の学習達成度の進捗と位置を把握することができ，理解が遅れている児童を早期に確認し，そうした児童に対して適切な支援を提供するきっかけをつくることができる。教師が児童の現状を把握し，次の指導への手立てを考案する一助として，NSが機能することが構想されている。第二に，保護者に対してアカウンタビリティを果たすことである。NSは，児童の学習達成度について，保護者に対して少なくとも年間2回の説明を課している。保護者は自分の子どもの学習状況や理解度について，定期的に学校側から説明を受ける機会を得ることができ，また，そうした保護者とのやり取りから学校側も児童の家庭学習状況を知ることができ，指導の改善に反映することが期待されるのである。

各学校はチャーターにおいて，NSとの関連から自校の児童が達成すべき学習目標を設定することが求められる。そして，その達成状況を年次報告書に示し，教育省，保護者や地域に対して説明しなければならない。加えて，児童の学習達成度を，NSに照らして「above（超えている）」「at（同程度）」「below（下回っている）」「well below（かなり下回っている）」の4段階で評価することが求められる。すなわち，各学校は，NSに照らした目標設定，およびその評価，

評価結果に基づいた手立てを学校経営のなかに組み込むことが求められるようになり，NSを意識した教育活動を行わざるをえない環境が構築されたといえる[14]。そうしたマネジメントサイクルが機能しているかどうかについては，EROによる評価対象になる。

さらに，NSは教育評価のあり方にも影響を与えており，NSに照らした評価が重視され，NSを活用するための評価ツールの開発が政府主導で積極的に行われている。自律的学校経営のもと，各教師の裁量が尊重される一方で，政府主導の評価形態が主流になりつつある現況を指摘することができる。

4. 教員の資質管理とスクールリーダーシップ

(1) スタンダードに基づく教員管理

「明日の学校」改革後，「BOT（雇用者）－教職員（被雇用者）」という関係が成立し，登録制度が導入され，登録を通じて教員の資質・能力管理が行われるようになった。教職に就くためには，ECにおいて登録を行わなければならず，ECによって登録が承認されることが前提となる。登録は，教員経験に基づき実施されるが，ECは「教員として有するべき資質・能力を明示した基準（Practicing Teachers Criteria：PTC）」を設定し[15]，基礎資格などをふまえ，総合的に教員としての適性を判断する。登録が認められた教員には「教員就労証明（Practicing Certificate）」が発行され，証明を保有してなければ教壇に立つことはできない。登録は3年ごとに更新することが求められ，更新時期はECに対して新たに更新申請を行う必要がある。雇用者であるBOTは，自校の教員がPTCを満たしており，登録教員としてふさわしいかどうかを，その権限を校長に委任することで学校段階で確認している。

一方，PTCとは別に，「専門職スタンダード」が教員経験ごとに設定されている。これは，教育省と教員組合の団体交渉によって締結される団体協約のなかに盛り込まれており，主に定期昇給などの際に活用されている。すなわち，校長は，PTCと専門職スタンダードの両方に照らした評価を実施しなければならないのであり，PTCに照らした評価によって登録の可否を，専門職スタ

ンダードに照らした評価によって昇給などを判断するのである。そして，その ための方途として，教員の業務・業績管理システム (Performance Management Systems：PMS) が導入されている。自律的学校経営のもと，各学校は学校経営 実態に基づき，独自のPMSを構築することが求められ，PMSにおいて，校長 は2つの「基準」に照らした評価を行うのである。また，PMSは目標管理手 法が採用されることが多く，資質・能力管理だけでなく，職能成長をも企図し て展開される。適切なPMSを有し，マネジメント体制が確立しているかどう かについては，EROによって確認される。

加えて，2005年から，「教員養成機関修了時に求められる資質・能力を示し た基準 (Graduating Teacher Standards：GTS)」がECよって導入された。これ から学校現場で働こうとする人材にどのような資質・能力が必要とされるのか が明示されており，養成機関修了生はこの基準を満たすことが求められ，新人 教員として登録する際には，GTSに照らした判断がなされることとなる。また， GTSは，養成機関の課程認定とも連動するかたちで活用されている。

以上のように，「養成段階－登録段階－学校現場段階」のそれぞれに「基準」 が設定され，教員の質，教授の質を担保しているといえる。

(2) **スクールリーダーシップの醸成**

「基準」に基づいて展開される教員の資質・能力管理については，自律的学 校経営のもと，判断主体は基本的に校長となる。PMSをどのように構築・展 開するかにおいても，校長の力量が大きく影響を与える。幅広く，より高度な 教育的専門性や経営能力の獲得が必要とされるようになったため，校長やミド ルリーダーといったスクールリーダーの力量向上のための仕組みが整備され始 めている。具体的には，校長任用前 (全国校長候補養成：National Aspiring Principals)，任用直後 (新任校長研修：First-Time Principals Programme) に区分 されたプログラムが政府主導で展開されており，任用後は，各地域の校長会な どの専門職団体主導によって，地域の実態や課題を反映した研修機会が準備さ れている。そして，2008年にニュージーランド独自にスクールリーダーに求 められる資質・能力を定めた専門職基準 (Kiwi Leadership for Principals：KLP)

が公表され，諸施策がKLPのもとに体系化されるとともに，スクールリーダーの力量形成が，KLPを基軸に展開されるようになっている。こうした研修機会の整備は，学校内のマネジメント体制の強化と充実に寄与することが期待されるし，自律的学校経営を推進していくうえで必然の指向とも捉えられる。

さらに，よい教育実践，効果的なマネジメントの汎用性を高める取り組みも特筆される。BES (Iterative Best Evidence Synthesis) プログラムは，大学等の研究者が学校現場に入り込み，教員との共同研究を展開しながら好実践事例を分析することで，それを導く要因をエビデンスとして抽出し，その成果を政策などに反映するものである。研究成果は各種研修などにも生かされている。すぐれた実践から学び，それを一般化することで他校へと波及させ，さらに実践を繰り返すことで深化させていくこの取り組みは，教育実践，および学校経営の質的向上を図るうえで，興味深い取り組みと考えられる。

5. 自律的学校経営の更なる充実のために

2000年以降に展開された諸々の施策は，「明日の学校」改革を通して構築された「制度」を基盤に，自律的学校経営の内実を確立し，また深めるためのものであったと理解できる。それは，各学校の自律性を尊重するものであり，BOTによるガバナンスと校長を中心としたマネジメントを軸に，各学校が自ら創造的な学校経営を実施していくことを促すものであったといえる。

しかし，学校の自律化は，各学校の取り組みの相違を導き，学校間の「差」を生み出した面も同時に指摘することができる。たとえば，EROの評価サイクルの変更は，適当な自己評価が確立している学校とそうでない学校が存在していることの証左として理解される。NSに照らした4段階での評価とその公表が義務づけられたことは，児童生徒の獲得に起因する学校間の競争的環境を助長し，教育活動を展開するうえでの教員間，学校間の協働の希薄化を生む可能性が指摘される。校長判断に依存する登録制度などは，学校によって教員の質保証が異なっている状況が示唆される。すなわち，同国における自律的学校経営施策は，学校の独自性や創造性を重視する一方，学校どうしの結びつきを

弱め，学校の孤立化を招いた面を指摘することができるのである (Wylie, 2012)。

　自律的学校経営施策が導く課題に直面する同国において重視されているのは，学校間の協働関係と強固な紐帯を再構築することである[16]。単位学校では対応することが困難な事柄に対して，複数の学校の強みや資源を持ち寄り，共有することによって課題解決を図っていく指向である[17]。具体的な施策をあげれば，近年，学校群（Communities of Learning：COL）を構築し，学校間協働を促進する取組が展開されはじめている。COL は，①就学前教育から中等教育までのすべての学校種を含めなければならないこと，②COL における統括校長（lead principal）を設置すること，③COL 内のリーダー的教員を設置すること，が構築要件となっており（MOE, 2015），統括校長やリーダー教員を職階として団体協約に位置づけ，統括校長を中心に，リーダー教員によってCOL 内の資源や実践の共有を図りながら，学校間のネットワークに基づいた経営が推進されている。加えて，異なる学校種を含めることで，児童生徒の学びの連続性も確保することが企図されている。各BOT による学校経営は尊重・継続させつつ，COL 内のネットワークも同時に生かそうとする姿勢が読み取れる。

　他方，COL を構築することによって新たな予算措置が得られる状況があることから，政府主導で学校間の協働が推進されている面が看取されるが，それは，学校の自律化がもたらした課題を解決するため，政府主導の施策が展開されるようになってきていると理解することもできよう。同国の教育経営施策は，「明日の学校」改革による学校分権体制を基盤に展開してきたが，中央政府のあり方において変化をみることができ，再び転換を迎えつつあると認識することもできる。今後，これまで培ってきた自律的学校経営の成果と経験を同国がどのように発展させていくのか，引き続き検討していく必要がある。

（高橋　望）

注
1) 改革全般については，和田（2007）に詳しい。
2) 白書『明日の学校（Tomorrow's Schools）』に基づいて実施されたため，1980 年代後半の一連のNPM 型教育改革は「明日の学校」改革と総称される。

3）教員登録を扱う機関は1989年に「Teacher Registration Board」として設置されたが，2001年に「Teachers Council」，2015年に「Education Council」へと組織改組されている。本章では便宜上，同組織をすべて現在の「Education Council」と表記している。
4）本学会40周年企画において，福本が2000年までのニュージーランドの教育動向について整理をしている（福本，2000）。本章は，福本の論考をふまえ，2000年以降の動向に焦点をあてて検討を行うものである。
5）福本は「明日の学校」改革によって，BOTとEROを両輪とする自律的学校経営システムが確立したことを指摘している（福本，2000，129頁）。
6）学校は，教育目標・方針などを示したチャーターを作成することが1989年教育法（The Education Act 1989, 61：Charters.）によって規定されている。チャーターは学校の活動基盤としてだけでなく，教育省との「契約」として機能し，同時に保護者や地域に対する学校経営の透明性を確保する手段としても位置づけられる。
7）*Taskforce to Review Education Administration*, 1988, 60-62頁。福本，2002年，218-221頁。
8）ニュージーランド教育研究所の調査によって，EROに提出するための資料作成などの準備に多くの時間が割かれており，校長や教員の労働量の増加につながっていることが明らかにされている（Wylie, C., 1997, pp.3-4）。
9）複数の調査研究が実施され，それらの研究成果を反映させたかたちで新しいEROの評価が確立していった（State Service Commission, 1997；Robertoson, S., *et al*, 1997；*Ministry of Education*, 2001）。
10）Return Times for School Reviews（http://www.ero.govt.nz/how-ero-reviews/ero-reviews-of-schools-and-kura/return-times-for-school-reviews/，2017年4月10日確認）
11）BOTへの支援に対しても，NPM理論における契約概念が適用され，教育省を始めとする「公」だけでなく，民間などの「私」を含めた多様な支援機関が存在し，支援機関同士の競争が促されることで，より質の高い支援サービスが提供されることが企図されている。各BOTは，学校予算に鑑み，自らにとって適切な支援サービスを選択し，契約・購入することとなる（福本，2006）。
12）同国では，各学校の社会経済的環境を考慮して，10段階のディサイル（deciles）を決定している。低ディサイルの学校は，高ディサイルの学校よりも多くの予算措置を得られる仕組みとなっている。
13）同国は，1〜8年生が初等教育，9〜13年生が中等教育と位置づけられている。
14）マイノリティが多い学校は，彼らの学習達成度をどの程度，どのように向上させるのか明確に目標として掲げ，その取り組みの成果を検証することが求められるようになった。マイノリティに対して着目することで，ヨーロッパ系だけでなくマイノリティも包括した学習達成度の向上を，各学校が意識する環境となったといえる。
15）Teacher Registration Boardが設立された1989年から，「satisfactory Teacher Dimensions」→「Registered Teacher Criteria」→PTCと名称と内容は変更されているが，教員登録のための基準という性格には変更がない。
16）ワイリーは，「明日の学校」改革をレビューした著書（Wylie, 2012）において，これか

らのニュージーランドに必要なものは，学校間の連携と助け合いであることを指摘しており，題目からもそれを確認することができる。
17) 同国では，とくに地方部の初等学校において，小規模あるいは学校間の距離がある場合が多く，学校どうしの協働が有効な施策として認識されていると考えられる。

文献・参考資料

福本みちよ「ニュージーランド」『諸外国の教育改革と教育経営』玉川大学出版部，2000年
――「ニュージーランドの学校評価システムに関する研究―外部評価機関の位置と役割に着目して」日本教育制度学会編『教育制度学研究』第9号，2002年，216-229頁
――「ニュージーランドにおける学校に対する支援システム―教育省との契約にもとづく支援プログラムの提供」『学校評価システムの構築に関する開発的研究』中間報告書(2)（科学研究費補助金基盤研究B，研究代表者：木岡一明），2006年
――「評価と支援のネットワークによる学校評価システム−ニュージーランド」福本みちよ編『学校評価システムの展開に関する実証的研究』玉川大学出版部，2013年
和田明子『ニュージーランドの公的部門改革― New Public Management の検証』第一法規，2007年
Education Review Office（：ERO），*Framework for School Review*, 2011
Evans, M., *A focus on Improvement：the role of the Education Review Office in evaluating schools and early childhood services*, 2014
Gordon, L., "School Governance", Martin Thrupp and Ruth Irwin, *Another decade of New Zealand education policy：Where to now?*, 2010
Ministry of Education, *A Review of the Role and Responsibilities of the Education Review Office*, 2001
Ministry of Education（：MOE），*National Standards Information for Schools*, 2009
―― *Community of Schools, Guide for Schools and Kura*, 2015
Robertoson, S., Thrupp, M., Dale, R., Vaughan, K., & Jacka, S., *A Review of ERO：Final Report to the PPTA*, Auckland Uniservices Limited, 1997
State Service Commission, *Achieving Excellence: A Review of the Education External Evaluation Services*, 1997
Thrupp, M., "National's First Year in Education", Martin Thrupp and Ruth Irwin, *Another decade of New Zealand education policy：Where to now?*, 2010
Taskforce to Review Education Administration, *Administering for Excellence: Effective Administration in Education*, Wellington, 1988
Wylie, C., Primary Principals' Experiences of ERO Reviews 1995-1996, NZCER, 1997
―― *Sustaining school development in a decentralised system: Lessons from New Zealand*, Paper given at ICSEI conference, 2003
―― *Vital Connections: why we need more than self-managing schools*, NZCER, 2012

第20章　公平と卓越を理念とする教育改革と教育経営―オーストラリア―

1．オーストラリアの初等中等教育改革

　オーストラリアは国土面積が約769万4km²で、日本の約20倍である。人口は約2413万人で、シドニー、メルボルン、ブリスベンなど、海岸沿いの主要都市に集中している。もともと先住民が居住していたが、1770年にイギリス領の宣言が行われ、1788年に入植が開始された。1901年に連邦国家となり、イギリスから独立した。政体はイギリス国王を元首とする立憲君主制である。1990年代には共和制への移行が議論され、1999年に国民投票を実施した結果、僅差で立憲君主制が維持されることになった。現在も、立憲君主制はおおむね支持されているが、共和制移行論者も一定数存在している。

　経済面では、実質GDP成長率が毎年2～3％を記録している。物価もここ20年間でおおよそ2倍に上昇している。日本からみると物価の割高感があるが、現地の所得水準も上がっており、経済成長が実感されている。日本のデフレ経済と対照的である。オーストラリアの堅調な経済成長の背景には、豊富な資源とその需要増大、移民政策による人口増加、中国からの投資の増加などがある。今後の経済成長を資源の需要の増減にかかわらず維持するために、連邦政府は科学技術と情報技術の革新を企図しており、人材育成を重視している。オーストラリアの教育といえば、1980年代までは児童中心主義、進歩主義、探究学習で有名であった。だが、その後の改革の結果、探究学習の推進だけでなく、基礎学力の向上が求められるようになった。現在、オーストラリアの初等中等教育改革は主に2つの次元から進行している。

　第一は、全国的教育政策（National Education Policy）である。これは、教育審議会（Education Council）において策定される。教育審議会は、連邦、各州・直轄区の教育大臣によって構成され、国の教育目標、ナショナル・カリキュラム、全国学力調査、教育財政などの重要課題が議題になる。教育審議会は、その名称と組織が4回変更されてきたが、2008年からのラッド（Rudd, K.）政権のころから、連邦政府が同審議会における議論を主導するようになった。連邦政府が、州・直轄区政府に教育予算を配分することと引き換えに、学校教育の質と成果の向上をめぐって、全国的教育政策への協力を要請するようになったから

である。これは 2008 年の「全国教育合意」(National Education Agreement) およびそれを再確認した 2013 年の「全国教育改革合意」(National Education Reform Agreement) に基づいている（ACARA a）。その法的根拠は，2013 年オーストラリア教育法 (Australian Education Act 2013) である。もちろん，州・直轄区政府と連邦政府の間の協議は教育審議会において十分行われる。だが，2000 年代中葉まで，州・直轄区政府と連邦政府が対等な関係であったことと比較すると，今日，連邦政府の権限は強化されていると指摘できる。

第二は，州・直轄区を単位にした教育改革である。連邦憲法において，初等中等教育行政は連邦政府の所管に位置づけられておらず，州・直轄区政府の所管になっている。オーストラリアは 6 州 2 直轄区から構成され，各州・直轄区の教育省が各々初等中等教育行政を展開している。各州・直轄区の議会選挙も行われ，その結果次第では政権交代も起こる。州・直轄区レベルの政権交代を契機に，これまでの教育政策のレビューと新たな教育政策の策定が行われることが通例である。後期中等教育修了資格試験も各州・直轄区別個に行われている。後期中等教育修了資格試験は 11 年生と 12 年生（日本の高校 2 年生と 3 年生に相当）の学習の指針となり，その得点は大学入学者選抜にも使用される（佐藤, 2017）。現在のところ，後期中等教育修了資格試験の全国共通化の動きはみられない。

このほかに，連邦政府の教育政策 (Federal Education Policy) もある。これは，連邦教育大臣が推進したい事項について，補助金が交付され，州・直轄区の教育行政機関によって実施される。言語教育，先住民教育，学校改善，施設改善などの施策がある。連邦政府の教育政策は，連邦議会選挙に伴う政権交代によって変容する部分もある。一方，全国的教育政策は，全国共通の指針や仕組みとして，政権交代にかかわらず，基本的方向性は継続されている。教育政策の守備範囲も全国教育政策のほうが広く，構造化されている。したがって，連邦政府の教育政策よりも，全国的教育政策のほうが影響力を有する。

今日，ナショナル・カリキュラム，全国学力調査をはじめとして全国共通の政策が実施されている。オーストラリアは，国際経済競争や未来社会の変化を

見据え，国全体の教育改革の整合性を取る必要がある。州間の人口移動にも対応する必要がある。そのため，全国共通の教育政策は必要であろう。一方，広大なオーストラリアは，歴史的にも連邦国家であり，各州・直轄区の文脈や経緯の相違が大きい。憲法上，州・直轄区に初等中等教育行政の権限がある。実態をみても，学校と児童生徒を支援するためには，州・直轄区それぞれに特色ある行政・政策も必要である。

　実際に，州・直轄区間の教育政策・諸制度はそれぞれ特色がある。ビクトリア州では，教員人事に関して公立学校が公募・選考を行うが，クイーンズランド州や西オーストラリア州では教育省が公募・選考を行い，勤務校に配置する。本章では，紙幅の関係から，各州・直轄区の状況については，別稿（たとえば，佐藤，2009；青木・佐藤，2014；佐藤，2015）に譲り，全国的初等中等教育政策の近年の動向について検討する。

　オーストラリアの教育改革と教育経営は，後述の全国的教育目標にも示されているように，公平と卓越を理念としている。現地では，公平は equity あるいは fairness と呼ばれ，卓越は excellence と呼ばれる。卓越は学習成果の改善，すなわち improving student learning outcomes と直接的に言われる場合もある。公平は，児童生徒の学習ニーズ，社会経済的背景，困難度を考慮して，追加予算や教育上の支援を提供し，格差を縮小することを意図している（佐藤，2015）。以下では，全国的教育政策の動向を検討し，最後に，公平と卓越の視点から考察するとともに，日本への示唆を述べる。

2. 全国的教育政策の動向

(1) 全国的教育目標とその具現化

　オーストラリアの全国的教育目標は「若いオーストラリア人のための教育目標に関するメルボルン宣言」(Melbourne Declaration on Educational Goals for Young Australians)（以下，メルボルン宣言）である。これは，教育審議会の前身の教育雇用訓練青少年問題に関する大臣審議会 (Ministerial Council on Education, Employment, Training and Youth Affairs：MCEETYA) において 2008 年に合意

された。メルボルン宣言と呼ぶ理由は，合意時の審議会がメルボルンで開催されたからである。審議会の開催地は各州・直轄区の輪番制である。最初の全国的教育目標は1989年のホバート宣言で，その後1999年にアデレード宣言が合意されている。ホバート宣言では，公平と卓越，10の教育指針を示した (Education Council a)。アデレード宣言では，公平と卓越，8つの人物像の提示，バランスのとれたカリキュラムなどを示した (Education Council b)。

　メルボルン宣言では，目標1で，学校教育における公平と卓越の促進を提唱しており，この点は，過去の目標と同様である。だが，メルボルン宣言の新しい点を2つ指摘できる（MCEETYA, 2008）。第一は，目標2において，人物像を焦点化した点である。すなわち，すべてのオーストラリア人が，成功した学習者になること，自信をもち創造的な個人となること，活動的で情報をもつ市民となることが示された。第二は，目標を達成するための行動計画が記載されている点である。生徒，保護者，家庭，コミュニティなどのパートナーシップの向上，教育とスクールリーダーシップの質の確保，幼児教育の充実，前期中等教育の向上，後期中等教育と進路の支援，世界水準のカリキュラムと評価の促進，先住民と不利な状況の児童生徒の教育成果の改善，アカウンタビリティと学習成果の透明化に関する行動をとることが明確化された。つまり，メルボルン宣言は，目標の焦点化によって宣言の求心力を保ち，行動計画によって成果を確実に出そうとしている。行動計画には世界水準，成果，改善といった言葉が用いられており，いわば成果主義の傾向が見いだせる。

　メルボルン宣言の合意当初，これでオーストラリアの教育がどのように変わっていくのかは不透明であった。しかし，2008年から現在までの展開を振り返ると，オーストラリアの教育には劇的な変化があった。強力な独立行政法人が設置され，改革が推進されたのである。この背景には，知識基盤社会において，天然資源に依存することなく，科学技術産業を興すためには，教育改革が必要という認識があった。この認識は政治家や教育行政機関の幹部職員の間で一致していたが，そのアプローチに関する意見は立場のちがいにより多様であった。連邦政府・州直轄区政府間の協議では紆余曲折があったものの，広くみれば，

メルボルン宣言の内容が，とくに全国学力調査の導入と結果公表，ナショナル・カリキュラムの開発と実施，教員とスクールリーダーの力量向上に関して具現化されていった。

(2) 全国学力調査の導入と結果公表

オーストラリアでは，2008年に全国学力調査が導入された。これは，現地でナップラン（NAPLAN；正式名称はNational Assessment Program – Literacy and Numeracy）と呼ばれている全員対象の基礎学力テストである。毎年1回実施されるが，日本の全国学力・学習状況調査のようなB問題は設けられていない（Sato, 2016）。2017年から3年間の移行期間を経て，オンラインテストに変更される予定である。

オーストラリアでは，「私の学校」ウェブサイト（My School Website）の存在が有名である。これは全国学力調査のデータを公表するために，2010年に導入された。このサイト（https://www.myschool.edu.au/）にアクセスすれば，州・直轄区のデータはもとより，個別の学校のデータも閲覧できる。これを導入したジュリア・ギラード教育大臣（のちの首相）は，テスト結果の透明化によって，皆が学力格差を直視し，格差の縮小に向けて努力するという論理を立てていた（佐藤，2011）。実際には，導入前に校長会や教員組合が懸念していたように，マスコミによるリーグテーブルの作成と公表，学校におけるテスト準備の広がりを招いてしまった（Lingard, B., Thompson, G. & Sellar, S., 2016）。

全国学力調査と「私の学校」ウェブサイトは，2008年にシドニーに設立された独立行政法人のオーストラリア・カリキュラム評価報告機構（Australian Curriculum, Assessment and Reporting Authority：ACARA）によって運営されている。このような全国的な機構が設置される際，ホスト州（host state）をめざして，各州間で誘致合戦が行われる。ニューサウスウエールズ州政府は誘致に立候補し，入札を経て選定されたため，シドニーに設立された。オーストラリア・カリキュラム評価報告機構は現地ではその略語（ACARA）からアカーラと呼ばれている。オーストラリア・カリキュラム評価報告機構は権限が強力な独立行政法人であり，現地では注目を集めている。

(3) ナショナル・カリキュラムの開発と実施

オーストラリアでは，伝統的に各州・直轄区政府がカリキュラム政策を策定してきた。過去2回，すなわち，1989年のホバート宣言と1999年のアデレード宣言を受けて，ナショナル・カリキュラムの開発と実施が企図された。しかし，いずれも州・直轄区政府の反発を受けて円滑に実施されなかった（佐藤，1996；青木，2015）。3度目の挑戦となる今回は，2008年のメルボルン宣言，そして，2008年の「全国教育合意」によって可能になった。「全国教育合意」は，連邦政府の権限を実質的に強化し，ナショナル・カリキュラムの開発と実施を円滑化した。オーストラリア・カリキュラム評価報告機構が，ナショナル・カリキュラムの開発・実施を担っている。

ナショナル・カリキュラムは，準備学年（日本の幼稚園年長）～10学年（日本の高校1年）について2009年に最初の合意がなされ，以後，何度か部分的に改訂されている。現在の最新の政策は，バージョン8.3（Version 8.3）と呼ばれるものである。これは2015年に公表され，2017年から完全実施される（ACARA b）。英語，算数・数学，理科，保健体育，人文社会科学，芸術，テクノロジー，言語の8つの学習領域を設定している。人文社会科学，芸術，テクノロジー，言語については，教科も設けられている。各学習領域・教科では，簡潔なガイドラインが示されており，各学年で学ぶ概要，探究設問（Key Inquiry Questions）などが示されている。

これらの各領域の学習において関連づけて育成されるべき事項が2つ示されている。1つは，汎用的能力（General Capabilities）と呼ばれるコンピテンシーである。ここで，汎用的能力とはリテラシー，ニュメラシー，ICT能力，批判的・創造的思考，個人的・社会的能力，倫理的理解，異文化間理解である。このようなコンピテンシーの涵養によって変化の速い現代社会に対応する。もう1つは，クロスカリキュラムの重点（Cross-Curriculum Priorities）である。すなわち，アボリジナルとトレス海峡諸島民の歴史と文化，アジアとオーストラリアのアジアへのかかわり，持続可能性である。ナショナル・カリキュラムは，学習領域・教科，汎用的能力，クロスカリキュラムの重点の3次元から構成さ

れている (ACARA c)。換言すれば，学習領域・教科を基盤としつつ，汎用的能力を意識し，クロスカリキュラムを活用することが求められる。

　各州・直轄区では，基本的に，準備学年〜10学年のナショナル・カリキュラムが実施されている。ただし，ニューサウスウエールズ州では「シラバス」(syllabus)，ビクトリア州では「ビクトリア州カリキュラム：準備学年−10学年」(Victorian Curriculum F-10) が策定されている。これらは，いずれも，州のカリキュラム・ガイドラインである。学校の教員は州のカリキュラム・ガイドラインを読んで，カリキュラムを編成している。州のガイドラインは，州の特徴や考え方を反映しているものの，基本的にナショナル・カリキュラムと整合性がとれている (VCAA)。したがって，州教育省は，州のガイドラインを通して，ナショナル・カリキュラムを実施していると考えている。なお，11学年と12学年のナショナル・カリキュラムも別途開発が進められた。2012 − 2013年の合意を経て，以後，各州で実施に向けて調整されている (ACARA d)。

(4) 教員とスクールリーダーの力量向上

　2008年に連邦政府のジュリア・ギラード教育大臣は，学習指導・生活指導の質の改善を提唱し，専門職基準の設定や教員養成の質の確保を求めた。同年，「教員の質の改善に関する全国連携合意」(National Partnership Agreement on Improving Teacher Quality) が教育雇用訓練青少年問題に関する大臣審議会で承認された。2010年には，この全国政策を推進するために，独立行政法人オーストリア・ティーチング・スクールリーダーシップ機構 (Australian Institute for Teaching and School Leadership) がメルボルンに設置された。同機構は，全国教員専門職スタンダード，オーストラリア校長専門職スタンダードを開発した (佐藤，2014)。

　校長専門職スタンダードは，2011年に策定され，教えと学びのリード，自己と他者の成長，改善・革新・変化のリード，学校マネジメントのリード，コミュニティにコミットしてともに働くという実践指針を示している。これらの実践を成し遂げるために，ビジョンと価値，知識と理解，人格と社会・人間関係の技能といった要件を掲げている。そして，これらの実践と要件が交差することによって，学校教育と実践の質が向上し，メルボルン宣言で示された若者

像(成功した学習者になること,自信をもち創造的な個人となること,活動的で情報をもつ市民となること)が実現する構造になっている(AITSL a)。このスタンダードを参照し,各州・直轄区の教員研修センターが研修プログラムを具体化している。クイーンズランド州やビクトリア州の教員研修センターは海外の諸国(アラブ首長国連邦,マレーシア)と研修の契約を結んでいる。いわば,研修プログラムを海外に輸出しているのであって,この点は特筆すべきである。

オーストリア・ティーチング・スクールリーダーシップ機構が進めているもう1つの事業は教員養成改革である。最近の提案として,「教育実践パフォーマンス評価」(A Teaching Performance Assessment)がある。これは,全国教員専門職スタンダードに基づいて,教員養成プログラムの最終学年における評価を行い,学生が合格することを必須としている。「教育実践パフォーマンス評価」は2016年から実施された新しい教員養成プログラム認定制度に基づいている。その指針は「オーストラリアの教員養成プログラムの認定―基準と手続き」(The Accreditation of Initial Teacher Education Programs in Australia：Standards and Procedures (Standards and Procedures))に記載されている。2016〜2018年にかけて各大学の教員養成プログラムの認定が行われる計画である(AITSL b)。

3. 考察と日本への示唆

(1) 考　察

オーストラリアの教育改革と教育経営は,公平と卓越を理念としている。しかし,現実の政策をみると卓越を重視していると指摘せざるをえない。ナショナル・カリキュラム,教員と校長のスタンダードの策定は,全国共通化による卓越の推進である。全国学力調査の学校ごとの結果を公表することは,学校の評判の固定化を招き,教育の成果をペーパーテストという狭い視点でみることを促してしまう。その結果,問題解決学習や創造性の育成という重要な教育の側面が損なわれ,卓越の概念が狭く定義されてしまう。21世紀社会に対応した教育を実現する観点から,逆効果になってしまう可能性もある。

メルボルン大学教授のマクゴウ(McGaw, B.；元OECD教育局長,前オースト

ラリア国立教育研究所長）は「オーストラリアの学校の質は高いが，公平性は相対的に低い。学校は公平に貢献すべきである」(McGaw, 2010) と述べている。オーストラリアは多民族国家であり，先住民の教育課題もかかえている。民主主義社会の調和的発展を図るためにも公平は重要である。だが，実際には，グローバル経済競争が進むなか，産業界の要請をもとに，人材育成の重要性が叫ばれ，公平にシフトした全国政策がなかなか策定されない。州レベルでは，現在のビクトリア州のように，公平の理念を重視しているところもある。ビクトリア州では，2014年11月には，アンドリュー (Andrews) 労働党政権が発足した。アンドリュー政権は，2015年9月に「教育州」(The Education State) という教育改革の方針を策定し，不利な状況の学校に対する追加予算，いわゆる公平予算を増額した (DET, 2017)。ビクトリア州のように，全国的な教育政策においても，公平の理念を尊重することが期待される。

(2) 日本への示唆

　最後に日本への示唆について述べる。第一に，今後，オーストラリアの全国学力調査はオンラインテストへの移行を予定している。オンラインテストでは設問のバリエーションが増えるため（木村，2016, 29-32頁），オーストラリアの全国学力調査が革新されるかもしれない。日本も全国学力・学習状況調査におけるオンラインテストの導入を検討すべきではないだろうか。第二に，ナショナル・カリキュラムは着実に実施されているが，現場のカリキュラム開発の専門的裁量の余地は残されている。オーストラリアでは教科書はリソースの1つとみなされ，日本のような教科書中心主義の状況はない。日本もカリキュラム開発をめぐる教員の専門性が尊重されることが望ましい。第三に，オーストラリアでは，校長と教員の全国専門職スタンダードが設定されている。州で開発された研修プログラムは，英語圏の強みもあるのだろうが，海外に輸出されている。教員養成プログラムの改革も進んでいる。「教育実践パフォーマンス評価」の今後の展開は，日本における教員養成の質保証の問題を考える際に，参考になるだろう。

（佐藤博志）

文献・参考資料

青木麻衣子「『オーストラリアン・カリキュラム』導入はなぜ実現できたのか―全国実施に至った政策的・制度的背景の検討」オセアニア教育学会『オセアニア教育研究』第21号，2015年，101-117頁

青木麻衣子・佐藤博志編著『オーストラリア・ニュージーランドの教育―グローバル社会を生き抜く力の育成に向けて』東信堂，2014年

木村裕「多様性を意識したカリキュラム編成と授業づくり―オーストラリアのナショナル・カリキュラムと全国学力調査に焦点をあてて」伊井義人編著『多様性を活かす教育を考える七つのヒント』共同文化社，2016年

佐藤博志「オーストラリアにおけるナショナル・カリキュラムに関する考察―実施過程を中心に」日本比較教育学会『比較教育学研究』第22号，1996年，101-112頁

―――『オーストラリア学校経営改革の研究―自律的学校経営とアカウンタビリティ』東信堂，2009年

―――編著『オーストラリアの教育改革―21世紀型教育立国への挑戦』学文社，2011年

―――「スクールリーダーの資質向上に関する国際的検討―オーストラリアの教育改革と専門職スタンダード」『日本教育経営学会紀要』第56号，第一法規，2014年，35-50頁

―――「オーストラリア・ビクトリア州の学校裁量予算制度に関する研究―生徒のための包括予算(Student Resource Package)を中心に」オセアニア教育学会『オセアニア教育研究』第21号，2015年，83-100頁

―――「大学入試制度改革の課題と展望―諸外国及び国際バカロレアとの比較を通して」『日本教育経営学会紀要』第59号，第一法規，2017年，46-55頁

ACARA a (Australian Curriculum, Assessment and Reporting Authority), *National Report on Schooling in Australia 2013*: *Overview*, https://www.acara.edu.au/reporting/national-report-on-schooling-in-australia-2012（2017年5月30日確認，以下同様）

――― b, *Foundation – Year 10*, http://www.acara.edu.au/curriculum/development-of-australian-curriculum/foundation-to-year-10

――― c, *Structure*, http://www.australiancurriculum.edu.au/overview/structure

――― d, *Summary of Senior Secondary Australian Curriculum Advice*, 2014

AITSL a (Australian Institute for Teaching and School Leadership), *Australian Professional Standard for Principals*, http://www.aitsl.edu.au/australian-professional-standard-for-principals

――― b, *Accreditation of Initial Teacher Education Programs in Australia*: *Frequently Asked Questions*, http://www.aitsl.edu.au/docs/default-source/initial-teacher-education-resources/faqs_standards-and-procedures.pdf?sfvrsn=10

DET (Department of Education and Training, Victoria), *Education State – Fact Sheets*, 2017

Education Council a, *The Hobart Declaration on Schooling*, 1989, http://www.educationcouncil.

edu.au/EC-Publications/EC-Publications-archive/EC-The-Hobart-Declaration-on-Schooling-1989.aspx

—— b, *The Adelaide Declaration on National Goals for Schooling in the Twenty-First Century*, http://www.scseec.edu.au/archive/Publications/Publications-archive/The-Adelaide-Declaration.aspx

Lingard, B., Thompson, G. & Sellar, S., *National Testing in Schools: An Australian Assessment*, Routledge, 2016

MCEETYA (Ministerial Council on Education, Employment, Training and Youth Affairs), *Melbourne Declaration on Educational Goals for Young Australians*, 2008

McGaw, B., *Labour, Education and Skills : Building a Clever Australia*, Natstats 2010 – Measuring What Counts : Economic Development, Wellbeing and Progress, 2010

Sato, H., National Assessment of Academic Ability in Japan: A Comparison with Australia, *Bulletin of Institute of Education University of Tsukuba*, 41 (1), October 2016

VCAA (Victorian Curriculum and Assessment Authority), *The Victorian Curriculum F–10*, http://victoriancurriculum.vcaa.vic.edu.au/

索　引

──────── あ行 ────────

愛知県犬山市　27
アカウンタビリティ　8, 44, 220, 223
アカデミー〈英：イギリス〉　160, 162, 163
アジェンダパワー　22
「明日の学校」改革〈NZ：ニュージーランド〉　219, 227
新しい公共　90
新しい専門性　75
新しいタイプの公立学校　86
安定性・継続性　157
暗黙知　10
生きる力　50
一般的能力（訓練可能性）　15
AO入試　106
SPD〈独：ドイツ；ノルトライン・ヴェストファーレン州〉　174
NLEs〈英〉　164
NPM型改革　86
NPM理論　184
LLEs〈英〉　160, 164
エンパワーメント　94
「追いつき型」近代化　14
オーストラリア・カリキュラム評価報告機構（ACARA）　234
オーストラリア教育法　231
オーストラリア校長専門職スタンダード　236
オーストラリア・ティーチング・スクールリーダーシップ機構　236, 237

──────── か行 ────────

学位授与の方針　117
学位プログラム　118
学社連携論　85
学習指導要領　119
学習社会　134
学習領域・教科〈豪：オーストラリア〉　235
学士力　118
学長のリーダーシップ　119, 120
学力向上プラン　55

学力政策　56
学力テスト　54
学力の三要素　52, 118
学校運営協議会　4, 7, 74, 87, 90-92, 94
学校運営協議会制度（コミュニティ・スクール：CS）　85, 88
学校運営参加法制　85
学校運営のコスト　44
学校会議　175, 180
学校会議〈露：ロシア〉　209, 212
学校外部評価（学校査察）〈独〉　174, 177, 179
学校ガバナンス　82, 167, 220
学校間格差〈中：中国〉　199
学校関係者評価　6, 81
学校間ネットワーク〈英〉　165
学校／管理委員会〈仏：フランス〉　186
学校基本計画法（フィヨン法；2005年）〈仏〉　184, 186
学校教育計画〈仏〉　185, 186, 188, 191
学校群〈英〉　166-168
　──（COL）〈NZ〉　227
学校経営の標準化　202
学校合意〈独：ノルトライン・ヴェストファーレン州〉　176
学校支援型コミュニティ・スクール　89
学校支援地域本部　90
学校自己評価〈独〉　174, 177
学校視察〈仏〉　191
学校事務　78
　──の共同実施　78, 79
学校選択　175, 176
学校選択制　101, 107
学校選択制〈中〉　199
学校選択制度　30, 31
　──〈米：アメリカ；ミネソタ州〉　152-154
学校総会〈露〉　210
学校の自己評価　75
学校の自律性　73, 75
学校の正統性　73, 76

241

学校評価　6, 7, 81
『学校評価ガイドライン［平成 22 年改訂］』　6
学校評議員　85
学校評議員制度　74, 86
学校プログラム（教育目標）　177, 179, 180
　――〈独〉　174
学校要素〈露・教育課程〉　211
学校理事会（BOT）〈NZ〉　219, 227
ガバニング・プロセス　7, 9
株式会社学校　32
株式会社（学校設置会社）立の高等教育機関　110
家父長制的社会規範　92
カリキュラムマネジメント　58
カールソン，A.〈米；ミネソタ州知事〉　154
官僚主導の政策形成　22
『危機に立つ国家――教育改革への至上命令』〈米〉　151-153
キー・コンピテンシー　48, 213
基準財政需要額　43
規制緩和　24, 30
基礎学校　176
基礎教育課程改革綱要（試行）〈中〉　197
キッズハーバー，J.〈米：オレゴン州知事〉　155, 156
基本教科課程　211, 212, 214-216
義務教育学校　98, 102, 104, 105, 107
『義務教育諸学校における学校評価ガイドライン』　80
義務教育課程標準（2011 版）〈中〉　198
義務教育経費保障制度〈中〉　201
義務教育制度　104, 106
義務教育の構造改革　25, 54
義務教育の段階における普通教育に相当する教育の機会の確保等に関する法律（義務教育機会確保法）　105
義務教育費国庫負担金　30, 38, 39
義務教育費国庫負担制度　28, 37, 105
教育アカウンタビリティ　44
教育委員会制度　62
教育委員会制度改革〈米：オレゴン州〉　155
教育改革国民会議　5, 86
教育格差　17
教育，学術及び文化の振興に関する総合的な施策の大綱　62

教育課程編成・実施の方針　117
教育ガバナンス　7
　――改革　4, 5, 7, 9
教育機会の均等　98
教育機関評価局（ERO）〈NZ〉　219-222, 225
教育基本法　104, 117
　――改正　25
教育供給主体の「多元化」　32
教育行政基本条例　63
教育行政の一般行政からの相対的独立　149
教育経営参加　5
教育公務員特例法　128
教育再生実行会議　64, 112
教育財政　37
教育実践パフォーマンス評価〈豪〉　237
「教育集団化」施策〈中〉　198, 206
教育集団化方式〈中〉　199
教育職員養成審議会「新たな時代に向けた教員養成の改善方策について」　121
教育審議会〈豪〉　230
　――（EC）〈NZ〉　219
教育スタンダード　178
教育政策の形成・決定過程　19
教育長　62
教育白書『教育の重視』（2010 年）〈英〉　160
『教育報告書』〈独〉　173
教員育成協議会　127, 129
教員会〈仏〉　190
教員研修計画　128
教員就労証明〈NZ〉　224
教員として有するべき資質・能力を明示した基準（PTC）〈NZ〉　224
教員育成指標　127-129
教員の業務・業務管理システム（PMS）　225
教員の質の改善に関する全国連携合意〈豪〉　236
教員の養成・採用・研修の一体的改革　127
教員評価制度　130
教員免許更新制度　25, 124, 125
教員養成機関修了時に求められる資質・能力を示した基準（GTS）〈NZ〉　225
教員養成の高度化　123, 125
教科書採択の方針　70
教授会による自治　119
教授集団〈仏〉　191

「教授の自由」の原則〈仏〉　186, 190
教職員会議〈露〉　210
教職課程コアカリキュラム　128
教職大学院　111, 112, 124, 126
教職調整額　41
教職の専門性　7-11
行政改革推進法　41
競争的資金　116
共同学校事務室　77-79
黒崎勲　74
クロスカリキュラムの重点〈豪〉　235
グローバリゼーション　16
グローバル化　2
グローバル社会　3
KMK（常設各州文部大臣会議）〈独〉　173
経済財政諮問会議　38, 39, 43, 105
形式知　10
検証改善サイクル　49, 53
県費負担教職員給与負担事務　42
合意形成のガバナンス　10
行為の中の省察　8
公営独立学校〈英〉　161
後期中等教育修了資格試験〈豪〉　231
公教育費確保の困難性　40
公共施設等総合管理計画　45
公共施設白書　45
高専専攻科　103
構造改革特別区域（構造改革特区）　31, 110
高大連携　98
校長責任制〈中〉　201, 202
高等学校の授業料実質無償化　41
高等教育　109
高等教育機関の無償化〈米；オレゴン州〉　156
高等教育機関への規制緩和と競争原理の導入〈中〉　202
高等専修学校　104
高等専門学校　103
高度専門職業人養成　111, 126
高度知識情報社会　16, 17
後発効果　14
公費維持学校〈英〉　161, 163
公平と卓越〈豪〉　232
公民館　136
公立高校の学区制度　102
公立小・中学校の選択制度　31
公立大学　43
国民国家　2
国民の教育人権　216
国立大学経営力戦略　117
国立大学法人　115
　──委員会　115
　──運営費交付金　117
　──評価　115, 116
国家教育スタンダード〈露〉　210, 211, 213
国家中長期教育改革と発展企画綱要（2010〜2020年）〈中〉　200
子どもの貧困　19
コミュニティ・カレッジ　156
コミュニティ・スクール　5, 74, 142
コンピテンシー　179

──────── さ行 ────────

参加型監査（AVP）〈仏〉　192
参加・共同決定型コミュニティ・スクール　94
産業競争力会議　110, 117
三位一体の改革　37
支援付自己評価〈仏〉　192
資格機構（QA）〈NZ〉　219
自己改善型学校システム〈英〉　160, 161, 166, 168
自己責任論・自由競争論　34
自己評価　6
　──〈NZ〉　220, 221
　──〈仏〉　191
資質教育（「素質教育」）〈中〉　197
自主管理の原則〈露〉　210
システムリーダー　169
システムリーダーシップ〈英〉　161, 168
実践的指導力　121-123, 126, 131
指定管理者制度　30
CDU政権〈独；ノルトライン・ヴェストファーレン州〉　175
指標化　124
事務職員　77
社会教育　136, 137, 140
社会教育審議会答申「急激な社会構造の変化に対処する社会教育の在り方について」　137

索　引　243

社会教育法　135
社会的合理性　11
社会に開かれた教育課程　58
就学支援金　41
就学費用の一般財源化　41
終日学校〈独〉　180
「重点学校」制度〈中〉　198
10年経験者研修　124, 125
州のカリキュラム・ガイドライン〈豪〉　236
18歳人口　109, 113, 118, 119
受益者負担〈中・高等教育〉　204
受験教育(「応試教育」)〈中〉　196
主体的・対話的で深い学び　52
首長主導(による)教育改革　149, 157
生涯学習　100, 134, 136, 138, 140, 142, 143
生涯学習・社会教育行政の一般部局化　136
生涯学習社会　106, 141
生涯学習審議会(生涯審)　139, 140
生涯学習体系への移行　134, 138
生涯学習の振興のための施策の推進体制等の整備に関する法律　135
生涯教育　137
小学校設置基準　74
少子高齢社会　109
小中一貫教育　98, 103
職業高校　100, 101
初任者研修　122, 125
自律的学校経営(LMS)〈英〉　160
新型交付税　42
新教育基本法(1989年)〈仏〉　185
人工知能　17, 18
人事異動の基準　70
人事権移譲　27
人事考課制度　129
新自由主義　123
新制御〈独〉　172, 177
新制御理論〈独〉　173
新テスト　118
推薦入試　106
スクールカウンセラー　77
スクールソーシャルワーカー　77
スクールリーダー(中核的中堅教員)　126, 168, 169
スクール・リーダーシップ〈英〉　161

スクールリーダーに求められる資質・能力を定めた専門職基準(KLP)〈NZ〉　225, 226
スタンダード化(指標化)　121, 131
ステークホルダー　8
政権交代　20
省察的自己評価〈仏〉　191
省察としての評価〈仏〉　191
政治主導　20-22
政治的リーダーシップ　157
成熟社会　2
全国学力・学習状況調査　27, 49
全国学力調査〈豪〉　234
全国教育改革合意〈豪〉　231
全国教育合意〈豪〉　231, 235
全国教員専門職スタンダード〈豪〉　236
全国子どもサービス長協会(ADCS)〈英〉　167
全国的教育政策〈豪〉　230, 232
全児童・生徒学業達成法(ESSA)〈米〉　152
専修学校　103
専門高校　101
専門職支配　8
専門職スタンダード〈NZ〉　224
専門職大学院　111
専門職大学院設置基準　111
専門職大学・短期大学　112
専門大学院　111
専門的指導性　150
専門的な学習共同体　131
総額裁量制　28, 29, 38, 40
総合学科　100
総合規制改革会議　114
総合教育会議　62, 65-67, 69, 70
　――の協議・調整事項　69
総合行政　143
ソーシャルキャピタル　91

――――――――た行――――――――

第1次地方分権改革　24
大学院設置基準　111
大学区〈仏〉　188
大学審議会　113
大学設置基準　109, 110, 113
　――の大綱化　110
大学全入時代　118

244

大学入試センター試験　118
大学の機能別分化　115
大学の自主権〈中〉　203
大学の自主性・自律性　115
大学評価　113, 114
大学評価・学位授与機構　113
大学編入学　103
第三者評価　81, 82, 113, 114
　——〈NZ〉　219-221
第2期教育振興基本計画　52, 142
第2次地方分権改革　24
第4次産業革命　16
確かな学力　51
脱教職化　7
単位制高等学校　101
単位としての学校の独立性　73
単線型学校制度　98
単線型学校体系　106
単独責任の原則〈露〉　210
地域学校協働活動　5, 142
地域学校経営〈英〉　166, 169
地域学校コミッショナー（RSC）〈英〉　163
地域間格差〈中；高等教育〉　205
地域基盤型課題解決〈英〉　166
地域教育経営　3
知識創造モデル　10
Chief Education Officer（CEO）〈英〉　164
地方教育行政の組織及び運営に関する法律　4, 62, 136, 148
地方公共団体の長　62, 67
地方当局（LA）〈英〉　160
地方分権　24
地方分権改革推進会議　38, 39
チームとしての学校／チーム学校　76, 77
チャーター〈NZ〉　220
チャータースクール〈米〉　150
　——（CS）法〈米〉　154
中央教育審議会（中教審）　3, 74
　——答申「新しい時代の教育や地方創生の実現に向けた学校と地域の連携・協働の在り方と今後の推進方策について」　142
　——答申「新しい時代を切り拓く生涯学習の振興方策について〜知の循環型社会の構築を目指して〜」　141
　——答申「今後の地方教育行政の在り方について」（1998年）　74
　——答申「生涯学習の基盤整備について」　139
中央省庁再編　20, 21
中華人民共和国義務教育法（2006年改訂）　200
中華人民共和国高等教育法　203
中高一貫教育　99, 100
中西部高等教育振興計画（2012-2020年）〈中〉　205
中等学校〈独；ノルトライン・ヴェストファーレン州〉　176
中等教育学校　98, 99, 102
通学区域の弾力化　101
積み上げ型政策決定　21
ティーチングスクール〈英〉　160, 165, 166
統括校長〈NZ〉　227
同僚性　190
独立行政法人〈豪〉　233
独立行政法人教職員支援機構　128
トップランナー方式　43

――――――― な行 ―――――――

内外区分論〈独〉　178
ナショナル・カリキュラム〈NZ〉　222
　――〈豪〉　231, 235, 236
ナショナル・スタンダード（NS）〈NZ〉　223
ナショナル・ミニマム　26
ナップラン（NAPLAN）〈豪〉　234
7つの行動プログラム〈独〉　173
2011年教育法〈英〉　163
2010年までのロシア教育の現代化基本構想（2001年12月）　213
日本型経営・雇用　15, 18
日本型の生活保障のシステム　15
日本型福祉社会論　19
日本再興戦略　110
入学者受入れの方針　117
ニュー・パブリック・マネジメント　44
　――（NPM）〈NZ〉　219
認証評価制度　114
ノルトライン・ヴェストファーレン州〈独〉　172

索　引　245

―――― は行 ――――

ハーグリーブス，D.　161
パーピッチ，R.〈米；ミネソタ州知事〉　152，153
汎用的能力〈豪〉　235
BES プログラム〈NZ〉　226
非営利団体（NPO）　32
東日本大震災　90
非国家財政による教育投資〈中；高等教育〉　204
PISA　222
PISA 型学力（リテラシー）　16，48
PISA ショック〈独〉　172-174，177，178
PTA　88，92
PDCA（マネジメント）サイクル　55，131，187，191
一人の子どもも置き去りにしない法（NCLB 法）〈米〉　151
評価国家の時代　26
評価と支援の一体化〈NZ〉　222
『ピラミッドからネットワークへ：学校のための新しい構造』（2011）〈仏〉　189
副校長　75
副校長・教頭の事務負担軽減　79
普通高校　100
不適格教員の排除　124
不登校児童生徒　105
フリースクール　105
府立学校条例　63
分岐・複線型学校制度　103
分権型教育行政システム　26
米国憲法修正 10 条　150，156
放課後子ども教室　90
保護者会議〈露〉　210
ポシャール委員会報告『教師の職務の発展に向けた録書』（2008 年）　190
ポスト近代社会　16
骨太の方針 2006　40
骨太の方針 2015　43
堀内孜　74

―――― ま行 ――――

マクゴウ，B.　237
「学び続ける教員」像　122
マルチアカデミートラスト（MAT）〈英〉　163，164，166
民衆統制　150
民族－地域要素〈露；教育課程〉　211
目標管理　130，131
目標管理手法〈仏〉　188
目標契約　187，188，191

―――― や行 ――――

ゆとり教育　51
予算組織法（LOLF）〈仏〉　184，186，187
吉本二郎　73

―――― ら行 ――――

リーダー教員　227
臨時教育審議会（臨教審）　2，134，138
臨時的任用教員　28
連邦構成主体〈露〉　209
連邦構成要素〈露・教育課程〉　211
連邦国家教育スタンダード〈露〉　214-216
連邦政府の教育政策〈豪〉　231
労働市場の流動化と外部化　18
ローカル・オプティマム　26
6－3－3 制　98
ロシア連邦教育法（1992 年）　208-210，212，214，216

―――― わ行 ――――

ワイリー，C.　219
若いオーストラリア人のための教育目標に関するメルボルン宣言（メルボルン宣言）　232，236
ワシントン・コンセンサス　208
「私の学校」ウェブサイト〈豪〉　234

執 筆 者

浜田博文	筑波大学	1章
小川正人	放送大学	2章
山下晃一	神戸大学	3章
本多正人	国立教育政策研究所	4章
勝野正章	東京大学大学院	5章
高橋寛人	横浜市立大学	6章
木岡一明	名城大学	7章
仲田康一	大東文化大学	8章
大谷 奨	筑波大学	9章
日永龍彦	山梨大学	10章
髙谷哲也	鹿児島大学	11章
山崎清男	大分大学大学院	12章
湯藤定宗	玉川大学	13章
植田みどり	国立教育政策研究所	14章
坂野慎二	玉川大学	15章
藤井佐知子	宇都宮大学	16章
張 揚	北海道大学大学院	17章
高瀬 淳	岡山大学大学院	18章
高橋 望	群馬大学	19章
佐藤博志	筑波大学	20章

（執筆順，所属は2018年4月）

【第1巻編集委員】

浜田　博文（筑波大学人間系教授）
略歴：筑波大学大学院，日本学術振興会特別研究員，鳴門教育大学，東京学芸大学を経て，1998年から筑波大学に勤務。
主著：『「学校の自律性」と校長の新たな役割』（単著，一藝社，2007），『学校を変える新しい力』（編著，小学館，2012），『アメリカにおける学校認証評価の現代的展開』（編著，東信堂，2014）など。

勝野　正章（東京大学大学院教育学研究科教授）
略歴：東京大学大学院博士課程単位取得満期退学，ワイカト大学大学院博士課程修了。北星学園大学，お茶の水女子大学を経て，2004年から東京大学に勤務。
主著：Teacher evaluation policies and practices in Japan : How performativity works in schools.（単著，Routledge，2016），『学校づくりと学校経営』〈『講座 現代学校教育の高度化 8』〉（共著，学文社，2016）など。

山下　晃一（神戸大学人間発達環境学研究科准教授）
略歴：京都大学大学院，日本学術振興会特別研究員，和歌山大学を経て，2007年から神戸大学に勤務。
主著：『学校評議会制度における政策決定―現代アメリカ教育改革・シカゴの試み』（単著，多賀出版，2002），『教育経営論』〈教師のための教育学シリーズ4〉（共著，学文社，2017），『教育経営』（共著，協同出版，2017）など。

［講座 現代の教育経営1］
現代教育改革と教育経営

2018年6月9日　第1版第1刷発行

編　集　日本教育経営学会

発行者　田中　千津子　〒153-0064　東京都目黒区下目黒3-6-1
　　　　　　　　　　　　電話　03（3715）1501（代）
発行所　株式会社 学文社　FAX　03（3715）2012
　　　　　　　　　　　　http://www.gakubunsha.com

© The Japanese Association for the Study of Educational Administration 2018
乱丁・落丁の場合は本社でお取替えします。
定価は売上カード，カバーに表示。　　　　　　　　　　印刷　新灯印刷

ISBN 978-4-7620-2811-3